# 재(齋)와 불공(佛供)

활안 한정섭 저술
보산 황보추 편찬

불교정신문화원

# 머리말

　재(齋)와 불공(佛供)은 불교의식의 꽃이다. 세상사람들이 죽으면 그래도 49일까지는 정성을 들여 의식을 봉행하기 때문이다.
　특히 불교에서는 죽은 영혼이 새로운 몸을 받기까지 49일 간을 중음신(中陰神)으로 유행하고 있는 기간으로 정하고 그 동안에 선행으로 복을 짓고 마음을 깨쳐 업장을 소멸해주면 다음 생에 좋은 곳에 태어난다 믿기 때문에 재물의 아까움을 생각하지 않고 영혼을 위해 정성을 다 기울이는 것이다.
　재는 보통 죽은 날로부터 계산하여 매 7일마다 일곱 번을 지내 끝내므로 '7·7재' 또는 '49일재'라 하는데 영가의 근기를 따라 알맞는 법문을 일러주어 천도하는 것을 원칙으로 한다. 그러나 같은 법문을 계속해서 듣는 것보다는 새롭고 다양한 의식을 베풀면 재자와 영가가 함께 신심을 낼 수 있으므로 여기서는 다양한 의식을 도입하여 혁신적인 재·불공의식을 조직하였다.
　초재에서는 평상시 하는대로 천수·불공·시식을 빼지 않고 하고 제2재 때부터는 원각경 보안장, 제3재에서는 금강경 상권, 제4재에서는 금강경 하권, 제5재에서는 법화경 여래수량품 게송, 제6재에서는 아미타경과 장엄염불을 읽어드리고, 제7재에서는 시련·대령·관욕·청법·불공·시식을 구체적으로 정리하여 누구나 이 한 권의 책만 가지면 명자 그대로 재·불공을 잘 드릴 수 있도록 하였다.

단지 종사영반과 구병시식은 조금씩 다른 점이 있으므로 뒤에다 따로 붙여놓았으며, 현대인들을 위해 현대적으로 사리봉안의식(납골의식)과 기타 재·불공의식까지도 정리해 놓았으니 참고하시기 바란다.

     불기 2548년 2월25일
     활안 한정섭

## 일러두기

1. 이 책은 총 3편으로 구성되어 있다.

2. 제1편에서는 삼우재로부터 49재까지를 집중적으로 조직했으며, 제2편에서는 기타 시식, 그리고 제3편에서는 사리 봉안 의식과 현대 재공의식을 간단히 정리하였다.

3. 기타 시식은 종사열반과 구병시식을 중심으로 편집하였고, 사리 봉안은 납골의식을 중심으로 조직하였다.

4. 제3편에서는 현대의식에 의하여 누구나 할 수 있도록 재조직하였다.

5. 3년상 의식은 염라국의 10대명왕을 중심으로 조직된 것이다. 사후 초3일에 보현왕여래로부터 시작하여 7·7재까지 제7대왕까지 지내고, 100일재 때 제8대왕, 그리고 이듬해 소상 때 제9대왕, 마지막 탈상 때 10대왕 하여 3년 탈상을 하게 된다. 그러나 지금은 그런 것을 계산하지 않고 살아있는 사람들이 죽은 사람을 추도하고 천도하기 위해서 지내는 것이니 정성을 다해 지낼 뿐이다.

6. 실로 재·불공이란 정성이고, 또 재자와 영가를 위해 복을 닦는 것이기 때문에 글만 읽는다고 되는 것이 아니다. 복을 짓고 덕을 쌓도록 노력하여야 할 것이다.

# 목 차

머리말 ························································································· 2
일러두기 ····················································································· 5

## 제1편 삼우재와 사십구재의식

### 제1부 삼우재(三虞齋) ······································································ 10
1. 천수경(千手經) ································································· 11
2. 현왕청(現王請) ································································· 22
3. 시식(施食) ······································································· 30

### 제2부 초재(初齋) ············································································ 49
1. 천수경(千手經) ································································· 49
2. 삼보통청(三寶通請) ························································· 49
3. 중단권공(中壇勸供) ························································· 59
4. 중단축원(中壇祝願) ························································· 62
5. 시식(施食) ······································································· 63

### 제3부 제이재(第二齋) ···································································· 78
1. 천수경 ············································································· 78
2. 약사청(藥師請) ································································· 78
3. 중단권공 ········································································· 86
4. 중단축원 ········································································· 87

   5. 시식(施食) ······················································································ 88
   6. 원각경 ······························································································ 94
제4부 제삼재(第三齋) ················································································ 113
   1. 천수경 ···························································································· 111
   2. 미륵청(彌勒請) ············································································ 113
   3. 중단권공 ························································································ 121
   4. 중단축원 ························································································ 122
   5. 시식(施食) ···················································································· 123
   6. 금강경(상) ···················································································· 128
제5부 제사재(第四齋) ················································································ 168
   1. 천수경 ···························································································· 168
   2. 관음청(觀音請) ············································································ 168
   3. 중단권공 ························································································ 177
   4. 중단축원 ························································································ 178
   5. 시식(施食) ···················································································· 179
   5. 금강경(하) ···················································································· 184
제6부 제오재(第五齋) ················································································ 215
   1. 천수경 ···························································································· 215
   2. 지장청(地藏請) ············································································ 215
   3. 중단권공 ························································································ 225
   4. 중단축원 ························································································ 227
   4. 시식(施食) ···················································································· 227
   5. 법화경(法華經) ············································································ 233
제7부 제육재(第六齋) ················································································ 242
   1. 천수경 ···························································································· 242
   2. 미타청(彌陀請) ············································································ 242
   3. 중단권공 ························································································ 251
   4. 중단축원 ························································································ 252
   4. 시식(施食) ···················································································· 253

5. 미타경(彌陀經) ························································ 258
제8부 제칠재(第七齋) ························································ 294
　　1. 시련 ························································ 294
　　2. 대령·관욕 ························································ 296
　　3. 청법 ························································ 310
　　4. 불공 ························································ 311
　　5. 시식 ························································ 325
　　6. 봉송 ························································ 339

## 제2편　기타 시식과 사리(납골) 봉안의식

제1부 종사영반과 구병시식 ························································ 346
　　1. 종사영반(宗師靈飯) ························································ 346
　　2. 구병시식(救病施食) ························································ 350
제2부 사리(납골)봉안의식 ························································ 370

## 제3편　현대의식

　　1. 삼우재 ························································ 375
　　2. 초재 ························································ 377
　　3. 제2재 ························································ 377
　　4. 제3재 ························································ 378
　　5. 제4재 ························································ 378
　　6. 제5재 ························································ 379
　　7. 제6재 ························································ 379
　　8. 제7재 ························································ 379
　　9. 기제사(忌祭祀) ························································ 380
　10. 기타 추모재 ························································ 380
　11. 사리(납골)봉안 ························································ 380

# 제1편 삼우재와 사십구재

# 제1부 삼우재(三虞齋)

"삼우재"는 장사지내고 처음 집에 와서 지내는 초우(初虞)와 두 번째 지내는 재우(再虞)에 이어 제삼일에 지내는 제사이다. 첫째는 돌아가신 분의 정을 생각하고, 둘째는 장사때 신세진 사람들께 감사하는 제이며, 셋째는 묘지를 확인하는 제사이다. 그렇기 때문에 제사 후에는 반드시 묘지를 찾아보게 된다.

그러나 불교에서는 염라대왕이 장차 보현왕여래가 되어 중생을 제도한다는 수기를 받은 일이 있으므로 10대명왕 가운데 첫 번째 보현왕여래께 제사를 드리며 범왕·제석 양대천자에게 영가의 외로운 혼을 달래줄 것을 부탁한다.

의식은 먼저 천수경을 외우고 다음에 현왕청을 한 뒤에 영단을 향하여 간단히 시식을 베푼다.

현왕단이 따로 없을 때는 지장단이나 시왕단·신중단에서 해도 상관없다.

### 보례진언
普禮眞言

**아금일신중　즉현무진신**
我今一身中　卽現無盡身

**변재현왕전　일일무수례**
遍在現王前　日日無數禮

보례진언
普禮眞言

"옴 바아라 믹" (3번 3배)


## 1. 천수경(千手經)

정구업진언
淨口業眞言

"수리수리 마하수리 수수리 사바하" (3번)
修里修里 摩訶修里 修修里 裟婆訶

오방내외안위제신진언
五方內外安慰諸神眞言

"나무사만다 못다남 옴 도로도로 지미사바하" (3번)
南無三滿多 沒馱喃 唵 度嚕度嚕 地眉裟婆訶

개경게
開經偈

무상심심미묘법   백천만겁난조우
無上甚深微妙法   百千萬劫難遭遇
아금문견득수지   원해여래진실의
我今聞見得受持   願解如來眞實意

개 법장진언
開 法藏眞言

"옴 아라남 아라다" (3번)
唵 阿羅南 阿羅馱

천수천안 관자재보살 광대원만 무애대비심
千手千眼 觀自在菩薩 廣大圓滿 無碍大悲心

대다라니 계청
大陀羅尼 啓請

| 계수관음대비주 | 원력홍심상호신 |
| 稽首觀音大悲呪 | 願力弘深相好身 |

| 천비장엄보호지 | 천안광명변관조 |
| 千臂莊嚴普護持 | 千眼光明遍觀照 |

| 진실어중선밀어 | 무위심내기비심 |
| 眞實語中宣密語 | 無爲心內起悲心 |

| 속령만족제희구 | 영사멸제제죄업 |
| 速令滿足諸希求 | 永使滅除諸罪業 |

| 천룡중성동자호 | 백천삼매돈훈수 |
| 天龍衆聖同慈護 | 百千三昧頓熏修 |

| 수지심시광명당 | 수지심시신통장 |
| 受持心是光明幢 | 受持心是神通藏 |

| 세척진로원제해 | 초증보리방편문 |
| 洗滌塵勞願濟海 | 超證菩提方便門 |

| 아금칭송서귀의 | 소원종심실원만 |
| 我今稱誦誓歸依 | 所願從心悉圓滿 |


| 나무대비관세음 | 원아속지일체법 |
| 南無大悲觀世音 | 願我速知一切法 |

| 나무대비관세음 | 원아조득지혜안 |
| 南無大悲觀世音 | 願我早得智慧眼 |

| 나무대비관세음 | 원아속도일체중 |
| 南無大悲觀世音 | 願我速度一切衆 |

나무대비관세음     원아조득선방편
南無大悲觀世音     願我早得善方便

나무대비관세음     원아속승반야선
南無大悲觀世音     願我速乘般若船

나무대비관세음     원아조득월고해
南無大悲觀世音     願我早得越苦海

나무대비관세음     원아속득계정도
南無大悲觀世音     願我速得戒定道

나무대비관세음     원아조등원적산
南無大悲觀世音     願我早登圓寂山

나무대비관세음     원아속회무위사
南無大悲觀世音     願我速會無爲舍

나무대비관세음     원아조동법성신
南無大悲觀世音     願我早同法性身


아약향도산     도산자최절
我若向刀山     刀山自催折

아약향화탕     화탕자고갈
我若向火湯     火湯自枯渴

아약향지옥     지옥자소멸
我若向地獄     地獄自消滅

아약향아귀     아귀자포만
我若向餓鬼     餓鬼自飽滿

아약향수라     악심자조복
我若向修羅     惡心自調伏

아약향축생     자득대지혜
我若向畜生     自得大智慧

나무관세음보살마하살　　나무대세지보살마하살
南無觀世音菩薩摩訶薩　　南無大勢至菩薩摩訶薩

나무천수보살마하살　　　나무여의륜보살마하살
南無千手菩薩摩訶薩　　　南無如意輪菩薩摩訶薩

나무대륜보살마하살　　　나무관자재보살마하살
南無大輪菩薩摩訶薩　　　南無觀自在菩薩摩訶薩

나무정취보살마하살　　　나무만월보살마하살
南無正趣菩薩摩訶薩　　　南無滿月菩薩摩訶薩

나무수월보살마하살　　　나무군다리보살마하살
南無水月菩薩摩訶薩　　　南無軍茶利菩薩摩訶薩

나무십일면보살마하살　　나무제대보살마하살
南無十一面菩薩摩訶薩　　南無諸大菩薩摩訶薩

"나무본사아미타불"　　　（3번）
南無本師阿彌陀佛

### 신묘장구대다라니
神妙章句大陀羅尼

나모라 다나 다라 야야 나막알약 바로기제 새바라야 모지사다바야 마하사다바야 마하가로니가야 옴 살바 바예수 다라나 가라야 다사명 나막까리다바 이맘 알야 바로기제새바라 다바 이라간타 나막하리나야 마발다 이사미 살발타 사다남 수반 아예염 살바 보다남 바바말아 미수다감 다냐타 옴 아로계 아로가 마지로가 지가란제 혜혜하레 마하모지 사다바 사마라 사마라 하리나야 구로구로 갈마 사다야 사다야 도로도로 미연제 마하미연제 다라다라 다린 나레 새바라 자라자라 마라 미아라 아마라 몰제 예혜혜 로계 새바라 라아 미사미 나사야 나베 사미사미나사야 모하자라 미사미 나사야 호로호로 마라호로 하레 바나마나바 사라사라 시리시리 소로소로 못자못자 모다야 모다야 매다리야 니라간타 가마사 날사남 바라하라나야 마낙 사바하 싯다야 사바하 마하싯다야 사바하 싯다유예 새바라야 사바하 니라간타야 사바하 바라하 목카싱하 목카야 사바하 바나마 하따야 사바하 자가라 욕타야 사바하 상카섭나예 모다나야 사바하 마하라 구타다라야 사바하 바마사간타 이사시체다 가릿나 이나야 사바하 먀가라 잘마 이바사나야 사바하

"나모라 다나다라 야야 나막알야 바로기제 새바라야 사바하" (3번)

**사방찬** 四方讚 ( 동서사방을 찬탄하는 글 )  ※ 읽지 않음

일쇄동방결도량　이쇄남방득청량
一灑東方潔道場　二灑南方得淸凉

삼쇄서방구정토　사쇄북방영안강
三灑西方俱淨土　四灑北方永安康

**도량찬** 道場讚 (도량을 찬탄한 글) ※ 읽지 않음

도량청정무하예　삼보천룡강차지
道場淸淨無瑕穢　三寶天龍降此地

아금지송묘진언　원사자비밀가호
我今持誦妙眞言　願賜慈悲密加護

**참회게** 懺悔偈 (참회하는 글) ※ 읽지 않음

아석소조제악업　개유무시탐진치
我昔所造諸惡業　皆由無始貪瞋癡

종신구의지소생　일체아금개참회
從身口意之所生　一切我今皆懺悔

**참제업장십이존불** 懺除業障十二尊佛 (업장의 참회를 증명해 주시는 열 두 부처님) ※ 읽지 않음

나무참제업장보승장불　보광왕화염조불
南無懺除業障寶勝藏佛　寶光王火焰照佛

일체향화자재력왕불　백억항하사결정불
一切香華自在力王佛　百億恒河沙決定佛

진위덕불　금강견강소복괴산불
振威德佛　金剛堅强消伏壞散佛

보광월전묘음존왕불　환희장마니보적불
普光月殿妙音尊王佛　歡喜藏摩尼寶積佛

무진향승왕불　사자월불
無盡香勝王佛　獅子月佛

환희장엄주왕불　　제보당마니승광불
歡喜莊嚴珠王佛　　帝寶幢摩尼勝光佛

　　　　십악참회　　（열 가지 악업을　）　　※ 읽지 않음
　　　　十惡懺悔　　　참회함

살생중죄금일참회　　투도중죄금일참회
殺生重罪今日懺悔　　偸盜重罪今日懺悔

사음중죄금일참회　　망어중죄금일참회
邪淫重罪今日懺悔　　妄語重罪今日懺悔

기어중죄금일참회　　양설중죄금일참회
綺語重罪今日懺悔　　兩舌重罪今日懺悔

악구중죄금일참회　　탐애중죄금일참회
惡口重罪今日懺悔　　貪愛重罪今日懺悔

진애중죄금일참회　　치암중죄금일참회
瞋恚重罪今日懺悔　　痴暗重罪今日懺悔


백겁적집죄　　일념돈탕진
百劫積集罪　　一念頓蕩盡

여화분고초　　멸진무유여
如火焚枯草　　滅盡無有餘


죄무자성종심기　　심약멸시죄역망
罪無自性從心起　　心若滅時罪亦亡

죄망심멸양구공　　시즉명위진참회
罪亡心滅兩俱空　　是卽名爲眞懺悔

**참회진언** 懺悔眞言 (참회하는 진언)

"옴 살바못자 모지 사다야 사바하" (3번)
唵 薩婆菩陀 菩提 薩陀耶 裟婆訶

준제공덕취 　적정심상송
准提功德聚 　寂靜心常誦

일체제대난 　무능침시인
一切諸大難 　無能侵是人

천상급인간 　수복여불등
天上及人間 　受福與佛等

우차여의주 　정획무등등
遇此如意珠 　定獲無等等

"나무칠구지불모 대준제보살" (3번)
南無七俱胝佛母 大准提菩薩

**정법계진언** 淨法界眞言 (법계를 깨끗이 하는 진언)

"옴 남" (3번)
唵 喃

**호신진언** 護身眞言 (몸을 보호하는 진언)

"옴 치림" (3번)
唵 齒臨

### 관세음보살 본심미묘 육자대명왕진언
### 觀世音菩薩 本心微妙 六字大明王眞言

**"옴 마니 반메 훔"** (3번)
唵 摩尼 畔迷 吽


### 준제진언 ( 준제 보살을 염원하는 진언 )
### 准提眞言

나모 사다남 삼막삼못다 구치남 다냐타
曩謨 薩陀喃 三藐三沒馱 鳩致喃 但野他

**"옴 자레주레 준제 사하바 부림"** (3번)
唵 左隸主隸 准提 裟婆訶 部臨

아금지송대준제　직발보리광대원
我今持誦大准提　卽發菩提廣大願

원아정혜속원명　원아공덕개성취
願我定慧速圓明　願我功德皆成就

원아승복변장엄　원공중생성불도
願我勝福遍莊嚴　願共衆生成佛道


### 여래십대발원문 ( 석가부처님의 열 가지 발원문 )
### 如來十大發願文

원아영리삼악도　원아속단탐진치
願我永離三惡道　願我速斷貪瞋癡

원아상문불법승　원아근수계정혜
願我常聞佛法僧　願我勤修戒定慧

원아항수제불학　원아불퇴보리심
願我恒隨諸佛學　願我不退菩提心

원아결정생안양　원아속견아미타
願我決定生安養　願我速見阿彌陀

원아분신변진찰　원아광도제중생
願我分身遍塵刹　願我廣度諸衆生

　　　발 사홍서원　　（보살들의 네 가지 큰 서원）
　　　發 四弘誓願

중생무변서원도　번뇌무진서원단
衆生無邊誓願度　煩惱無邊誓願斷

법문무량서원학　불도무상서원성
法門無量誓願學　佛道無上誓願成

자성중생서원도　자성번뇌서원단
自性衆生誓願度　自性煩惱誓願斷

자성법문서원학　자성불도서원성
自性法門誓願學　自性佛道誓願成

　　원이 발원이 귀명례삼보　（원을 발하고 삼보님께 귀의하는 글）
　　願已 發願已 歸命禮三寶

"나무상주시방불 나무상주시방법 나무상주시방승" (3번)
　南無常住十方佛　南無常住十方法　南無常住十方僧

※ 단 야단법석(野壇法席)을 할 때는 다음 네 가지 진언을 더 외운다.

　　　정삼업진언　（신·구·의 삼업을 깨끗이 하는 진언）
　　　淨三業眞言

"옴 사바바바 수다살바 달마 사바바바 수도함" (3번)
　唵 娑縛婆嚩 修多薩婆 達摩 娑縛婆嚩 修度咸

### 개단진언 (단을 개설하는 진언)
開壇眞言

"옴 바아라 뇨로 다가다야 삼마야 바라베 사야훔" (3번)
唵 跋折羅 繻魯 持加陀耶 三摩耶 入羅唊 舍耶吽

### 건단진언 (단을 건립하는 진언)
建壇眞言

"옴 난다난다 나지나지 난다바리 사바하" (3번)
唵 難多難多 那地那地 難多婆哩 裟婆訶

### 정법계진언 (법계를 깨끗이 하는 진언)
淨法界眞言

나자색선백  공점이엄지
羅字色鮮白  空點以嚴之

여피계명주  치지어정상
如彼髻明珠  置之於頂上

진언동법계  무량중죄제
眞言同法界  無量衆罪除

일체촉예처  당가차자문
一切觸穢處  當加此字門

"나무사만다 못다남 남" (3번)
南無三滿多 沒多喃 覽

## 2. 현왕청(現王請 : 보현왕 여래를 청하는 글)

### 거불 擧佛 ※ 목탁

나무 명간회주보현왕여래　　(큰절)
南無 冥間會主普現王如來

나무 대범제석양대천왕　　(큰절)
南無 大梵帝釋兩大天王

나무 판관녹사사자등중　　(큰절)
南無 判官錄事使者等衆

### 보소청진언 普召請眞言 ※ 요령

"나모 보보제리 가리다리 다타 아다야" (3번)

### 유치 幽致 ※ 범음성으로 점잖게

절이　유구필청　시　인세지상의　무원부종　내　영관지묘궤
切以　有求必請　是　人世之常儀　無願不從　乃　靈官之妙軌

시이　(주소　이　금월금일　근비향등　공양명간회주　보현
是以　성명)　以　今月今日　謹備香燈　供養冥間會主　普賢

왕여래　위수　대범천왕　제석천왕　대륜성왕　전륜성왕
王如來　爲首　大梵天王　帝釋天王　大輪聖王　轉輪聖王

호세안민　사방천왕　판관녹사　감재직부　제령재등　앙기
護世安民　四方天王　判官錄事　監齋直符　諸靈宰等　仰祈

묘원자 우복이 특향명관분편 혜우두지명향 앙념성용
妙援者 右伏以 特向冥官焚片 蕙牛頭之茗香 仰念聖容

설 운증옥립지진수 잠사어영장보전 청부어청재묘회
爇 雲蒸玉粒之珍羞 暫辭於靈場寶殿 請赴於淸齋妙會

근병일심 선진삼청
謹秉一心 先陳三請


### 청사 請詞   ※ 요령

나무 일심봉청 명간회주 보현왕여래 위수 대범천왕
南無 一心奉請 冥間會主 普賢王如來 爲首 大梵天王

제석천왕 대륜성왕 전륜성왕 호세안민 사방천왕 선주
帝釋天王 大輪聖王 轉輪聖王 護世安民 四方天王 善注

악주 제위판관 선악기주 제위녹사 감재사자 직부사자
惡注 諸位判官 善惡記注 諸位錄事 監齋使者 直符使者

병종권속 유원승 삼보력 강림도량 수차공양
並從眷屬 唯願承 三寶力 降臨道場 受此供養


### 향화청 香花請   (3번)   ※ 목탁


### 가영 歌詠   ※ 목탁

세존차일기염라 불구당래증불타
世尊此日記閻羅 不久當來證佛陀

장엄보국항청정 보살수행중심다
莊嚴寶國恒淸淨 菩薩修行衆甚多

**고아일심 귀명정례** (반절)
故我一心 歸命頂禮

**헌좌진언**　　※ 요령
獻座眞言

**아금경설보엄좌　봉헌일체명왕전**
我今敬設寶嚴座　奉獻一切冥王前

**원멸진로망상심　속원해탈보리과**
願滅塵勞妄想心　速圓解脫菩提果

"옴 가마라 승하 사바하" (3번)


**정근**　　※ 목탁
精勤

"나무명간회주 보현왕여래"로 시작하여 "보현왕여래"를 시간 따라 부르다가 다음 게송을 외우고 권공으로 들어간다.

**세존차일기염라　불구당래증불타**
世尊此日記閻羅　不久當來證佛陀

**장엄보국항청정　보살수행중심다**
莊嚴寶國恒淸淨　菩薩修行衆甚多

**고아일심귀명정례** (반절)
故我一心歸命頂禮


**권공**　　※ 목탁
勸供

**욕건만나라　선송**
欲建曼拏羅　先誦

**정법계진언**　　"옴 남"　(3~7번)　※ 목탁
淨法界眞言　　　　唵 喃

**다게**　※ 목탁
茶偈

이차청정향운공　봉헌명간현왕전
以此淸淨香雲供　奉獻冥間現王前

감찰재자건간심　"원수자비애납수"　(3번)
鑑察齋者虔懇心　願垂慈悲哀納受

**진언권공 (일) : 사다라니**　※ 요령
眞言勸供　一　　四多羅尼

향수나열　재자건성　욕구공양지주원
香羞羅列　齋者虔誠　欲求供養之周圓

수장가지지변화　앙유삼보특사가지
須仗加持之變化　仰唯三寶特賜加持

"나무시방불　나무시방법　나무시방승"　(3번)
南無十方佛　南無十方法　南無十方僧

무량위덕자재광명승묘력변식진언
無量威德自在光明勝妙力變食眞言

"나막 살바다타 아다 바로기제 옴 삼바라 삼바라 훔"
那莫　薩婆多陀　我多　婆路其帝　唵　三婆羅　三婆羅　吽
(3번)

시 감로수진언　( 감로수(음료수)를 공양하는 진언 )
施 甘露水眞言

"나무소로바야 다타아다야 다냐야 옴 소로소로 바라
南無素魯縛耶 怛他揭多耶 怛姪他 唵 素魯素魯 縛羅

소로 바라소로 사바하"   (3번)
素魯 縛羅素魯 莎婆訶

　　　일자수륜관진언   (순서적으로 음식을
　　　一字水輪觀眞言    드시도록 권하는 진언)

"옴 밤밤밤밤"   (3번)
　唵 鑁鑁鑁鑁鑁

　　　유해진언   (음식이 진리의 젖국으로
　　　乳海眞言    변하게 하는 진언)

"나무사만다 못다남 옴 밤"   (3번)
南無三滿多 沒陀喃 唵 鑁

　　　운심공양진언   (공양하는 마음을
　　　運心供養眞言    일으키게 하는 진언)

원차향공변법계　　보공무진삼보해
願此香供遍法界　　普供無盡三寶海

자비수공증선근　　영법주세보불은
慈悲受供增善根　　令法住世報佛恩

"나막 살바다타 아제뱍미 새바 모계 배약살바다캄
那莫 薩婆怛他 我帝毘尾 薩縛 慕契 毘藥薩婆他坎

오나아제 바라혜맘 옴 아아나깜 사바하"   (3번)
烏那我帝 頗羅惠暗 唵 我我那劒 婆縛訶

## 예참
### 禮懺

| 지심정례공양 | 명간회주 | 보현왕여래 | (절) |
| 至心頂禮供養 | 冥間會主 | 普賢王如來 | |

| 지심정례공양 | 대범제석 | 양대천왕 | (절) |
| 至心頂禮供養 | 大梵帝釋 | 兩大天王 | |

| 지심정례공양 | 판관녹사 | 사자등중 | (절) |
| 至心頂禮供養 | 判官錄事 | 使者等衆 | |

| 유원현왕자비 | 애강도량 | 불사자비 | 수차공양 |
| 唯願現王慈悲 | 哀降道場 | 不捨慈悲 | 受此供養 |

### 진언권공 (이)
眞言勸供 二      ※ 목탁

보공양진언      (널리 공양을 알리는 진언)
普供養眞言

"옴 아아나 삼바바 바아라 훔" (3번)
唵 哦哦那 三婆婆 婆我羅 吽

보회향진언      (널리 공양을 끝까지 드실 것을 권장한 진언)
普回向眞言

"옴 사마라 사마라 미만나 사라마하 자가라바 훔" (3번)
唵 娑摩羅 娑摩羅 弭囊摩 娑羅摩訶 左乞羅縛 吽

원성취진언      (더 원하는 것이 있는가 묻는 진언)
願成就眞言

"옴 아모카 살바다라 사다야 시베 훔" (3번)
唵 阿募伽 薩婆但羅 舍陀野 始弊 吽

**보궐진언** (부족한 것이 없는가 묻는 진언)
普闕眞言

"옴 호로호로 시야모케 사바하" (3번)
唵 虎魯虎魯 娑野慕契 裟婆訶

세존차일기염라    불구당래증불타
世尊此日記閻羅    不久當來證佛陀

장엄보국항청정    보살수행중심다
莊嚴寶國恒淸淨    菩薩修行衆甚多

고아일심귀명정례
故我一心歸命頂禮


**축원** (재자의 소망을 기원해 주는 곳)    ※ 범음성으로 점잖게
祝願

앙고  명간회주  보현왕여래전  첨수연민지지성  각방신
仰告  冥間會主  普賢王如來前  僉垂憐愍之至誠  各方神

통지묘력  원아금차  사바세계  남섬부주  동양  대한민국
通之妙力  願我今此  裟婆世界  南贍部洲  東洋  大韓民國

모도  모군  모면  모산  청정도량  원아금차  지극지정성
某道  某郡  某面  某山  淸淨道場  願我今此  至極之精誠

천혼재자 (주소   등복위  소천망령  모관  후인  모인  영
薦魂齊者  성명)   等伏爲  所薦亡靈  某貫  後人  某人  靈

가  이차인연공덕  보현왕여래  애민  섭수지묘력  부답
駕  以此因緣功德  普賢王如來  哀愍  攝受之妙力  不踏

명로  직득왕생  극락세계  상품상생지대원
冥路  直得往生  極樂世界  上品上生之大願

재고축 상래소청 각열명영가 영가 기부재자 복위 상
再告祝 上來所請 各列名靈駕 靈駕 寄付齋者 伏爲 上

세선망부모 누세종친등 각열명영가 겸급법계 삼도팔
世先亡父母 累世宗親等 各列名靈駕 兼及法界 三途八

난 사생칠취 십류고혼등 각열명영가 도량내외 유주
難 四生七趣 十類孤魂等 各列名靈駕 道場內外 有主

무주 애혼불자등 각열위영가 이차승연공덕 다겁생래
無主 哀魂佛子等 各列名靈駕 以此勝緣功德 多劫生來

소작지업 실개소멸 동왕극락세계 상품상생 친견미타
所作之業 悉皆消滅 同往極樂世界 上品上生 親見彌陀

마정수기 돈오법인지 발원
摩頂授記 頓悟法印之 發願

연후원항사법계　　무량제불자　　동유화장장엄세계해
然後願恒沙法界　　無量諸佛子　　同遊華藏莊嚴世界海

동입보리대도량　　상봉화엄불보살
同入菩提大道場　　常逢華嚴佛菩薩

항몽제불대광명　　소멸무량중죄장
恒蒙諸佛大光明　　消滅無量衆罪障

획득무량대지혜　　돈성무상최정각
獲得無量大智慧　　頓成無上最正覺

광도법계제중생　　이보제불막대은
廣度法界諸衆生　　以報諸佛莫大恩

세세상행보살도　　구경원성살바야
世世常行菩薩道　　究竟圓成薩婆若

마하반야바라밀　　(반절)
摩訶般若波羅密

나무석가모니불   나무석가모니불
南無釋迦牟尼佛   南無釋迦牟尼佛

나무시아본사석가모니불   (반절)
南無是我本師釋迦牟尼佛

## 3. 시식(施食 : 영단을 향해 시식을 베풂)

거불   ※ 목탁
舉佛

나무 극락도사 아미타불   (절)
南無 極樂導師 阿彌陀佛

나무 좌우보처 관음세지 양대보살   (절)
南無 左右補處 觀音勢至 兩大菩薩

나무 접인망령 대성인로왕보살   (절)
南無 接引亡靈 大聖引路王菩薩

청혼   ※ 요령 세 번 흔들고, 점잖게 범음성으로
請魂

거 사바세계 남섬부주 동양 대한민국 (모사) 청정도량
舉 裟婆世界 南贍部洲 東洋 大韓民國  某寺  淸淨道場

원아금차 제당 (사십구재중삼우재) 위천설향 봉청재자
願我今此 第當 四十九齋中三虞齋 爲薦爇香 奉請齋者

(행효자) 모인복위 소천 망령 모인영가 영가 기부 재
行孝子  某人伏爲 所薦 亡靈 某人靈駕 靈駕 寄付 齋

자복위 상세선망 부모 다생사장 원근친족등 각열명영
者伏爲 上世先亡 父母 多生師丈 遠近親族等 各列名靈

가 차도량내외 동상동하 유주무주 애혼불자등 각열명
駕 此道場內外 洞上洞下 有主無主 哀魂佛子等 各列名

영가 철위산간 오무간옥 일일일야 만사만생 수고함
靈駕 鐵圍山間 五無間獄 一日一夜 萬死萬生 受苦含

령등 각열위영가 내지 겸급법계 삼도팔난 사생칠취
靈等 各列爲靈駕 乃至 兼及法界 三途八難 四生七趣

십류고혼등 각열위영가 지침체청 지심체수
十類孤魂等 各列爲靈駕 至心諦聽 至心諦受


착어 (영가에게 내리는 말)　(읽지 않음) ※ 목탁
着語

영명성각묘난사　월타추담계영한
靈明性覺妙難思　月墮秋潭桂影寒

금탁수성개각로　잠사진계하향단
金鐸數聲開覺路　暫辭眞界下香壇


진령게 (읽지 않음) ※ 요령을 흔들며
振鈴偈

이차진령신소청　명도귀계보문지
以此振鈴申召請　冥途鬼界普聞知

원승삼보역가지　금일금시래부회
願承三寶力加知　今日今時來赴會


보소청진언
普召請眞言

"나무보보지리 가리다리 다타아타야" (3번)

### 청사
請詞  ※ 요령

일심봉청 생연이진 대명아천 기작황천지객 이위주천
一心奉請 生緣已盡 大命我遷 既作黃泉之客 已爲追薦

지혼 방불형용 의희면목 금일모령 승불위광 내예향단
之魂 彷佛形容 依稀面目 今日某靈 承佛威光 來詣香壇

수첨법공
受沾法供

### 향연청
香煙請  (헌향) ※ 목탁

### 가영
歌詠  ※ 목탁

제령한진치신망      석화광음몽일장
諸靈限盡致身亡      石火光陰夢一場

삼혼묘묘귀하처      칠백망망거원향
三魂杳杳歸何處      七魄茫茫去遠鄕

### 수위안좌진언
受位安座眞言  ※ 요령

아금의교설화연      공양진수열좌전
我今依敎說華筵      供養珍羞列座前

유원불자차제좌      전심제청연금언
唯願佛子次第坐      專心諦聽演金言

"옴 마니군다니 훔훔 사바하" (3번)

백초임중일미신　조주상권기천인
百草林中一味新　趙州常勸幾千人

팽장석정강심수　"원사망령헐고륜" (세번 3배)
烹將石鼎江心水　願使亡靈歇苦輪


모령　향설오분지진향　훈발대지
某靈　香爇五分之眞香　熏發大智

등연반야지명등　조파혼구
燈燃般若之明燈　照破昏衢

다헌조주지청다　돈식갈정
茶獻趙州之淸茶　頓息渴情

과헌선도지진품　상조일미
果獻仙都之眞品　常助一味

식진향적지진수　영절기허
食進香積之珍羞　永絶飢虛


선밀가지　신전윤택　업화청량　각구해탈　변식진언
宣蜜加持　身田潤澤　業火淸涼　各求解脫　變食眞言

"나막 살바다타 아다 바로기제 옴 삼바라 삼바라 훔" (3번)


시감로수진언
施甘露水眞言

"나무소로바야 다타아다야 다냐타 옴 소로소로 바라소로 바라소로 사바하" (3번)

일자수륜관진언　　　"옴 밤 밤 밤밤" (3번)
一字水輪觀眞言

유해진언　　　"나무사만다 못다남 옴 밤" (3번)
乳海眞言

칭량성호　　※ 목탁·요령, 대중과 함께 동음으로
稱量聖號　　　(읽지 않음)

| 나무다보여래 | 원제고혼 | 파제간탐 | 법재구족 |
| 南無多寶如來 | 願諸孤魂 | 破除慳貪 | 法財具足 |

| 나무묘색신여래 | 원제고혼 | 이추루형 | 상호원만 |
| 南無妙色身如來 | 願諸孤魂 | 離醜陋形 | 相好圓滿 |

| 나무광박신여래 | 원제고혼 | 사륙범신 | 오허공신 |
| 南無廣博身如來 | 願諸孤魂 | 捨六凡身 | 悟虛空身 |

| 나무이포외여래 | 원제고혼 | 이제포외 | 득열반락 |
| 南無離怖畏如來 | 願諸孤魂 | 離諸怖畏 | 得涅槃樂 |

| 나무감로왕여래 | 원제고혼 | 열명영가 | 인후개통 |
| 南無甘露王如來 | 願諸孤魂 | 列名靈駕 | 咽喉開通 |

획감로미
獲甘露味

| 원차가지식 | 보변만시방 | 식자제기갈 | 득생안양국 |
| 願此加持食 | 普遍滿十方 | 食者除飢渴 | 得生安養國 |

시귀식진언
施鬼食眞言

"옴 미기미기 야야미기 사하바"
唵 味其味其 野野味其 裟婆訶


### 시무차법식진언
### 施無遮法食眞言

"옴 목령능 사하바" (3번)
唵 目齡楞 裟婆訶


수아차법식 하이아란찬 기장함포만 업화돈청량
受我此法食 何異阿難饌 飢腸咸飽滿 業火頓淸凉

돈사탐진치 상귀불법승 염념보리심 처처안락국
頓捨貪瞋癡 常歸佛法僧 念念菩提心 處處安樂國


범소유상 개시허망 약견제상비상 직견여래
凡所有相 皆是虛妄 若見諸相非相 卽見如來


### 여래십호
### 如來十號

여래 응공 정변지 명행족 선서 세간해
如來 應供 正遍智 明行足 善逝 世間解

무상사 조어장부 천인사 불 세존
無上士 調御丈夫 天人師 佛 世尊


제법종본래 상자적멸상 불자행도이 내세득작불
諸法從本來 常自寂滅相 佛子行道已 來世得作佛

제행무상 시생멸법 생멸멸이 적멸위락
諸行無常 是生滅法 生滅滅已 寂滅爲樂

### 장엄염불
莊嚴念佛

원아진생무별념　아미타불독상수
願我盡生無別念　阿彌陀佛獨相隨

심심상계옥호광　염념불이금색상
心心常係玉毫光　念念不離金色相

아집염주법계관　허공위승무불관
我執念珠法界觀　虛空爲繩無不貫

평등사나무하처　관구서방아미타
平等舍那無何處　觀求西方阿彌陀

나무서방대교주　무량수여래불
南無西方大敎主　無量壽如來佛

"나무아미타불"
南無阿彌陀佛

※ 시간 따라 하다가 장엄염불을 하는데 여기서부터서는 매 글귀의 끝마다 '나무아미타불'을 후념으로 봉독함.

극락세계십종장엄　　(나무아미타불)
極樂世界十種莊嚴　　 南無阿彌陀佛

법장서원수인장엄　(나무아미타불)
法藏誓願修因莊嚴

사십팔원원력장엄　(나무아미타불)
四十八願願力莊嚴

미타명호수광장엄　(나무아미타불)
彌陀名號壽光莊嚴

삼대사관보상장엄　(나무아미타불)
三大士觀寶像莊嚴

미타국토안락장엄　(나무아미타불)
彌陀國土安樂莊嚴

보하청정덕수장엄　(나무아미타불)
寶河淸淨德水莊嚴

보전여의누각장엄　(나무아미타불)
寶殿如意樓閣莊嚴

주야장원시분장엄　(나무아미타불)
晝夜長遠時分莊嚴

이십사락정토장엄　(나무아미타불)
二十四樂淨土莊嚴

삼십종익공덕장엄　(나무아미타불)
三十種益功德莊嚴

　　　　　미타인행사십팔원　( 나무아미타불 )
　　　　　彌陀因行四十八願　  南無阿彌陀佛

악취무명원　(나무아미타불)　　무타악도원　(나무아미타불)
惡趣無名願　　　　　　　　　　無墮惡道願

동진금색원　(나무아미타불)　　형모무차원　(나무아미타불)
同眞金色願　　　　　　　　　　形貌無差願

성취숙명원　(나무아미타불)　　생획천안원　(나무아미타불)
成就宿命願　　　　　　　　　　生獲天眼願

생획천이원　(나무아미타불)　　실지심행원　(나무아미타불)
生獲天耳願　　　　　　　　　　悉知心行願

신족초월원 (나무아미타불) 정무아상원 (나무아미타불)
神足超越願　　　　　　　淨無我相願

결정정각원 (나무아미타불) 광명보조원 (나무아미타불)
決定正覺願　　　　　　　光明普照願

수량무궁원 (나무아미타불) 성문무수원 (나무아미타불)
壽量無窮願　　　　　　　聲聞無數願

중생장수원 (나무아미타불) 개획선명원 (나무아미타불)
衆生長壽願　　　　　　　皆獲善名願

제불칭찬원 (나무아미타불) 십념왕생원 (나무아미타불)
諸佛稱讚願　　　　　　　十念往生願

임종현전원 (나무아미타불) 회향개생원 (나무아미타불)
臨終現前願　　　　　　　回向皆生願

구족묘상원 (나무아미타불) 함계보처원 (나무아미타불)
具足妙相願　　　　　　　咸階補處願

신공타방원 (나무아미타불) 소수만족원 (나무아미타불)
晨供他方願　　　　　　　所須滿足願

선입본지원 (나무아미타불) 나라연력원 (나무아미타불)
善入本智願　　　　　　　那羅延力願

장엄무량원 (나무아미타불) 보수실지원 (나무아미타불)
莊嚴無量願　　　　　　　寶樹悉知願

획승변재원 (나무아미타불) 대변무변원 (나무아미타불)
獲勝辯才願　　　　　　　大辯無邊願

국정보조원 (나무아미타불) 무량승음원 (나무아미타불)
國淨普照願　　　　　　　無量勝音願

몽광안락원 (나무아미타불) 성취총지원 (나무아미타불)
蒙光安樂願　　　　　　　成就摠持願

영이여신원 (나무아미타불)    문명지과원 (나무아미타불)
永離女身願                  聞名至果願

천인경례원 (나무아미타불)    수의수렴원 (나무아미타불)
天人敬禮願                  須衣隨念願

재생심정원 (나무아미타불)    수현불찰원 (나무아미타불)
纔生心淨願                  樹現佛刹願

무제근결원 (나무아미타불)    현증등지원 (나무아미타불)
無諸根缺願                  現證等持願

문생호귀원 (나무아미타불)    구족선근원 (나무아미타불)
聞生豪貴願                  具足善根願

공불견고원 (나무아미타불)    욕문자문원 (나무아미타불)
供佛堅固願                  欲聞自聞願

보리무퇴원 (나무아미타불)    현획인지원 (나무아미타불)
菩提無退願                  現獲忍地願


### 제불보살십종대은 ( 나무아미타불 )
### 諸佛菩薩十種大恩    南無阿彌陀佛

발심보피은 (나무아미타불)    난행고행은 (나무아미타불)
發心普被恩                  難行苦行恩

일향위타은 (나무아미타불)    수형육도은 (나무아미타불)
一向爲他恩                  隨形六道恩

수축중생은 (나무아미타불)    대비심중은 (나무아미타불)
隨逐衆生恩                  大悲深重恩

은승창열은 (나무아미타불)    위실시권은 (나무아미타불)
隱勝彰劣恩                  爲實示權恩

시멸생선은 (나무아미타불)    비렴무진은 (나무아미타불)
示滅生善恩                  悲念無盡恩

### 보현보살십종대은 (나무아미타불)
普賢菩薩十種大恩　南無阿彌陀佛

| 예경제불원 (나무아미타불) | 칭찬여래원 (나무아미타불) |
| 禮敬諸佛願 | 稱讚如來願 |
| 광수공양원 (나무아미타불) | 참제업장원 (나무아미타불) |
| 廣修供養願 | 懺除業障願 |
| 수희공덕원 (나무아미타불) | 청전법륜원 (나무아미타불) |
| 隨喜功德願 | 請轉法輪願 |
| 청불주세원 (나무아미타불) | 상수불학원 (나무아미타불) |
| 請佛住世願 | 常隨佛學願 |
| 항순중생원 (나무아미타불) | 보개회향원 (나무아미타불) |
| 恒順衆生願 | 普皆回向願 |

### 석가여래팔상성도 (나무아미타불)
釋迦如來八相成道　南無阿彌陀佛

| 도솔내의상 (나무아미타불) | 비람강생상 (나무아미타불) |
| 兜率來儀相 | 毘藍降生相 |
| 사문유관상 (나무아미타불) | 유성출가상 (나무아미타불) |
| 四門遊觀相 | 踰城出家相 |
| 설산수도상 (나무아미타불) | 수하항마상 (나무아미타불) |
| 雪山修道相 | 樹下降魔相 |
| 녹원전법상 (나무아미타불) | 쌍림열반상 (나무아미타불) |
| 鹿苑轉法相 | 雙林涅槃相 |

### 다생부모십종대은 （나무아미타불）
多生父母十種大恩　　南無阿彌陀佛

| 회탐수호은 (나무아미타불)<br>懷耽守護恩 | 임산수고은 (나무아미타불)<br>臨産受苦恩 |
| --- | --- |
| 생자망우은 (나무아미타불)<br>生子忘憂恩 | 인고토감은 (나무아미타불)<br>咽苦吐甘恩 |
| 회건취습은 (나무아미타불)<br>廻乾就濕恩 | 유포양육은 (나무아미타불)<br>乳哺養育恩 |
| 세탁부정은 (나무아미타불)<br>洗濯不淨恩 | 원행억념은 (나무아미타불)<br>遠行憶念恩 |
| 위조악업은 (나무아미타불)<br>爲造惡業恩 | 구경연민은 (나무아미타불)<br>究竟憐愍恩 |

### 오종대은명심불망 （나무아미타불）
五種大恩銘心不忘　　南無阿彌陀佛

각안기소국왕지은 (나무아미타불)
各安其所國王之恩

생양구로부모지은 (나무아미타불)
生養劬勞父母之恩

유통정법사장지은 (나무아미타불)
流通正法師長之恩

사사공양단월지은 (나무아미타불)
四事供養檀越之恩

탁마상성붕우지은 (나무아미타불)
琢磨相成朋友之恩

당가위보유차염불 (나무아미타불)
當可爲報唯此念佛

### 고성염불십종공덕 (나무아미타불)
高聲念佛十種功德　南無阿彌陀佛

**일자공덕능배수면** (나무아미타불)
一者功德能排睡眠

**이자공덕천마경포** (나무아미타불)
二者功德天魔驚怖

**삼자공덕성변시방** (나무아미타불)
三者功德聲遍十方

**사자공덕삼도식고** (나무아미타불)
四者功德三途息苦

**오자공덕외성불입** (나무아미타불)
五者功德外聲不入

**육자공덕염심불산** (나무아미타불)
六者功德念心不散

**칠자공덕용맹정진** (나무아미타불)
七者功德勇猛精進

**팔자공덕제불환희** (나무아미타불)
八者功德諸佛歡喜

**구자공덕삼매현전** (나무아미타불)
九者功德三昧現前

**십자공덕왕생정토** (나무아미타불)
十者功德往生淨土

**청산첩첩미타굴** (나무아미타불)
青山疊疊彌陀窟

창해망망적멸궁　　(나무아미타불)
蒼海茫茫寂滅宮

물물염래무가애　　(나무아미타불)
物物拈來無罣碍

기간송정학두홍　　(나무아미타불)
幾看松亭鶴頭紅

극락당전만월용　　(나무아미타불)
極樂堂前滿月容

옥호금색조허공　　(나무아미타불)
玉毫金色照虛空

약인일념칭명호　　(나무아미타불)
若人一念稱名號

경각원성무량공　　(나무아미타불)
頃刻圓成無量功

삼계유여급정륜　　(나무아미타불)
三界猶如汲井輪

백천만겁역미진　　(나무아미타불)
百千萬劫歷微塵

차신불향금생도　　(나무아미타불)
此身不向今生度

갱대하생도차신　　(나무아미타불)
更待何生度此身

천상천하무여불　　(나무아미타불)
天上天下無如佛

시방세계역무비　(나무아미타불)
十方世界亦無比

세간소유아진견　(나무아미타불)
世間所有我盡見

일체무유여불자　(나무아미타불)
一切無有如佛者

찰진심념가수지　(나무아미타불)
刹塵心念可數知

대해중수가음진　(나무아미타불)
大海中水可飮盡

허공가량풍가계　(나무아미타불)
虛空可量風可繫

무능진설불공덕　(나무아미타불)
無能盡說佛功德

가사정대경진겁　(나무아미타불)
假使頂戴經塵劫

신위상좌변삼천　(나무아미타불)
身爲牀座徧三千

약불전법도중생　(나무아미타불)
若不傳法度衆生

필경무능보은자　(나무아미타불)
畢竟無能報恩者

아차보현수승행　(나무아미타불)
我此普賢殊勝行

무변승복개회향 　(나무아미타불)
無邊勝福皆回向

보원침익제중생 　(나무아미타불)
普願沈溺諸衆生

속왕무량광불찰 　(나무아미타불)
速往無量光佛刹


아미타불재하방 　(나무아미타불)
阿彌陀佛在何方

착득심두절막망 　(나무아미타불)
着得心頭切莫忘

염도념궁무념처 　(나무아미타불)
念到念窮無念處

육문상방자금광 　(나무아미타불)
六門常放紫金光


보화비진요망연 　(나무아미타불)
報化非眞了妄緣

법신청정광무변 　(나무아미타불)
法身淸淨廣無邊

천강유수천강월 　(나무아미타불)
千江有水千江月

만리무운만리천 　(나무아미타불)
萬里無雲萬里天


원공법계제중생 　(나무아미타불)
願共法界諸衆生

동입미타대원해 (나무아미타불)
同入彌陀大願海

진미래제도중생 (나무아미타불)
盡未來際度衆生

자타일시성불도 (나무아미타불)
自他一時成佛道


나무서방정토 극락세계 삼십육만억 일십일만 구천오백
南無西方淨土 極樂世界 三十六萬億 一十一萬 九千五百

동명동호 대자대비 아미타불
同名同號 大慈大悲 阿彌陀佛

나무 서방정토 극락세계 불신장광 상호무변 금색광명
南無 西方淨土 極樂世界 佛身長廣 相好無邊 金色光明

변조법계 사십팔원 도탈중생 불가설 불가설 불가설전
遍照法界 四十八願 度脫衆生 不可說 不可說 不可說轉

불가설 항하사 불찰미진수 도마죽위 무한극수 삼백
不可說 恒河沙 佛刹微塵數 稻麻竹葦 無限極數 三百

육십만억 일십일만 구천오백 동명동호 대자대비 아
六十萬億 一十一萬 九千五百 同名同號 大慈大悲 我

등도사 금색여래 아미타불
等導師 金色如來 阿彌陀佛


나무무견정사상 아미타불   나무정상육계상 아미타불
南無無見頂上相 阿彌陀佛   南無頂上肉髻相 阿彌陀佛

나무발감유리상 아미타불   나무미간백호상 아미타불
南無髮紺琉璃相 阿彌陀佛   南無眉間白毫相 阿彌陀佛

나무미세수양상 아미타불　　나무안목청정상 아미타불
南無眉細垂楊相 阿彌陀佛　　南無眼目淸淨相 阿彌陀佛

나무이문제성상 아미타불　　나무비고원직상 아미타불
南無耳聞諸聖相 阿彌陀佛　　南無鼻高圓直相 阿彌陀佛

나무설대법나상 아미타불　　나무신색진금상 아미타불
南無舌大法螺相 阿彌陀佛　　南無身色眞金相 阿彌陀佛


나무문수보살　　나무보현보살
南無文殊菩薩　　南無普賢菩薩

나무관세음보살　　나무대세지보살
南無觀世音菩薩　　南無大勢至菩薩

나무금강장보살　　나무제장애보살
南無金剛藏菩薩　　南無除障碍菩薩

나무미륵보살　　나무지장보살
南無彌勒菩薩　　南無地藏菩薩

나무일체청정대해중보살마하살
南無一切淸淨大海衆菩薩摩訶薩

원공법계제중생　　동입미타대원해
願共法界諸衆生　　同入彌陀大願海


시방삼세불　　아미타제일　　구품도중생　　위덕무궁극
十方三世佛　　阿彌陀第一　　九品度衆生　　威德無窮極

아금대귀의　　참회삼업죄　　범유제복선　　지심용회향
我今大歸依　　懺悔三業罪　　凡有諸福善　　至心用回向

원동염불인　　진생극락국　　견불요생사　　여불도일체
願同念佛人　　盡生極樂國　　見佛了生死　　如佛度一切

| 원아임욕명종시 | 진제일체제장애 |
|---|---|
| 願我臨欲命終時 | 盡除一切諸障碍 |

| 면견피불아미타 | 직득왕생안락찰 |
|---|---|
| 面見彼佛阿彌陀 | 卽得往生安樂刹 |

| 원이차공덕 | 보급어일체 | 아등여중생 |
|---|---|---|
| 願以此功德 | 普及於一切 | 我等與衆生 |

| 당생극락국 | 동견무량수 | 개공성불도 |
|---|---|---|
| 當生極樂國 | 同見無量壽 | 皆共成佛道 |

| 원왕생 | 원왕생 | 원생극락견미타 | 획몽마정수기별 |
|---|---|---|---|
| 願往生 | 願往生 | 願生極樂見彌陀 | 獲蒙摩頂受記別 |

| 원왕생 | 원왕생 | 원재미타회중좌 | 수집향화상공양 |
|---|---|---|---|
| 願往生 | 願往生 | 願在彌陀會中坐 | 手執香華常供養 |

| 원왕생 | 원왕생 | 원생화장연화계 | 자타일시성불도 |
|---|---|---|---|
| 願往生 | 願往生 | 願生華藏蓮花界 | 自他一時成佛道 |

**회향게** 回向偈  ※ 읽지 않음

| 상래시식 | 풍송염불재자 | 모모등복위 | ○○ 영가 |
|---|---|---|---|
| 上來施食 | 諷誦念佛齋者 | 某某等伏爲 | ○○ 靈駕 |

| 일념보감무량겁 | 무거무래역무주 |
|---|---|
| 一念普鑑無量劫 | 無去無來亦無住 |

| 여시요지삼세사 | 초제방편성십력 |
|---|---|
| 如是了知三世事 | 超諸方便成十力 |

※ 다같이 절 3배를 하고 끝낸다.

# 제2부 초재(初齋)

초재는 영가께서 돌아가신 날로부터 제7일이 되는 날이다.
　원칙적으로는 제1 진광대왕(秦光大王)에게 재를 올리는 날이지만 여기서는 삼보통청(三寶通請)을 하여 시식하는 것으로 조직하였다.

## 1. 천수경(千手經)

(11쪽부터 21쪽에 있음)

## 2. 삼보통청(三寶通請)

거불　　( 삼보의 명위를 들어 법회에 )　※목탁
擧佛　　  참석하여 주실 것을 간청한 곳

나무　　불타부중광림법회　　(큰절)
南無　　佛陀部衆光臨法會

나무　　달마부중광림법회　　(큰절)
南無　　達摩部衆光臨法會

나무　승가부중광림법회　(큰절)
南無　僧伽部衆光臨法會

보소청진언　(불보살께서 공양청을 받아　)※ 요령
普召請眞言　 주실 것을 간청한 곳

"나무 보보제리 가리다리 다타 아다야"　(3번)
南無 步步諦哩 迦哩多哩 多陀 揭多野

유치　(불공을 드리게 된　)　※ 합장하고 그냥 범음성
由致　 연유를 밝힌 곳　　으로 점잖게 함

앙유 삼보대성자 종 진정계 흥 대비운 비신현신 포
仰惟 三寶大聖者 從 眞淨界 興 大悲雲 非身現身 布

신운어삼천세계 무법설법 쇄 법우어팔만진로 개 종종
身雲於三千世界 無法說法 灑 法雨於八萬塵勞 開 種種

방편지문 도 망망사계지중 유구개수 여 공곡지전성
方便之門 導 茫茫沙界之衆 有求皆遂 如 空谷之傳聲

무원부종 약 징담지인월 시이 사바세계 차사천하 대
無願不從 若 澄潭之印月 是以 裟婆世界 此四天下 大

한민국 모도 모군 모면 모리 모산 모사 수월도량 원
韓民國 某道 某郡 某面 某里 某山 某寺 水月道場 願

아금차 지극지정성 초재지재자 모군 모면 모리 모번지
我今此 至極至精誠 初齋之齋者 某郡 某面 某里 某番地

거주 모모등 복위 모모등 영가 이 금월금일 건설법
居住 某某等 伏爲 某某等 靈駕 以 今月今日 虔設法

연 정찬공양 제망중중 무진삼보자존 훈근작법 앙기묘
筵 淨饌供養 帝網重重 無盡三寶慈尊 薰懃作法 仰祈妙

원자 우복이 설 명향이예청 정옥립이수재 재체수미
援者 右伏以 爇 茗香以禮請 呈玉粒而修齋 齋體雖微

건성가민 기회자감 곡조미성 근병일심 선진삼청
虔誠可愍 冀回慈鑑 曲照微誠 謹秉一心 先陳三請

**청사** ( 큰절 한 번하고 일어나면서
請詞    요령을 흔들며 글을 외움 ) ※ 요령

나무 일심봉청 이 대자비 이위체고 구호중생 이위자
南無 一心奉請 以 大慈悲 而爲體故 救護衆生 以爲資

량 어제병고 위작양의 어실도자 시기정로 어암야중
粮 於諸病苦 爲作良醫 於失道者 示其正路 於闇夜中

위작광명 어빈궁자 영득복장 평등요익 일체중생 청정
爲作光明 於貧窮子 永得伏藏 平等饒益 一切衆生 清淨

법신 비로자나불 원만보신 노사나불 천백억화신 서가
法身 毘盧遮那佛 圓滿報身 盧舍那佛 千百億化身 釋迦

모니불 서방교주 아미타불 당래교주 미륵존불 시방상
牟尼佛 西方教主 阿彌陀佛 當來教主 彌勒尊佛 十方常

주 진여불보 일승원교 대화엄경 대승실교 묘법화경
住 眞如佛寶 一乘圓教 大華嚴經 大乘實教 妙法華經

삼처전심 격외선전 시방상주 심심법보 대지문수보살
三處傳心 格外禪詮 十方常住 甚深法寶 大智文殊菩薩

대행보현보살 대비관세음보살 대원지장보살 전불심등
大行普賢菩薩 大悲觀世音菩薩 大願地藏菩薩 傳佛心燈

가섭존자 유통교해 아난존자 시방상주 청정승보 여시
迦葉尊者 流通教海 阿難尊者 十方常住 清淨僧寶 如是

삼보 무량무변 일일주변 일일진찰 유원자비 연민유정
三寶 無量無邊 一一周徧 一一塵刹 唯願慈悲 憐愍有情

**강림도량 수차공양**　(3번)
降臨道場　受此供養


**향화청**　( 헌향 )　※ 목탁
香花請　  헌화


**가영**　(읽지 않음)　※ 목탁
歌詠

**불신보변시방중　삼세여래일체동**
佛身普徧十方中　三世如來一切同

**광대원운항부진　왕양각해묘란궁**
廣大願雲恒不盡　汪洋覺海渺難窮

**고아일심 귀명정례**　(반절)
故我一心　歸命頂禮


**헌좌진언**　( 모셔온 모든 분들이 앉을 )　※ 요령
獻座眞言　  자리를 제공하는 진언

**묘보리좌승장엄　제불좌이성정각**
妙菩提座勝莊嚴　諸佛坐已成正覺

**아금헌좌역여시　자타일시성불도**
我今獻座亦如是　自他一時成佛道

"**옴 바아라 미나야 사바하**"　(3번)
　唵　縛日羅　未那野　裟婆訶


**정근**　(읽지 않음)　※ 목탁
精勤

"나무 영산불멸 학수쌍존 시아본사 석가모니불"로 시작하여 "석가모니불"

을 시간 따라 부르다가 다음 게송을 외우고 권공으로 들어간다.

**천상천하무여불  시방세계역무비**
天上天下無如佛　十方世界亦無比

**세간소유아진견  일체무유여불자**
世間所有我盡見　一切無有如佛子

**고아일심귀명정례**  (반절)
故我一心歸命頂禮


**욕건만나라 선송**
欲建曼拏羅 先誦

**정법계진언**　　"옴 남"　(3~7번)　※ 목탁
淨法界眞言　　　唵喃


**다게**　( 차를 올리면서 외우는 게송 ) ※ 목탁
茶偈

**공양시방조어사  연양청정미묘법**
供養十方調御士　演揚淸淨微妙法

**삼승사과해탈승**　"원수자비애납수"　(3배)
三乘四果解脫僧　　願垂慈悲哀納受


**진언권공**　( 진언으로 공양을 권하는 대목 ) ※ 요령
眞言勸供

**향수나열 재자건성 욕구공양지주원**
香羞羅列　齋者虔誠　欲求供養之周圓

**수장가지지변화 앙유삼보 특사가지**
須仗加持之變化　仰唯三寶　特賜加持

**"나무시방불 나무시방법 나무시방승"** (3번)

### 무량위덕자재광명승묘력변식진언
### 無量威德自在光明勝妙力變食眞言

"나막 살바다타 아다 바로기제 옴 삼바라 삼바라 훔" (3번)

### 시 감로수진언
### 施 甘露水眞言

"나무소로바야 다타아다야 다냐야 옴 소로소로 바라소로 바라소로 사바하" (3번)

### 일자수륜관진언
### 一字水輪觀眞言

"옴 밤밤밤밤" (3번)

### 유해진언
### 乳海眞言

"나무사만다 못다남 옴 밤" (3번)

### 운심공양진언
### 運心供養眞言

원차향공변법계  보공무진삼보해
願此香供遍法界  普供無盡三寶海

자비수공증선근  영법주세보불은
慈悲受供增善根  令法住世報佛恩

"나막 살바다타 아제뱍미 새바 모계 배약살바다캄 오나아제 바라혜맘 옴 아아나깜 사바하" (3번)

### 예참 禮懺  ※ 목탁

지심정례공양　　삼계도사　　사생자부　　시아본사
至心頂禮供養　　三界導師　　四生慈父　　是我本師

　　　　　　　　석가모니불　(절)
　　　　　　　　釋迦牟尼佛

지심정례공양　　시방삼세　　제망찰해　　상주일체
至心頂禮供養　　十方三世　　帝網刹海　　常住一切

　　　　　　　　불타야중　(절)
　　　　　　　　佛陀耶衆

지심정례공양　　시방삼세　　제망찰해　　상주일체
至心頂禮供養　　十方三世　　帝網刹海　　常住一切

　　　　　　　　달마야중　(절)
　　　　　　　　達摩耶衆

지심정례공양　　대지문수　　사리보살　　대행보현보살
至心頂禮供養　　大地文殊　　舍利菩薩　　大行普賢菩薩

　　　　　　　　대비관세음보살　　대원본존
　　　　　　　　大悲觀世音菩薩　　大願本尊

　　　　　　　　지장보살마하살　(절)
　　　　　　　　地藏菩薩摩訶薩

지심정례공양　　영산당시　　수불부촉　　십대제자　십육성
至心頂禮供養　　靈山當時　　受佛咐囑　　十大弟子　十六聖

　　　　　　　　오백성　독수성　내지　천이백제대
　　　　　　　　五百聖　獨修聖　乃至　千二百諸大

　　　　　　　　아라한　무량자비성중　(절)
　　　　　　　　阿羅漢　無量慈悲聖衆

지심정례공양　서건동진　급아해동　역대전등
至心頂禮供養　西乾東晉　及我海東　歷代傳燈

　　　　　　　제대조사　천하종사　일체미진수
　　　　　　　諸大祖師　天下宗師　一切微塵數

　　　　　　　제대선지식　(절)
　　　　　　　諸大善知識

지심정례공양　시방삼세　제망찰해　상주일체
至心頂禮供養　十方三世　帝網刹海　常住一切

　　　　　　　승가야중　(절)
　　　　　　　僧伽耶衆


유원 무진삼보 대자대비 수차공양 명훈가피력
唯願 無盡三寶 大慈大悲 受此供養 冥勳加被力

원공법계제중생 자타일시성불도　(절)
願共法界諸衆生 自他一時成佛道


　　보공양진언
　　普供養眞言

"옴 아아나 삼바바 바아라 훔"　(3번)


　　보회향진언
　　普回向眞言

"옴 사마라 사마라 미만나 사라마하 자가라바 훔"(3번)


　　원성취진언
　　願成就眞言

"옴 아모카 살바다라 사다야 시베 훔" (3번)

    보궐진언
    補闕眞言

"옴 호로호로 시야모케 사바하" (3번)

찰진심념가수지   대해수중가음진
刹塵心念可數知   大海水中可飮盡

허공가량풍가계   무능진설불공덕
虛空可量風可繫   無能盡說佛功德

고아일심귀명정례
故我一心歸命頂禮

    축원   ( 재자의 소망을 )   ※ 그냥 합장하고 범음으로
    祝願    기원해 주는 곳      점잖게 함

앙고 시방삼세 제망중중 무진삼보 자존 불사자비 위
仰告 十方三世 帝網重重 無盡三寶 慈尊 不捨慈悲 爲

작증명 (혹 허수낭감)
作證明 或 許垂朗鑑

상래소수공덕해   회향삼처실원만   우순풍조민안락
上來所修功德海   回向三處悉圓滿   雨順風調民安樂

천하태평법륜전
天下太平法輪轉

원아 금차지극지성 사십구일초재지재자 모도모군 모
願我 今此至極至誠 四十九日初齋之齋者 某道某郡 某

면모리 모번지거주 행효자 모질손 모등복위 소천망령
面某里 某番地居住 行孝子 某姪孫 某等伏爲 所薦亡靈

모모등　영가　이차인연공덕　앙몽삼보대성　애민섭수
某某等　靈駕　以此因緣功德　仰蒙三寶大聖　哀愍攝受

지묘력　부답명로　초생극락지대원　(반절)
之妙力　不踏冥路　超生極樂之大願

억원　당령복위　상세선망　사존부모　누세종친　제형숙백
抑願　當靈伏爲　上世先亡　師尊父母　累世宗親　弟兄叔伯

일체권속등　열위영가　도량내외　동상동하　유주무주
一切眷屬等　列位靈駕　道場內外　洞上洞下　有主無主

애혼불자등　각　열위영가　겸급법계　삼도팔난　사생칠취
哀魂佛子等　各　列位靈駕　兼及法界　三途八難　四生七趣

사은삼유　일체유식　함령등　각　열위영가　함탈삼계지
四恩三有　一切有識　含靈等　各　列位靈駕　咸脫三界之

고뇌　초생구품지낙방　획몽제불　감로관정　반야낭지
苦惱　超生九品之樂邦　獲蒙諸佛　甘露灌頂　般若朗智

활연개오　(반절)
豁然開悟

억원　금일지성재자　시회합원대중　노소비구　사미행자
抑願　今日至誠齋者　時會合院大衆　老少比丘　沙彌行者

신남신녀　백의단월　각각등보체　각기심중　소구발원
信男信女　白衣檀越　各各等保體　各其心中　所求發願

일일유　천상지경　시시무　백해지재　만사여의　형통지
日日有　千祥之慶　時時無　百害之災　萬事如意　亨通之

발원　(반절)
發願

연후원　항사법계　무량불자등　동유화장장엄해　동입보
然後願　恒沙法界　無量佛子等　同遊華藏莊嚴海　同入菩

리대도량　상봉화엄불보살　항몽제불대광명　소멸무량
提大道場　常逢華嚴佛菩薩　恒蒙諸佛大光明　消滅無量

중죄장　획득무량대지혜　돈성무상최정각　광도법계제
衆罪障　獲得無量大智慧　頓成無上最正覺　廣度法界諸

중생　이보제불막대은　세세상행보살도　구경원성살바야
衆生　以報諸佛莫大恩　世世常行菩薩道　究竟圓成薩婆若

마하반야바라밀　(반절)
摩訶般若波羅密

나무석가모니불　나무석가모니불
南無釋迦牟尼佛　南無釋迦牟尼佛

나무시아본사석가모니불　(반절)
南無是我本師釋迦牟尼佛


## 3. 중단권공(中壇勸供)

다게　※ 목탁
茶偈

이차청정향운공　봉헌옹호성중전
以此淸淨香雲供　奉獻擁護聖衆前

감찰아등건간심　"원수자비애납수"　(3배)
鑑察我等虔懇心　願垂慈悲哀攝受


지심정례공양　화엄회상　욕색제천중　(절)
至心頂禮供養　華嚴會上　欲色諸天衆

지심정례공양　화엄회상　팔부사왕중　(절)
至心頂禮供養　華嚴會上　八部四王衆

지심정례공양  화엄회상  호법선신중  (절)
至心頂禮供養  華嚴會上  護法善神衆

유원 신중자비 옹호도량
唯願 神衆慈悲 擁護道場

실개수공발보리 시작불사도중생
悉皆受供發菩提 施作佛事度衆生

보공양진언
普供養眞言

"옴 아아나 삼바바 바아라 훔"  (3번)

보회향진언
普回向眞言

"옴 사마라 사마라 미만나 사라마하 자가라바 훔" (3번)

마하반야바라밀다 심경
摩訶般若波羅密多 心經

관자재보살 행심반야 바라밀다 시 조견 오온개공 도
觀自在菩薩 行深般若 波羅密多 時 照見 五蘊皆空 度

일체고액 사리자 색불이공 공불이색 색즉시공 공즉
一切苦厄 舍利子 色不異空 空不異色 色卽是空 空卽

시색 수상행식 역부여시 사리자 시 제법공상 불생불
是色 受想行識 亦復如是 舍利子 是 諸法空相 不生不

멸 불구부정 부증불감 시고 공중 무색 무수상행식
滅 不垢不淨 不增不減 是故 空中 無色 無受想行識

무안이비설신의 무색성향미촉법 무안계 내지무의식계
無眼耳鼻舌身意 無色聲香味觸法 無眼界 乃至無意識界

무무명 역무무명진 내지 무노사 역무노사진 무 고집
無無明 亦無無明盡 乃至 無老死 亦無老死盡 無 苦集

멸도 무지역무득 이무소득고 보리살타 의반야바라밀
滅度 無智亦無得 以無所得故 菩提薩埵 依般若波羅密

다 고심무가애 무가애고 무유공포 원리전도몽상 구
多 故心無罣碍 無罣碍故 無有恐怖 遠離顚倒夢想 究

경열반 삼세제불 의반야바라밀다 고득아뇩다라삼막
竟涅槃 三世諸佛 依般若波羅密多 故得阿耨多羅三藐

삼보리 고지반야바라밀다 시 대신주 시 대명주 시무
三菩提 故知般若波羅密多 是 大神呪 是 大明呪 是無

상주 시무등등주 능제일체고 진실불허 고설 반야바
上呪 是無等等呪 能除一切故 眞實不虛 故說 般若波

라밀다주 즉설주왈
羅密多呪 卽說呪曰

"아제아제 바라아제 바라승아제 모제 사바하" (3번)


### 불설소재길상 다라니
佛說消災吉祥 陀羅尼

나무 사만다 못나남 아바라지 하다사 사나남 다냐타
옴 카카 카헤 카헤 훔 훔 아바라 아바라 바라아바라
바라아바라 디따 디따 디리 디리 빠다 바다 선지가
시리에 사바하

원성취진언
願成就眞言

"옴 아모카 살바다라 사다야 시베 훔" (3번)

보궐진언
普闕眞言

"옴 호로호로 시야모케 사바하" (3번)

화엄성중혜감명　　사주인사일념지
華嚴聖衆慧鑑明　　四洲人事一念知

애민중생여적자　　시고아금공경례
哀愍衆生如嫡子　　是故我今恭敬禮

고아일심귀명정례　(반절)
故我一心歸命頂禮

## 3. 중단축원(中壇祝願)

앙고 화엄회상 제대현성 첨수연민지지정 각방신통지
仰告 華嚴會上 諸大賢聖 僉垂憐愍之至情 各放神通之

묘력 원아금차 (주소) 앙몽제대성중 가호지묘력 일
妙力 願我今此  성명  仰蒙諸大聖衆 加護之妙力 日

일유 천상지경 시시무 백해지재 심중소구 여의원만
日有 千祥之慶 時時無 百害之災 心中所求 如意圓滿

형통지대원 연후원 금일재자 여 시회대중등 삼장돈제
亨通之大願 然後願 今日齋者 與 時會大衆等 三障頓除

오복증숭 원제유정등 삼업개청정 봉지제불교 화남대
五福增崇 願諸有情等 三業皆淸淨 奉持諸佛敎 和南大

성존 구호길상 마하반야바라밀
聖尊 俱護吉祥 摩訶般若波羅密


## 4. 시식(施食)

### 거불 擧佛    ※ 목탁

나무 극락도사 아미타불 (절)
南無 極樂導師 阿彌陀佛

나무 좌우보처 관음세지 양대보살 (절)
南無 左右補處 觀音勢至 兩大菩薩

나무 접인망령 대성인로왕보살 (절)
南無 接引亡靈 大聖引路王菩薩


### 청혼 請魂    ※ 요령 세 번 흔들고, 점잖게 범음성으로

거 사바세계 남섬부주 동양 대한민국 (모사) 청정도량
擧 裟婆世界 南贍部洲 東洋 大韓民國   某寺 淸淨道場

원아금차 제당 (사십구재중초재) 위천설향 봉청재자
願我今此 第當  四十九齋中初齋   爲薦爇香 奉請齋者

(행효자) 모인복위 소천 망령 모인영가 영가 기부 재
 行孝子  某人伏爲 所薦 亡靈 某人靈駕 靈駕 寄付 齋

자복위 상세선망 부모 다생사장 원근친족등 각열명영
者伏爲 上世先亡 父母 多生師丈 遠近親族等 各列名靈

가 차도량내외 동상동하 유주무주 애혼불자등 각열명
駕 此道場內外 洞上洞下 有主無主 哀魂佛子等 各列名

영가 철위산간 오무간옥 일일일야 만사만생 수고함
靈駕 鐵圍山間 五無間獄 一日一夜 萬死萬生 受苦含

령등 각열위영가 내지 겸급법계 삼도팔난 사생칠취
靈等 各列爲靈駕 乃至 兼及法界 三途八難 四生七趣

십류고혼등 각열위영가 지침체청 지심체수
十類孤魂等 各列爲靈駕 至心諦聽 至心諦受

착어　　（영가에게 내리는 말）　　（읽지 않음） ※ 목탁
着語

영명성각묘난사　월타추담계영한
靈明性覺妙難思　月墮秋潭桂影寒

금탁수성개각로　잠사진계하향단
金鐸數聲開覺路　暫辭眞界下香壇

진령게　　（읽지 않음） ※ 요령을 흔들며
振鈴偈

이차진령신소청　명도귀계보문지
以此振鈴申召請　冥途鬼界普聞知

원승삼보역가지　금일금시래부회
願承三寶力加知　今日今時來赴會

보소청진언
普召請眞言

"나무보보지리 가리다리 다타아타야" (3번)

### 청사
### 請詞  ※ 요령

일심봉청 생연이진 대명아천 기작황천지객 이위주천
一心奉請 生緣已盡 大命我遷 旣作黃泉之客 已爲追薦

지혼 방불형용 의희면목 금일모령 승불위광 내예향단
之魂 彷彿形容 依稀面目 今日某靈 承佛威光 來詣香壇

수첩법공
受沾法供


### 향연청
### 香煙請  (헌향) ※ 목탁


### 가영
### 歌詠  ※ 목탁

제령한진치신망    석화광음몽일장
諸靈限盡致身亡    石火光陰夢一場

삼혼묘묘귀하처    칠백망망거원향
三魂杳杳歸何處    七魄茫茫去遠鄕


### 수위안좌진언
### 受位安座眞言  ※ 요령

아금의교설화연    공양진수열좌전
我今依敎說華筵    供養珍羞列座前

유원불자차제좌    전심제청연금언
唯願佛子次第坐    專心諦聽演金言

"옴 마니군다니 훔훔 사바하" (3번)

백초임중일미신　조주상권기천인
百草林中一味新　趙州常勸幾千人

팽장석정강심수　"원사망령헐고륜"　(세번 3배)
烹將石鼎江心水　願使亡靈歇苦輪

모영 향설오분지진향 훈발대지
某靈　香爇五分之眞香 熏發大智

등연반야지명등 조파혼구
燈燃般若之明燈 照破昏衢

다헌조주지청다 돈식갈정
茶獻趙州之淸茶 頓息渴情

과헌선도지진품 상조일미
果獻仙都之眞品 常助一味

식진향적지진수 영절기허
食進香積之珍羞 永絕飢虛

선밀가지 신전윤택 업화청량 각구해탈 변식진언
宣蜜加持 身田潤澤 業火淸凉 各求解脫 變食眞言

"나막 살바다타 아다 바로기제 옴 삼바라 삼바라 훔"(3번)

시감로수진언
施甘露水眞言

"나무소로바야 다타아다야 다냐타 옴 소로소로 바라소로 바라소로 사바하" (3번)

일자수륜관진언　　　옴 밤 밤 밤밤"(3번)
一字水輪觀眞言


유해진언　　　"나무사만다 못다남 옴 밤"(3번)
乳海眞言


칭량성호　※ 목탁·요령, 대중과 함께 동음으로
稱量聖號　　（읽지 않음）

| 나무다보여래 | 원제고혼 | 파제간탐 | 법재구족 |
| 南無多寶如來 | 願諸孤魂 | 破除慳貪 | 法財具足 |
| 나무묘색신여래 | 원제고혼 | 이추루형 | 상호원만 |
| 南無妙色身如來 | 願諸孤魂 | 離醜陋形 | 相好圓滿 |
| 나무광박신여래 | 원제고혼 | 사륙범신 | 오허공신 |
| 南無廣博身如來 | 願諸孤魂 | 捨六凡身 | 悟虛空身 |
| 나무이포외여래 | 원제고혼 | 이제포외 | 득열반락 |
| 南無離怖畏如來 | 願諸孤魂 | 離諸怖畏 | 得涅槃樂 |
| 나무감로왕여래 | 원제고혼 | 열명영가 | 인후개통 |
| 南無甘露王如來 | 願諸孤魂 | 列名靈駕 | 咽喉開通 |

획감로미
獲甘露味


| 원차가지식 | 보변만시방 | 식자제기갈 | 득생안양국 |
| 願此加持食 | 普遍滿十方 | 食者除飢渴 | 得生安養國 |


시귀식진언
施鬼食眞言

"옴 미기미기 야야미기 사하바"
唵 味其味其 野野味其 裟婆訶

### 시무차법식진언
施無遮法食眞言

"옴 목령능 사하바"  (3번)
唵 目齡楞 裟婆訶


수아차법식 하이아란찬 기장함포만 업화돈청량
受我此法食 何異阿難饌 飢腸咸飽滿 業火頓淸凉

돈사탐진치 상귀불법승 염념보리심 처처안락국
頓捨貪瞋癡 常歸佛法僧 念念菩提心 處處安樂國


범소유상 개시허망 약견제상비상 직견여래
凡所有相 皆是虛妄 若見諸相非相 卽見如來


### 여래십호
如來十號

여래 응공 정변지 명행족 선서 세간해
如來 應供 正遍智 明行足 善逝 世間解

무상사 조어장부 천인사 불 세존
無上士 調御丈夫 天人師 佛 世尊


제법종본래 상자적멸상 불자행도이 내세득작불
諸法從本來 常自寂滅相 佛子行道已 來世得作佛

제행무상 시생멸법 생멸멸이 적멸위락
諸行無常 是生滅法 生滅滅已 寂滅爲樂

### 장엄염불
### 莊嚴念佛

| 원아진생무별렴 | 아미타불독상수 |
| 願我盡生無別念 | 阿彌陀佛獨相隨 |

| 심심상계옥호광 | 염념불이금색상 |
| 心心常係玉毫光 | 念念不離金色相 |

| 아집염주법계관 | 허공위승무불관 |
| 我執念珠法界觀 | 虛空爲繩無不貫 |

| 평등사나무하처 | 관구서방아미타 |
| 平等舍那無何處 | 觀求西方阿彌陀 |

| 나무서방대교주 | 무량수여래불 |
| 南無西方大敎主 | 無量壽如來佛 |

"나무아미타불"
南無阿彌陀佛

※ 시간 따라 하다가 장엄염불을 하는데 여기서부터서는 매 글귀의 끝마다 '나무아미타불'을 후념으로 봉독함.


극락세계십종장엄    (나무아미타불)
極樂世界十種莊嚴     南無阿彌陀佛

| 법장서원수인장엄 | 사십팔원원력장엄 |
| 法藏誓願修因莊嚴 | 四十八願願力莊嚴 |

| 미타명호수광장엄 | 삼대사관보상장엄 |
| 彌陀名號壽光莊嚴 | 三大士觀寶像莊嚴 |

미타국토안락장엄　　보하청정덕수장엄
彌陀國土安樂莊嚴　　寶河淸淨德水莊嚴

보전여의누각장엄　　주야장원시분장엄
寶殿如意樓閣莊嚴　　晝夜長遠時分莊嚴

이십사락정토장엄　　삼십종익공덕장엄
二十四樂淨土莊嚴　　三十種益功德莊嚴


　　　미타인행사십팔원　　（나무아미타불）
　　　彌陀因行四十八願　　　南無阿彌陀佛

| 악취무명원 | 무타악도원 | 동진금색원 | 형모무차원 |
| 惡趣無名願 | 無墮惡道願 | 同眞金色願 | 形貌無差願 |
| 성취숙명원 | 생획천안원 | 생획천이원 | 실지심행원 |
| 成就宿命願 | 生獲天眼願 | 生獲天耳願 | 悉知心行願 |
| 신족초월원 | 정무아상원 | 결정정각원 | 광명보조원 |
| 神足超越願 | 淨無我相願 | 決定正覺願 | 光明普照願 |
| 수량무궁원 | 성문무수원 | 중생장수원 | 개획선명원 |
| 壽量無窮願 | 聲聞無數願 | 衆生長壽願 | 皆獲善名願 |
| 제불칭찬원 | 십념왕생원 | 임종현전원 | 회향개생원 |
| 諸佛稱讚願 | 十念往生願 | 臨終現前願 | 回向皆生願 |
| 구족묘상원 | 함계보처원 | 신공타방원 | 소수만족원 |
| 具足妙相願 | 咸階補處願 | 晨供他方願 | 所須滿足願 |
| 선입본지원 | 나라연력원 | 장엄무량원 | 보수실지원 |
| 善入本智願 | 那羅延力願 | 莊嚴無量願 | 寶樹悉知願 |
| 획승변재원 | 대변무변원 | 국정보조원 | 무량승음원 |
| 獲勝辯才願 | 大辯無邊願 | 國淨普照願 | 無量勝音願 |
| 몽광안락원 | 성취총지원 | 영이여신원 | 문명지과원 |
| 蒙光安樂願 | 成就摠持願 | 永離女身願 | 聞名至果願 |

| 천인경례원 | 수의수렴원 | 재생심정원 | 수현불찰원 |
| 天人敬禮願 | 須衣隨念願 | 纔生心淨願 | 樹現佛刹願 |
| 무제근결원 | 현증등지원 | 문생호귀원 | 구족선근원 |
| 無諸根缺願 | 現證等持願 | 聞生豪貴願 | 具足善根願 |
| 공불견고원 | 욕문자문원 | 보리무퇴원 | 현획인지원 |
| 供佛堅固願 | 欲聞自聞願 | 菩提無退願 | 現獲忍地願 |

제불보살십종대은　　（나무아미타불）
諸佛菩薩十種大恩　　　南無阿彌陀佛

| 발심보피은 | 난행고행은 | 일향위타은 | 수형육도은 |
| 發心普被恩 | 難行苦行恩 | 一向爲他恩 | 隨形六道恩 |
| 수축중생은 | 대비심중은 | 은승창열은 | 위실시권은 |
| 隨逐衆生恩 | 大悲深重恩 | 隱勝彰劣恩 | 爲實示權恩 |
| 시멸생선은 | 비렴무진은 | | |
| 示滅生善恩 | 悲念無盡恩 | | |

보현보살십종대은　　（나무아미타불）
普賢菩薩十種大恩　　　南無阿彌陀佛

| 예경제불원 | 칭찬여래원 | 광수공양원 | 참제업장원 |
| 禮敬諸佛願 | 稱讚如來願 | 廣修供養願 | 懺除業障願 |
| 수희공덕원 | 청전법륜원 | 청불주세원 | 상수불학원 |
| 隨喜功德願 | 請轉法輪願 | 請佛住世願 | 常隨佛學願 |
| 항순중생원 | 보개회향원 | | |
| 恒順衆生願 | 普皆回向願 | | |

석가여래팔상성도　　（나무아미타불）
釋迦如來八相成道　　　南無阿彌陀佛

| 도솔내의상 | 비람강생상 | 사문유관상 | 유성출가상 |
| 兜率來儀相 | 毘藍降生相 | 四門遊觀相 | 踰城出家相 |
| 설산수도상 | 수하항마상 | 녹원전법상 | 쌍림열반상 |
| 雪山修道相 | 樹下降魔相 | 鹿苑轉法相 | 雙林涅槃相 |

다생부모십종대은　　（나무아미타불）
多生父母十種大恩　　　南無阿彌陀佛

| 회탐수호은 | 임산수고은 | 생자망우은 | 인고토감은 |
| 懷耽守護恩 | 臨産受苦恩 | 生子忘憂恩 | 咽苦吐甘恩 |
| 회건취습은 | 유포양육은 | 세탁부정은 | 원행억념은 |
| 廻乾就濕恩 | 乳哺養育恩 | 洗濯不淨恩 | 遠行憶念恩 |
| 위조악업은 | 구경연민은 | | |
| 爲造惡業恩 | 究竟憐愍恩 | | |

오종대은명심불망　　（나무아미타불）
五種大恩銘心不忘　　　南無阿彌陀佛

각안기소국왕지은　　생양구로부모지은
各安其所國王之恩　　生養劬勞父母之恩

유통정법사장지은　　사사공양단월지은
流通正法師長之恩　　四事供養檀越之恩

탁마상성붕우지은　　당가위보유차염불
琢磨相成朋友之恩　　當可爲報唯此念佛

고성염불십종공덕　　（나무아미타불）
高聲念佛十種功德　　　南無阿彌陀佛

일자공덕능배수면　　이자공덕천마경포
一者功德能排睡眠　　二者功德天魔驚怖

삼자공덕성변시방　　사자공덕삼도식고
三者功德聲遍十方　　四者功德三途息苦

오자공덕외성불입　　육자공덕염심불산
五者功德外聲不入　　六者功德念心不散

칠자공덕용맹정진　　팔자공덕제불환희
七者功德勇猛精進　　八者功德諸佛歡喜

구자공덕삼매현전　　십자공덕왕생정토
九者功德三昧現前　　十者功德往生淨土


청산첩첩미타굴　　창해망망적멸궁
靑山疊疊彌陀窟　　蒼海茫茫寂滅宮

물물염래무가애　　기간송정학두홍
物物拈來無罣碍　　幾看松亭鶴頭紅


극락당전만월용　　옥호금색조허공
極樂堂前滿月容　　玉毫金色照虛空

약인일념칭명호　　경각원성무량공
若人一念稱名號　　頃刻圓成無量功


삼계유여급정륜　　백천만겁역미진
三界猶如汲井輪　　百千萬劫歷微塵

차신불향금생도　　갱대하생도차신
此身不向今生度　　更待何生度此身


천상천하무여불　　시방세계역무비
天上天下無如佛　　十方世界亦無比

세간소유아진견 　　　 일체무유여불자
世間所有我盡見 　　　 一切無有如佛者

찰진심념가수지 　　　 대해중수가음진
刹塵心念可數知 　　　 大海中水可飮盡

허공가량풍가계 　　　 무능진설불공덕
虛空可量風可繫 　　　 無能盡說佛功德

가사정대경진겁 　　　 신위상좌변삼천
假使頂戴經塵劫 　　　 身爲牀座徧三千

약불전법도중생 　　　 필경무능보은자
若不傳法度衆生 　　　 畢竟無能報恩者

아차보현수승행 　　　 무변승복개회향
我此普賢殊勝行 　　　 無邊勝福皆回向

보원침익제중생 　　　 속왕무량광불찰
普願沈溺諸衆生 　　　 速往無量光佛刹

아미타불재하방 　　　 착득심두절막망
阿彌陀佛在何方 　　　 着得心頭切莫忘

염도념궁무념처 　　　 육문상방자금광
念到念窮無念處 　　　 六門常放紫金光

보화비진요망연 　　　 법신청정광무변
報化非眞了妄緣 　　　 法身淸淨廣無邊

천강유수천강월 　　　 만리무운만리천
千江有水千江月 　　　 萬里無雲萬里天

원공법계제중생 　　동입미타대원해
願共法界諸衆生 　　同入彌陀大願海

진미래제도중생 　　자타일시성불도
盡未來際度衆生 　　自他一時成佛道


나무서방정토 극락세계 삼십육만억 일십일만 구천오백
南無西方淨土 極樂世界 三十六萬億 一十一萬 九千五百

동명동호 대자대비 아미타불
同名同號 大慈大悲 阿彌陀佛

나무 서방정토 극락세계 불신장광 상호무변 금색광명
南無 西方淨土 極樂世界 佛身長廣 相好無邊 金色光明

변조법계 사십팔원 도탈중생 불가설 불가설 불가설전
遍照法界 四十八願 度脫衆生 不可說 不可說 不可說轉

불가설 항하사 불찰미진수 도마죽위 무한극수 삼백
不可說 恒河沙 佛刹微塵數 稻麻竹葦 無限極數 三百

육십만억 일십일만 구천오백 동명동호 대자대비 아
六十萬億 一十一萬 九千五百 同名同號 大慈大悲 我

등도사 금색여래 아미타불
等導師 金色如來 阿彌陀佛


나무무견정사상 아미타불　　나무정상육계상 아미타불
南無無見頂上相 阿彌陀佛　　南無頂上肉髻相 阿彌陀佛

나무발감유리상 아미타불　　나무미간백호상 아미타불
南無髮紺琉璃相 阿彌陀佛　　南無眉間白毫相 阿彌陀佛

나무미세수양상 아미타불　　나무안목청정상 아미타불
南無眉細垂楊相 阿彌陀佛　　南無眼目淸淨相 阿彌陀佛

나무이문제성상 아미타불   나무비고원직상 아미타불
南無耳聞諸聖相 阿彌陀佛   南無鼻高圓直相 阿彌陀佛

나무설대법나상 아미타불   나무신색진금상 아미타불
南無舌大法螺相 阿彌陀佛   南無身色眞金相 阿彌陀佛


나무문수보살   나무보현보살
南無文殊菩薩   南無普賢菩薩

나무관세음보살   나무대세지보살
南無觀世音菩薩   南無大勢至菩薩

나무금강장보살   나무제장애보살
南無金剛藏菩薩   南無除障碍菩薩

나무미륵보살   나무지장보살
南無彌勒菩薩   南無地藏菩薩

나무일체청정대해중보살마하살
南無一切淸淨大海衆菩薩摩訶薩

원공법계제중생   동입미타대원해
願共法界諸衆生   同入彌陀大願海


시방삼세불   아미타제일   구품도중생   위덕무궁극
十方三世佛   阿彌陀第一   九品度衆生   威德無窮極

아금대귀의   참회삼업죄   범유제복선   지심용회향
我今大歸依   懺悔三業罪   凡有諸福善   至心用回向

원동염불인   진생극락국   견불요생사   여불도일체
願同念佛人   盡生極樂國   見佛了生死   如佛度一切


원아임욕명종시   진제일체제장애
願我臨欲命終時   盡除一切諸障碍

면견피불아미타　　직득왕생안락찰
面見彼佛阿彌陀　　卽得往生安樂刹

원이차공덕　　보급어일체　　아등여중생
願以此功德　　普及於一切　　我等與衆生

당생극락국　　동견무량수　　개공성불도
當生極樂國　　同見無量壽　　皆共成佛道

원왕생　　원왕생　　원생극락견미타　　획목마정수기별
願往生　　願往生　　願生極樂見彌陀　　獲蒙摩頂受記別

원왕생　　원왕생　　원재미타회중좌　　수집향화상공양
願往生　　願往生　　願在彌陀會中坐　　手執香華常供養

원왕생　　원왕생　　원생화장연화계　　자타일시성불도
願往生　　願往生　　願生華藏蓮花界　　自他一時成佛道

회향게　　※ 읽지 않음
回向偈

상래시식 풍송염불재자 모모등복위　○○ 영가
上來施食 諷誦念佛齋者 某某等伏爲　○○ 靈駕

일념보감무량겁　　무거무래역무주
一念普鑑無量劫　　無去無來亦無住

여시요지삼세사　　초제방편성십력
如是了知三世事　　超諸方便成十力

※ 다같이 절 3배를 하고 끝낸다.

# 제3부 제이재(第二齋)

제2재는 영가께서 돌아가신 제2주 14일이 되는 날이다. 원칙적으로는 제2 초강대왕(初江大王)에게 재를 올리는 날이나 여기서는 영가의 내생의 복락을 위하여 동방만월세계 약사여래님께 불공을 드리는 것으로 조직하고 경전은 원각경 보안장을 읽어 드리기로 한다.

## 1. 천수경

(11쪽에서부터 20쪽에 있음)

## 2. 약사청(藥師請)

### 거불
擧佛

**나무 동방만월세계 약사유리광불** (절)
南無 東方滿月世界 藥師琉璃光佛

나무 좌보처 일광변조소재보살 (절)
南無 左補處 日光遍照消災菩薩

나무 우보처 월광변조식재보살 (절)
南無 右補處 月光遍照息災菩薩

### 보소청진언
普召請眞言

"나무 보보제리 가리다리 다타 아다야" (3번)

### 유치
由致

절문 원조장공 영락천강지수 능인출세 지투만휘지기
切聞 月照長空 影落千江之水 能仁出世 智投萬彙之機

여래진실지 비민제중생 원지건성례 수애작증명 시이
如來眞實智 悲愍諸衆生 願知虔誠禮 垂哀作證明 是以

사바세계 동양 대한민국 모도 모군 모면 모사 청정
娑婆世界 東洋 大韓民國 某道 某郡 某面 某寺 淸淨

도량 원아금차 지극지정성 천령사십구재 제이제지재
道場 願我今此 至極之精誠 薦靈四十九齋 第二齋之齋

자○○복위 ○○영가 이 금월금일 건설법연 정찬공
者○○ 伏爲 ○○ 靈駕 以 今月今日 虔設法筵 淨饌供

양 십이원성 약사유리광불 훈근작법 앙기묘원자 우복
養 十二願成 藥師琉璃光佛 薰懃作法 仰祈妙援者 右伏

이 설우두지명향 정 천주지묘공 재체수미 건성가민
以 爇牛頭之茗香 呈 天廚之妙供 齋體雖微 虔誠可愍

잠사보계 강부향연 앙표일심 선진삼청
暫辭寶界 降赴香筵 仰表一心 先陳三請

### 청사
請詞

**나무일심봉청 단거만월 광화군미 상행이륙지홍자 증**
南無一心奉請 端居滿月 廣化群迷 常行二六之洪慈 拯

**접사생이해탈 십이원성 약사유리광불 유원자비 강림**
接四生而解脫 十二願成 藥師琉璃光佛 惟願慈悲 降臨

**도량 수차공양**
道場 受此供養

### 가영
歌詠

**동방세계명만월　불호유리광교결**
東方世界名滿月　佛號琉璃光皎潔

**두상선라청사산　미간호상백여설**
頭上旋螺靑似山　眉間毫相白如雪

**고아일심귀명정례**
故我一心歸命頂禮

### 헌좌진언
獻座眞言

**묘보리좌승장엄　제불좌이성정각**
妙菩提座勝莊嚴　諸佛坐已成正覺

**아금헌좌역여시　자타일시성불도**
我今獻座亦如是　自他一時成佛道

**"옴 바아라 미나야 사바하"** (3번)
唵 縛日羅 未那野 裟婆訶

### 정근
精勤

"나무동방만월세계 십이대원 약사여래불"로 시작 "약사여래불"을 시간 따라 부르다가 다음 게송을 외우고 권공으로 들어간다.

**십이대원접군기  일편비심무공결**
十二大願接群機  一片悲心無空訣

**범부전도병근심  불우약사죄난멸**
凡夫顚倒病根深  不遇藥師罪難滅

**고아일심귀명정례** (절)
故我一心歸命頂禮


### 권공
勸供   ※ 읽지 않음

**욕건만나라 선송**
欲建曼拏羅 先誦

**정법계진언**    "옴 남" (3번)
淨法界眞言


### 다게
茶偈   ※ 읽지 않음

**금장감로다  봉헌약사전**
今將甘露多  奉獻藥師前

**감찰건간심**  "원수자비애납수" (3번)
鑑察虔懇心   願垂慈悲哀納受

## 진언권공
### 眞言勸供

### 향수나열 재자건성 욕구공양지주원
香羞羅列　齋者虔誠　欲求供養之周圓

### 수장가지지변화 앙유삼보 특사가지
須仗加持之變化　仰唯三寶　特賜加持

"나무시방불 나무시방법 나무시방승" (3번)

### 무량위덕자재광명승묘력변식진언
無量威德自在光明勝妙力變食眞言

"나막 살바다타 아다 바로기제 옴 삼바라 삼바라 훔" (3번)

### 시 감로수진언
施　甘露水眞言

"나무소로바야 다타아다야 다냐야 옴 소로소로 바라소로 바라소로 사바하" (3번)

### 일자수륜관진언
一字水輪觀眞言

"옴 밤밤밤밤" (3번)

### 유해진언
乳海眞言

"나무사만다 못다남 옴 밤" (3번)

## 운심공양진언
### 運心供養眞言

원차향공변법계    보공무진삼보해
願此香供遍法界    普供無盡三寶海

자비수공증선근    영법주세보불은
慈悲受供增善根    令法住世報佛恩

"나막 살바다타 아제뱍미 새바 모계 배약살바다캄 오나아제 바라혜맘 옴 아아나깜 사바하" (3번)


## 예참
### 禮懺    ※ 목탁

지심정례공양    동방만월세계    십이상원
至心頂禮供養    東方滿月世界    十二上願

             약사유리광여래불 (절)
             藥師琉璃光如來佛

지심정례공양 좌보처 일광변조 소재보살 (절)
至心頂禮供養 左補處 日光遍照 消災菩薩

지심정례공양 우보처 월광변조 식재보살 (절)
至心頂禮供養 右補處 月光遍照 息災菩薩


유원약사유리광불    강림도량수차공양
唯願藥師琉璃光佛    降臨道場受此供養

원공법계제중생    자타일시성불도 (반절)
願共法界諸衆生    自他一時成佛道


## 보공양진언
### 普供養眞言

"옴 아아나 삼바바 바아라 훔" (3번)


보회향진언
普回向眞言

"옴 삼마라 삼마라 미마나 사라마하 자가라바 훔" (3번)


원성취진언
願成就眞言

"옴 아모카 살바다라 사다야 시베 훔" (3번)


보궐진언
補闕眞言

"옴 호로호로 시야모케 사바하" (3번)


십이대원접군몽    일편비심무공결
十二大願接群蒙    一片悲心無空訣

범부전도병근심    불우약사죄난멸
凡夫顚倒病根深    不遇藥師罪難滅

고아일심귀명정례   (3번)
故我一心歸命頂禮


축원
祝願

앙고  대자대비  약사유리광여래불  불사자비  허수낭감
仰告  大慈大悲  藥師琉璃光如來佛  不捨慈悲  許垂朗鑑

원아금차 지극지정성 헌공발원재자 사바세계 남섬부
願我今此 至極之精誠 獻供發願齊者 裟婆世界 南贍部

주 동양 대한민국 모처거주 모인 복위 모인영가 이
洲 東洋 大韓民國 某處居住 某人 伏爲 某人靈駕 以

차인연공덕 다생겁래소작지죄업 실개소멸 왕생유리
此因緣功德 多生劫來所作之罪業 悉皆消滅 往生琉璃

광세계 무량대복전지발원
光世界 無量大福田之發願

억원 재고축 원아금차 지극지정성 천령재자 ○○보체
抑願 再告祝 願我今此 至極之精誠 薦靈齊者 ○○保體

각겸권속 금일동참재자 각각등보체 일체고난 영위
各兼眷屬 今日同參齊者 各各等保體 一切苦難 永爲

소멸 사대강건 육근청정 안과태평 수명장원 복덕구
消滅 四大康健 六根淸淨 安過太平 壽命長遠 福德具

족 자손창성 부귀영화 만사여의 형통지대원
足 子孫昌盛 富貴榮華 萬事如意 亨通之大願

연후원 항사법계 무량불자
然後願 恒沙法界 無量佛子

동유화장장엄해 동입보리대도량
同遊華藏莊嚴海 同入菩提大道場

상봉화엄불보살 항몽제불대광명
常逢華嚴佛菩薩 恒蒙諸佛大光明

소멸무량중죄장 획득무량대지혜
消滅無量衆罪障 獲得無量大智慧

돈성무상최정각 광도법계제중생
頓成無上最正覺 廣度法界諸衆生

이보제불막대은　　세세상행보살도
以報諸佛莫大恩　　世世常行菩薩道

구경원성살바야　　마하반야바라밀　　(반절)
究竟圓成薩婆若　　摩訶般若波羅密

## 3. 중단권공　　※ 그냥 중단을 향하여 반야심경 1편 외움

마하반야바라밀다 심경
摩訶般若波羅密多 心經

관자재보살 행심반야 바라밀다 시 조견 오온개공 도
觀自在菩薩 行深般若 波羅密多 時 照見 五蘊皆空 度

일체고액 사리자 색불이공 공불이색 색즉시공 공즉
一切苦厄 舍利子 色不異空 空不異色 色卽是空 空卽

시색 수상행식 역부여시 사리자 시 제법공상 불생불
是色 受想行識 亦復如是 舍利子 是 諸法空相 不生不

멸 불구부정 부증불감 시고 공중 무색 무수상행식
滅 不垢不淨 不增不減 是故 空中 無色 無受想行識

무안이비설신의 무색성향미촉법 무안계 내지무의식계
無眼耳鼻舌身意 無色聲香味觸法 無眼界 乃至無意識界

무무명 역무무명진 내지 무노사 역무노사진 무 고집
無無明 亦無無明盡 乃至 無老死 亦無老死盡 無 苦集

멸도 무지역무득 이무소득고 보리살타 의반야바라밀
滅度 無智亦無得 以無所得故 菩提薩埵 依般若波羅密

다 고심무가애 무가애고 무유공포 원리전도몽상 구
多 故心無罣碍 無罣碍故 無有恐怖 遠離顚倒夢想 究

경열반　삼세제불　의반야바라밀다　고득아뇩다라삼먁
竟涅槃　三世諸佛　依般若波羅密多　故得阿耨多羅三藐

삼보리　고지반야바라밀다　시　대신주　시　대명주　시무
三菩提　故知般若波羅密多　是　大神呪　是　大明呪　是無

상주　시무등등주　능제일체고　진실불허　고설　반야바
上呪　是無等等呪　能除一切故　眞實不虛　故說　般若波

라밀다주　즉설주왈
羅密多呪　卽說呪曰

"아제아제　바라아제　바라승아제　모제　사바하" (3번)


화엄성중혜감명　　사주인사일념지
華嚴聖衆慧鑑明　　四洲人事一念知

애민중생여적자　　시고아금공경례
哀愍衆生如嫡子　　是故我今恭敬禮

고아일심귀명정례　(반절)
故我一心歸命頂禮


## 4. 중단축원


앙고　화엄회상　제대현성　첨수연민지지정　각방신통지
仰告　華嚴會上　諸大賢聖　僉垂憐愍之至情　各放神通之

묘력　원아금차　(주소)　앙몽제대성중　가호지묘력　일
妙力　願我今此　 성명 　仰蒙諸大聖衆　加護之妙力　日

일유　천상지경　시시무　백해지재　심중소구　여의형통
日有　千祥之慶　時時無　百害之災　心中所求　如意亨通

지대원 연후원 금일재자 여 시회대중등 삼장돈제 오
之大願 然後願 今日齋者 與 時會大衆等 三障頓除 五

복증숭 원제유정등 삼업개청정 봉지제불교 화남대성
福增崇 願諸有情等 三業皆淸淨 奉持諸佛敎 和南大聖

존 구호길상 마하반야바라밀
尊 俱護吉祥 摩訶般若波羅密


## 5. 시식(施食 : 영단을 향해 시식을 베품)

거불　　　※ 목탁
擧佛

나무 극락도사 아미타불　(절)
南無 極樂導師 阿彌陀佛

나무 좌우보처 관음세지 양대보살　(절)
南無 左右補處 觀音勢至 兩大菩薩

나무 접인망령 대성인로왕보살　(절)
南無 接引亡靈 大聖引路王菩薩

청혼　　　※ 요령 세 번 흔들고, 점잖게 범음성으로
請魂

거 사바세계 남섬부주 동양 대한민국 (모사) 청정도량
擧 娑婆世界 南贍部洲 東洋 大韓民國　某寺 淸淨道場

원아금차 제당 (사십구재중제이재) 위천설향 봉청재자
願我今此 第當 四十九齋中第二齋 爲薦爇香 奉請齋者

(행효자) 모인복위 소천 망령 모인영가 영가 기부 재
行孝子 某人伏爲 所薦 亡靈 某人靈駕 靈駕 寄付 齋

자복위 상세선망 부모 다생사장 원근친족등 각열명영
者伏爲 上世先亡 父母 多生師丈 遠近親族等 各列名靈

가 차도량내외 동상동하 유주무주 애혼불자등 각열명
駕 此道場內外 洞上洞下 有主無主 哀魂佛子等 各列名

영가 철위산간 오무간옥 일일일야 만사만생 수고함
靈駕 鐵圍山間 五無間獄 一日一夜 萬死萬生 受苦含

령등 각열위영가 내지 겸급법계 삼도팔난 사생칠취
靈等 各列爲靈駕 乃至 兼及法界 三途八難 四生七趣

십류고혼등 각열위영가 지침체청 지심체수
十類孤魂等 各列爲靈駕 至心諦聽 至心諦受

착어 (영가에게 내리는 말) (읽지 않음) ※ 목탁
着語

영명성각묘난사 월타추담계영한
靈明性覺妙難思 月墮秋潭桂影寒

금탁수성개각로 잠사진계하향단
金鐸數聲開覺路 暫辭眞界下香壇

진령게 (읽지 않음) ※ 요령을 흔들며
振鈴偈

이차진령신소청 명도귀계보문지
以此振鈴申召請 冥途鬼界普聞知

원승삼보역가지 금일금시래부회
願承三寶力加知 今日今時來赴會

보소청진언
普召請眞言

"나무보보지리 가리다리 다타아타야" (3번)

### 청사
請詞   ※ 요령

일심봉청 생연이진 대명아천 기작황천지객 이위주천
一心奉請 生緣已盡 大命我遷 旣作黃泉之客 已爲追薦

지혼 방불형용 의희면목 금일모령 승불위광 내예향단
之魂 彷佛形容 依稀面目 今日某靈 承佛威光 來詣香壇

수첨법공
受沾法供

### 향연청
香煙請   (헌향) ※ 목탁

### 가영
歌詠   ※ 목탁

제령한진치신망   석화광음몽일장
諸靈限盡致身亡   石火光陰夢一場

삼혼묘묘귀하처   칠백망망거원향
三魂杳杳歸何處   七魄茫茫去遠鄕

### 수위안좌진언
受位安座眞言   ※ 요령

아금의교설화연   공양진수열좌전
我今依敎說華筵   供養珍羞列座前

유원불자차제좌   전심제청연금언
唯願佛子次第坐   專心諦聽演金言

제2부 초재 91

"옴 마니군다니 훔훔 사바하" (3번)


백초임중일미신　조주상권기천인
百草林中一味新　趙州常勸幾千人

팽장석정강심수　"원사망령헐고륜"　(세번 3배)
烹將石鼎江心水　願使亡靈歇苦輪


모영　향설오분지진향　훈발대지
某靈　香爇五分之眞香　熏發大智

등연반야지명등　조파혼구
燈燃般若之明燈　照破昏衢

다헌조주지청다　돈식갈정
茶獻趙州之淸茶　頓息渴情

과헌선도지진품　상조일미
果獻仙都之眞品　常助一味

식진향적지진수　영절기허
食進香積之珍羞　永絶飢虛


　　선밀가지　신전윤택　업화청량　각구해탈　변식진언
　　宣蜜加持　身田潤澤　業火淸凉　各求解脫　變食眞言

"나막 살바다타 아다 바로기제 옴 삼바라 삼바라 훔" (3번)


　시감로수진언
　施甘露水眞言

"나무소로바야 다타아다야 다냐타 옴 소로소로 바라소로 바라소로 사바하" (3번)

일자수륜관진언  "옴 밤 밤 밤밤" (3번)
一字水輪觀眞言

유해진언  "나무사만다 못다남 옴 밤" (3번)
乳海眞言

칭량성호   ※ 목탁·요령, 대중과 함께 동음으로
稱量聖號    (읽지 않음)

| 나무다보여래 | 원제고혼 | 파제간탐 | 법재구족 |
| 南無多寶如來 | 願諸孤魂 | 破除慳貪 | 法財具足 |
| 나무묘색신여래 | 원제고혼 | 이추루형 | 상호원만 |
| 南無妙色身如來 | 願諸孤魂 | 離醜陋形 | 相好圓滿 |
| 나무광박신여래 | 원제고혼 | 사륙범신 | 오허공신 |
| 南無廣博身如來 | 願諸孤魂 | 捨六凡身 | 悟虛空身 |
| 나무이포외여래 | 원제고혼 | 이제포외 | 득열반락 |
| 南無離怖畏如來 | 願諸孤魂 | 離諸怖畏 | 得涅槃樂 |
| 나무감로왕여래 | 원제고혼 | 열명영가 | 인후개통 |
| 南無甘露王如來 | 願諸孤魂 | 列名靈駕 | 咽喉開通 |

획감로미
獲甘露味

| 원차가지식 | 보변만시방 | 식자제기갈 | 득생안양국 |
| 願此加持食 | 普遍滿十方 | 食者除飢渴 | 得生安養國 |

시귀식진언
施鬼食眞言

"옴 미기미기 야야미기 사하바"
唵 味其味其 野野味其 裟婆訶


### 시무차법식진언
### 施無遮法食眞言

"옴 목령능 사하바" (3번)
唵 目齡楞 裟婆訶


수아차법식 하이아란찬 기장함포만 업화돈청량
受我此法食 何異阿難饌 飢腸咸飽滿 業火頓淸涼

돈사탐진치 상귀불법승 염념보리심 처처안락국
頓捨貪瞋癡 常歸佛法僧 念念菩提心 處處安樂國


범소유상 개시허망 약견제상비상 직견여래
凡所有相 皆是虛妄 若見諸相非相 卽見如來


### 여래십호
### 如來十號

여래 응공 정변지 명행족 선서 세간해
如來 應供 正遍智 明行足 善逝 世間解

무상사 조어장부 천인사 불 세존
無上士 調御丈夫 天人師 佛 世尊


제법종본래 상자적멸상 불자행도이 내세득작불
諸法從本來 常自寂滅相 佛子行道已 來世得作佛

제행무상 시생멸법 생멸멸이 적멸위락
諸行無常 是生滅法 生滅滅已 寂滅爲樂

## 6. 원각경

| 원각일품위고혼 | 원각경 일품을 고혼을 |
| 圓覺一品爲孤魂 | 위해 읽어드리겠아오니 |

| 지심제청 지심제수 | 자세히 듣고 |
| 至心諦聽 至心諦受 | 자세히 들으소서. |

| 어시 보안보살 | 그 때에 |
| 於是 普眼菩薩 | 보안보살이 |

| 재대중중 즉종좌기 | 대중 가운데 있다가 |
| 在大衆中 卽從座起 | 자리에서 일어나 |

| 정례불족 우요삼잡 | 부처님 발에 예배하고 |
| 頂禮佛足 右繞三匝 | 오른쪽으로 세 번 돌고 |

| 장궤차수 이백불언 | 무릎 꿇고 합장하고 |
| 長跪叉手 而白佛言 | 부처님께 말씀드리기를, |

| 대비세존 원위차회 | "대비 세존이시여, |
| 大悲世尊 願爲此會 | 원컨대 이 법회에 모인 |

| 제보살중 급위말세 | 모든 보살들과 |
| 諸菩薩衆 及爲末世 | 말세 일체 중생을 |

| 일체중생 연설보살 | 위하시어 |
| 一切衆生 演說菩薩 | 보살이 수행하는 |

| 수행점차 운하사유 | 점차를 연설하여 주시옵소서. |
| 修行漸次 云何思惟 | 어떻게 생각하고 |

| 운하주지 중생미오 | 어떻게 살면 좋겠습니까. |
| 云何住持 衆生迷悟 | 중생이 깨닫지 못하면 |

작하방편 보령개오  어떤 방편을 지어야
作何方便 普令開悟  널리 깨닫도록 할 수 있겠습니까.

세존 약피중생  세존이시여,
世尊 若彼衆生  만약 중생들이

무정방편 급정사유  바른 방편과
無正方便 及正思惟  바른 생각이 없으면

개불여래 설차삼매  부처님께서 열어보이신
開佛如來 說此三昧  삼매 설하심을 듣고서

심생미민 즉어원각  마음이 아득하고 답답하여
心生迷悶 卽於圓覺  원각에

불능오입  깨달아 들어가지
不能悟入  못할 것입니다.

원흥자비 위아등배  바라옵건대 자비심을 일으켜
願興慈悲 爲我等輩  저희들과 말세 중생을 위하여

급말세중생 가설방편  방편을
及末世衆生 假說方便  설하여 주옵소서.

작시어이 오체투지  이렇게 말하고 나서
作是語已 五體投地  온 몸을 땅에 던져 절하였다.

여시삼청 종이부시  이렇게 청하기를 세 번하고
如是三請 終而復始  다시 전과 같이 앉았다.

이시 세존 고보안보살언  그때에 세존께서
爾時 世尊 告普眼菩薩言  보안보살에게 말씀하셨다.

선재선재 선남자  "착하고 착하다.
善哉善哉 善男子  선남자여,

| 여등내능위제보살 | 너희들이 이에 |
| 汝等乃能爲諸菩薩 | 모든 보살과 |

| 급말세중생 | 말세 중생을 |
| 及末世衆生 | 위하여 |

| 문어여래 수행점차 | 여래에게 수행하는 |
| 問於如來 修行漸次 | 점차와 |

| 사유주지내지가설 | 사유와 생활하는 |
| 思惟住持乃至假說 | 방법과 |

| 종종방편 | 내지 |
| 種種方便 | 여러 가지 방편을 물으니 |

| 여금제청 | 너희들은 이제 |
| 汝今諦聽 | 자세히 들어라. |

| 당위여설 | 마땅히 너희들을 위하여 |
| 當爲汝說 | 말해주리라." |

| 시 보안보살 봉교환희 | 때에 보안보살이 |
| 時 普眼菩薩 奉敎歡喜 | 가르침을 받들어 환희하고 |

| 급제대중 묵연이청 | 모든 대중들과 함께 |
| 及諸大衆 默然而聽 | 조용히 귀를 귀울였다. |

| 선남자 피신학보살 | 선남자야, 저 새로 |
| 善男子 彼新學菩薩 | 배우는 보살들과 |

| 급말세중생 욕구여래 | 말세 중생들이 |
| 及末世衆生 欲求如來 | 여래의 |

| 정원각심 | 깨끗한 원각심을 |
| 淨圓覺心 | 구하려면 |

| 응당정념 원리제환 | 마땅히 생각을 바르게 하여 |
| 應當正念 遠離諸幻 | 모든 환을 여여야 하느니라. |

| 선의여래 사마타행 | 먼저 여래의 |
| 先依如來 奢摩他行 | 사마타행을 의지하되 |

| 견지금계 안처도중 | 계를 굳건히 가지고 |
| 堅持禁戒 安處徒衆 | 대중 처소에 편안히 머물러 |

| 연좌정실 항작시념 | 고요한 방에 단정히 앉아 |
| 宴坐靜室 恒作是念 | 항상 이런 생각을 할지니라. |

| 아금차신 사대화합 | "나의 이 몸은 |
| 我今此身 四大和合 | 사대가 화합한 것이니, |

| 소위발모조치 | 머리카락과 |
| 所爲髮毛爪齒 | 털과 손톱과 이빨과 |

| 피육근골 | 살가죽과 근육과 |
| 皮肉筋骨 | 뼈와 |

| 수뇌구색 개귀어지 | 골수와 뇌 등의 색은 |
| 髓腦垢色 皆歸於地 | 모두 흙으로 돌아가고, |

| 타체농혈 진액연말 | 침과 콧물과 피와 고름과 |
| 唾涕膿血 津液涎沫 | 진액과 거품과 |

| 담루정기 대소변리 | 담과 눈물과 |
| 痰淚精氣 大小便利 | 정기와 오줌 똥 등은 |

| 개귀어수 | 다 물로 |
| 皆歸於水 | 돌아가고, |

| 난기귀화 | 따뜻한 기운은 |
| 煖氣歸火 | 불로 돌아가고, |

| 동전귀풍 | 호흡은 |
| 動轉歸風 | 바람으로 돌아가나니 |

| 사대각리 금자망신 | 4대가 각기 흩어지고 나면 |
| 四大各離 今者妄身 | 오늘 이 허망한 몸이 |

당재하처 즉지차신　　　어느 곳에 있는가.
當在何處 卽知此身　　　그러므로 이 몸은

필경무체 화합위상　　　필경에 자체가 없고
畢竟無諦 和合爲相　　　화합하여 형상을 이룬 것이라

실동환화 사연가합　　　환화와 같음을 알게 되리라.
實同幻化 四緣假合　　　네 가지 인연이 거짓 합하여

망유육근 육근사대　　　망령되이 육근이 있게 되고
妄有六根 六根四大　　　육근과 사대가

중외합성 망유연기　　　안팎으로 합하여
中外合成 妄有緣氣　　　망령된 인연 기운이

어중적취 사유연상　　　그중에 쌓이고 모여서
於中積聚 似有緣相　　　인연한 모습이 있는 듯 하나

가명위심　　　　　　　　거짓 이름으로
假名爲心　　　　　　　　마음을 삼은 것이니라.

선남자 차허망심　　　　선남자여,
善男子 此虛妄心　　　　허망한 마음에

약무육진 즉불능유　　　육진(六塵)이 없다면
若無六塵 則不能有　　　있지 못할 것이니

사대분해 무진가득　　　사대가 나누어 흩어지면
四大分解 無塵可得　　　육진도 얻지 못할 것이니라.

어중연진 각귀산멸　　　그 가운데 연상과 육진이
於中緣塵 各歸散滅　　　각각 흩어져 멸하면

필경무유 연심가견　　　필경 반연하는
畢竟無有 緣心可見　　　마음을 볼 수 없게 되느니라.

선남자 피지중생　　　　선남자야,
善男子 彼之衆生　　　　저들 중생들의

환신멸고 환심역멸　　　　환의 몸이 멸하면
幻身滅故 幻心亦滅　　　　환의 마음 또한 멸하고,

환심멸고 환진역멸　　　　환의 마음이 멸하므로
幻心滅故 幻塵亦滅　　　　환의 티끌 또한 멸하고,

환진멸고 환멸역멸　　　　환의 티끌이 멸하므로
幻塵滅故 幻滅亦滅　　　　환멸 또한 멸하며

환멸멸고 비환불멸　　　　환멸이 멸하므로
幻滅滅故 非幻不滅　　　　환 아닌 것은 멸하지 않나니,

비여마경 구진명현　　　　마치 거울의 때가 닦아 없어지면
譬如磨鏡 垢盡明現　　　　빛이 나타나는 것과 같느니라.

선남자 당지신심　　　　선남자야
善男子 當知身心　　　　마땅히 알라. 몸과 마음은

개위환구 구상영멸　　　　다 환의 때이니
皆爲幻垢 垢相永滅　　　　때가 없어지면

시방청정　　　　시방이
十方淸淨　　　　청정하리라.

선남자 비여청정　　　　선남자야,
善男子 譬如淸淨　　　　비유하면 청정한

마니보주 영어오색　　　　마니보주는
摩尼寶珠 映於五色　　　　오색을 비추면

수방각현　　　　방향 따라
隨方各現　　　　빛깔이 나타나는데

제우치자 견피마니　　　　어리석은 자는
諸愚痴者 見彼摩尼　　　　마니보주에

실유오색　　　　실로 오색이
實有五色　　　　있는 줄 아는 것과 같다.

선남자 원각정성  선남자야,
善男子 圓覺情性  원각의 깨끗한 성품이

현어신심 수류각응  몸과 마음을 나툴 때
現於身心 隨類各應  류를 따라 각각 다른 것인데

피우치자 설정원각  어리석은 자는
彼愚痴者 說淨圓覺  원각의 진보에

실유여시신심자상  실제 몸과 마음의 모습이
實有如是身心自相  있다고 생각하느니라.

역부여시 유차 시고  이와같기 때문에
亦復如是 由此 是故  이로 말미암아

아설신심환구  나는 몸과 마음을
我說身心幻垢  환의 때라고 말하느니라.

대리환구 설명보살  환의 때를 여읜 이를
對離幻垢 說名菩薩  보살이라 하나니

구진대제  상대가 없어지면
垢盡對除  때가 다하고

즉무대구급설명자  곧 상대와 때 및 이름까지도
卽無對垢及說名者  없어지게 되느니라.

선남자 차보살  선남자야,
善男子 此菩薩  이 보살과

급말세중생 증득제환  말세 중생들이
及末世衆生 證得諸幻  모든 것이 환임을 증득하면

이시 변득무방청정  그 때에는
爾時 便得無方淸淨  끝없는 청정을 얻어,

무변허공 각소현발  가 없는 허공 가운데
無邊虛空 覺所顯發  깨달음이 나타날 것이다.

| 각원명고 현심청정 | 깨달음이 뚜렷이 밝음으로 |
| 覺圓明故 顯心淸淨 | 청정한 마음이 나타나고 |

심청정고 견진청정
心淸淨故 見塵淸淨
마음이 청정하므로
보는 것이 청정하며,

견청정고 안근청정
見淸淨故 眼根淸淨
보는 것이 청정하므로
눈 뿌리가 청정하게 된다.

근청정고 안식청정
根淸淨故 眼識淸淨
눈 뿌리가 청정하므로
눈의 식이 청정하고

식청정고 각진청정
識淸淨故 覺塵淸淨
눈의 식이 청정하므로
깨닫는 세계가 청정하나니

여시내지
如是乃至
이와 같이
내지

비설신의 역부여시
鼻舌身意 亦復如是
코·혀·몸·뜻도
마찬가지니라.

선남자 안근청정고
善男子 眼根淸淨故
선남자야,
눈 뿌리가 청정하므로

색진청정 색청정고
色塵淸淨 色淸淨故
색의 세계도 청정하고,
색의 세계가 청정하므로

성진청정 향미촉법
聲塵淸淨 香味觸法
소리의 세계도 청정하고
냄새·맛·감촉·법도

역부여시
亦復如是
이와
같느니라.

선남자 육진청정고
善男子 六塵淸淨故
선남자야,
육진이 청정하므로

지대청정 수대청정
地大淸淨 水大淸淨
지대가 청정하고
수대가 청정하므로

| | |
|---|---|
| 화대풍대 역부여시<br>火大風大 亦復如是 | 화대·풍대도<br>이와 같느니라. |
| 선남자 사대청정고<br>善男子 四大淸淨故 | 선남자야,<br>4대가 청정하므로 |
| 십이처 십팔계<br>十二處 十八界 | 12처·<br>18계· |
| 이십오유 청정<br>二十五有 淸淨 | 25유가<br>청정하나니 |
| 피청정고 십력<br>彼淸淨故 十力 | 저들이 청정하므로<br>10력과 |
| 사무소외 사무애지<br>四無所畏 四無碍智 | 4무외와,<br>4무애지 |
| 불십팔불공법<br>佛十八不共法 | 18<br>불공법과 |
| 삼십칠조도품 청정<br>三十七助道品 淸淨 | 37조도품이<br>청정하느니라. |
| 여시내지 팔만사천<br>如是乃至 八萬四千 | 이와 같이 하여<br>팔만사천 |
| 다라니문 일체청정<br>陀羅尼門 一切淸淨 | 다라니문이<br>모두 청정하느니라. |
| 선남자 일체실상<br>善男子 一切實相 | 선남자야,<br>일체 실상의 |
| 성청정고 일신청정<br>性淸淨故 一身淸淨 | 성품이 청정하므로<br>일신이 청정하고 |
| 일신청정고 다신청정<br>一身淸淨故 多身淸淨 | 일신이 청정하므로<br>여러 몸이 청정하고 |

| 다신청정고 여시내지 | 여러 몸이 청정하므로 |
| 多身淸淨故 如是乃至 | 이와 같이 내지 |

| 시방중생 원각청정 | 시방중생의 |
| 十方衆生 圓覺淸淨 | 원각이 청정하느니라. |

| 선남자 일세계청정고 | 선남자야, |
| 善男子 一世界淸淨故 | 한 세계가 청정하므로 |

| 다세계청정 | 모든 세계가 |
| 多世界淸淨 | 청정하고, |

| 다세계청정고 여시내지 | 모든 세계가 청정하므로 |
| 多世界淸淨故 如是乃至 | 이와 같이 하여 |

| 진어허공 원리삼세 | 허공을 다하고 |
| 盡於虛空 圓離三世 | 삼세를 뚜렷이 여의어 |

| 일체평등 청정부동 | 일체가 평등하여 |
| 一切平等 淸淨不動 | 청정이 움직이지 않느니라. |

| 선남자 허공 | 선남자야, |
| 善男子 虛空 | 허공이 |

| 여시평등부동 | 이와 같이 |
| 如是平等不動 | 평등하고 부동하므로 |

| 당지각성 평등부동 | 마땅히 깨달은 성품이 평등하여 |
| 當知覺性 平等不動 | 부동함을 알 것이며 |

| 사대부동고 당지각성 | 4대가 부동하므로 |
| 四大不動故 當知覺性 | 깨달은 성품이 |

| 평등부동 | 평등 부동함을 |
| 平等不動 | 알 것이니라. |

| 선남자 각성변만 | 선남자야, |
| 善男子 覺性徧滿 | 본각의 성품이 변만하고 |

| 청정부동 원무제고 | 청정부동하여 |
| 淸淨不動 圓無際故 | 끝없이 원만하므로 |

| 당지육근 변만법계 | 6근이 법계에 |
| 當知六根 徧滿法界 | 변만함을 알 것이며, |

| 근변만고 당지육진 | 6진이 변만하므로 |
| 根徧滿故 當知六塵 | 6진이 변만하고, |

| 변만법계 진변만고 | 6진이 |
| 徧滿法界 塵徧滿故 | 변만하므로 |

| 당지사대 변만법계 | 4대가 |
| 當知四大 徧滿法界 | 법계에 변만하고 |

| 여시내지 | 이와 같이 |
| 如是乃至 | 하여 |

| 다라니문 변만법계 | 4대가 |
| 陀羅尼門 徧滿法界 | 법계에 변만하느니라. |

| 선남자 유피묘각 | 선남자야, |
| 善男子 由彼妙覺 | 저 묘각의 성품이 |

| 성변만고 근성진성 | 변만하므로 |
| 性徧滿故 根性塵性 | 근성과 진성이 |

| 무괴무잡 | 무너지지도 않고 |
| 無壞無雜 | 잡됨도 없으며, |

| 근진무괴고 | 근과 진이 |
| 根塵無壞故 | 무너짐이 없으므로 |

| 여시내지 다라니문 | 이와 같이 |
| 如是乃至 陀羅尼門 | 다라니문도 |

| 무괴무잡 여백천등 | 무너짐도 잡됨도 없는 것이 |
| 無壞無雜 如百千燈 | 마치 백천등불이 |

| 광조일실 기광변만 | 방안을 비치면 |
| 光照一室 其光遍滿 | 그 광명이 두루 가득하여 |

무괴무잡
無壞無雜
무너짐도 잡됨도
없는 것과 같느니라.

선남자 각성취고
善男子 覺成就故
선남자야, 이와 같은
깨달음을 성취하므로

당지보살 부여법박
當知菩薩 不與法縛
보살은
법에 얽매이지도 않고

불구법탈 불염생사
不求法脫 不厭生死
법을 벗어나려고 하지 않으며
생사를 싫어하지도 않고

불애열반 불경지계
不愛涅槃 不敬持戒
열반을 사랑하지도 않으며,
계 갖는 것도 공경하지 않고

불증훼금 부중구습
不憎毀禁 不重久習
파괴를 미워하지도 않으며,
구습을 중히 여기지도 않고

불경초학
不輕初學
처음 배우는 이들을
업신여기지도 않느니라.

하이고 일체각고
何以故 一切覺故
왜냐하면 일체가
깨달아 있기 때문이다.

비여안광 효료전경
譬如眼光 曉了前境
비유하면 눈의 광명이
앞을 밝힘에

기광원만 득무증애
其光圓滿 得無憎愛
그 광명이 원만하므로
밉고 곱고가 없는 것과 같고

하이고 광체무이
何以故 光體無二
광명의 체가
둘이 아니어서

무증애고
無憎愛故
싫어하고 좋아함이
없기 때문이다.

**선남자**
善男子

선
남자야,

**차보살 급말세중생**
此菩薩 及末世衆生

보살과
말세 중생이

**수습차심 득성취자**
修習此心 得成就者

마음을 닦아
성취한 자가

**어차무수 역무성취**
於此無修 亦無成就

여기에 이르면
닦을 것도 없고 성취할 것도 없이

**원각보조 적멸무이**
圓覺普照 寂滅無二

원각이 두루비쳐
적멸하여 둘이 없는 것이다.

**어중백천만억아승지**
於中百千萬億阿僧祇

그 가운데
백천만억 아승지

**불가설항하사제불세계**
不可說恒河沙諸佛世界

불가설 항하사의
모든 불세계가

**유여공화 난기란멸**
猶如空華 亂起亂滅

마치 헛꽃이 어지럽게 일어났다
꺼지는 것처럼

**부즉불리 무박무탈**
不卽不離 無縛無脫

즉하지도 여의지도 아니하고
얽매임도 벗어남도 없나니

**시지중생 본래성불**
始知衆生 本來成佛

비로소 중생이
본래 성불이며

**생사열반 유여작몽**
生死涅槃 猶如昨夢

생사와 열반이
꿈과 같은 줄을 아느니라.

**선남자 여작몽고**
善男子 如昨夢故

선남자야,
지난 밤의 꿈과 같으므로

**당지생사 급여열반**
當知生死 及與涅槃

마땅히 알라.
생사와 열반이

| 무기무멸 무래무거 | 일고 멸하는 것도 없으며, |
| 無起無滅 無來無去 | 오고 가는 것도 없으며, |

| 기소증자 무득무실 | 그것을 증한 것도 없고 |
| 其所證者 無得無失 | 잃은 것도 없고, |

| 무취무사 기능증자 | 취하고 버릴 것도 없고 |
| 無取無捨 其能證者 | 능히 증한 자도 없고 |

| 무작무지 무임무멸 | 짓는 것도 그칠 것도 없고, |
| 無作無止 無任無滅 | 맡길 것도 멸할 것도 없으며, |

| 어차증중 무능무소 | 그 증(證) 가운데는 |
| 於此證中 無能無所 | 능소가 없어서 |

| 필경무증 역무증자 | 결국에는 증이 없고 |
| 畢竟無證 亦無證者 | 증할 자도 없어 |

| 일체법성 평등불괴 | 일체 법의 성품이 |
| 一切法性 平等不壞 | 평등하여 무너지지 않느니라. |

| 선남자 피제보살 | 선남자야, |
| 善男子 彼諸菩薩 | 저 모든 보살들이 |

| 여시수행 여시점차 | 이와 같이 닦고 |
| 如是修行 如是漸次 | 실천하여 점차로 |

| 여시사유 여시주지 | 이와 같이 생각하며 |
| 如是思惟 如是住持 | 머물고 |

| 여시방편 여시개오 | 이와 같은 방편으로 |
| 如是方便 如是開悟 | 깨달아 |

| 구여시법 역불미민 | 법을 구하면 |
| 求如是法 亦不迷悶 | 헤매지 않을 것이니라. |

| 이시 세존 욕중선차의 | 이때 세존께서 |
| 爾時 世尊 欲重宣此義 | 이 뜻을 거듭 펴기 위하여 |

이설게언 보안여당지 　　게송으로 말씀하시었다.
而說偈言 普眼汝當知 　　보안아 너는 마땅히 알라.

일체제중생 신심개여환 　　일체 중생의
一切諸衆生 身心皆如幻 　　몸과 마음이 모두 환과 같느니라.

신상속사대 심성귀육진 　　육신은 4대에 속하고
身相屬四大 心性歸六塵 　　심성은 6진에 돌아가나니

사대체각리 수위화합자 　　만약 4대가 각각 흩어지면
四大體各離 誰爲和合者 　　누가 화합자가 될 것이냐.

여시점수행 일체실청정 　　이와 같이 점점 닦아가면
如是漸修行 一切悉淸淨 　　일체의 모든 것이 청정하여

부동변법계 무작지임멸 　　법계에 두루하여 움직이지 않으리라.
不動徧法界 無作止任滅 　　작·지·임·멸도 없으며

역무능증자 일체불세계 　　또한 능히 증득할 자도 없고
亦無能證者 一切佛世界 　　일체 불세계가

유여허공화 삼세실평등 　　마치 허공꽃과 같아서
猶如虛空華 三世悉平等 　　삼세가 평등하여

필경무래거 초발심보살 　　필경 오고감이 없게 될 것이니라.
畢竟無來去 初發心菩薩 　　초발심보살과

급말세중생 욕구입불도 　　말세 중생이
及末世衆生 欲求入佛道 　　불도에 들고자 하면

응여시수습 　　마땅이 이와 같이
應如是修習 　　닦아 갈지니라.

## 장엄염불
### 莊嚴念佛

원아진생무별렴　아미타불독상수
願我盡生無別念　阿彌陀佛獨相隨

| | |
|---|---|
| 심심상계옥호광<br>心心常係玉毫光 | 염념불이금색상<br>念念不離金色相 |
| 아집염주법계관<br>我執念珠法界觀 | 허공위승무불관<br>虛空爲繩無不貫 |
| 평등사나무하처<br>平等舍那無何處 | 관구서방아미타<br>觀求西方阿彌陀 |
| 나무서방대교주<br>南無西方大敎主 | 무량수여래불<br>無量壽如來佛 |

"나무아미타불"
南無阿彌陀佛

※ 시간 따라 하다가 다음 게송부터서는 매 귀 끝마다 '나무아미타불'을 후념으로 봉독함.

### 극락세계십종장엄
### 極樂世界十種莊嚴

| | |
|---|---|
| 법장서원수인장엄<br>法藏誓願修因莊嚴 | 사십팔원원력장엄<br>四十八願願力莊嚴 |
| 미타명호수광장엄<br>彌陀名號壽光莊嚴 | 삼대사관보상장엄<br>三大士觀寶像莊嚴 |
| 미타국토안락장엄<br>彌陀國土安樂莊嚴 | 보하청정덕수장엄<br>寶河淸淨德水莊嚴 |
| 보전여의누각장엄<br>寶殿如意樓閣莊嚴 | 주야장원시분장엄<br>晝夜長遠時分莊嚴 |
| 이십사락정토장엄<br>二十四樂淨土莊嚴 | 삼십종익공덕장엄<br>三十種益功德莊嚴 |

십념왕생원   왕생극락원
十念往生願   往生極樂願

상품상생원   결정정각원
上品上生願   決定正覺願

일념망심명료료   미타부재별가향
一念妄心明了了   彌陀不在別家鄉

통신자화연화국   처처무비극락당
通身自化蓮華國   處處無非極樂堂

원공법계제중생   동입미타대원해
願共法界諸衆生   同入彌陀大願海

진미래제도중생   자타일시성불도
盡未來際度衆生   自他一時成佛道

나무서방정토 극락세계 삼십육만억 일십일만 구천오백
南無西方淨土 極樂世界 三十六萬億 一十一萬 九千五百

동명동호 대자대비 아미타불
同名同號 大慈大悲 阿彌陀佛

나무 서방정토 극락세계 불신장광 상호무변 금색광명
南無 西方淨土 極樂世界 佛身長廣 相好無邊 金色光明

변조법계 사십팔원 도탈중생 불가설 불가설 불가설전
遍照法界 四十八願 度脫衆生 不可說 不可說 不可說轉

불가설 항하사 불찰미진수 도마죽위 무한극수 삼백
不可說 恒河沙 佛刹微塵數 稻麻竹葦 無限極數 三百

육십만억 일십일만 구천오백 동명동호 대자대비 아
六十萬億 一十一萬 九千五百 同名同號 大慈大悲 我

등도사 금색여래 아미타불
等導師 金色如來 阿彌陀佛


나무문수보살   나무보현보살
南無文殊菩薩   南無普賢菩薩

나무관세음보살   나무대세지보살
南無觀世音菩薩   南無大勢至菩薩

나무금강장보살   나무제장애보살
南無金剛藏菩薩   南無除障碍菩薩

나무미륵보살   나무지장보살
南無彌勒菩薩   南無地藏菩薩

나무일체청정대해중보살마하살
南無一切淸淨大海衆菩薩摩訶薩


원공법계제중생   동입미타대원해
願共法界諸衆生   同入彌陀大願海


| 시방삼세불 | 아미타제일 | 구품도중생 | 위덕무궁극 |
| 十方三世佛 | 阿彌陀第一 | 九品度衆生 | 威德無窮極 |
| 아금대귀의 | 참회삼업죄 | 범유제복선 | 지심용회향 |
| 我今大歸依 | 懺悔三業罪 | 凡有諸福善 | 至心用回向 |
| 원동염불인 | 진생극락국 | 견불요생사 | 여불도일체 |
| 願同念佛人 | 盡生極樂國 | 見佛了生死 | 如佛度一切 |


원아임욕명종시   진제일체제장애
願我臨欲命終時   盡除一切諸障碍

면견피불아미타     직득왕생안락찰
面見彼佛阿彌陀     卽得往生安樂刹


원이차공덕    보급어일체
願以此功德    普及於一切

아등여중생    당생극락국
我等與衆生    當生極樂國

동견무량수    개공성불도
同見無量壽    皆共成佛道


### 봉송편 奉送篇
( 봉송편은 이미 청해 공양천도한 영가를 배송하는 편입니다. )

봉송고혼계유정    지옥아귀급방생
奉送孤魂洎有情    地獄餓鬼及傍生

아어타일건도량    불위본서환래부
我於他日建道場    不違本誓還來赴


※ 다같이 절 3배하고 끝낸다.

# 제4부 제삼재(第三齋)

제3재는 영가께서 돌아가신 뒤 제3주 21일이 되는 날이다. 원칙적으로는 제3 송제대왕(宋帝大王)에게 재를 올려야 되지만 여기서는 미래 미륵부처님께 공양을 올리고 제4재 때와 나누어 금강경을 읽어 드리기로 한다. 여기서는 32분 중 제16분 상권만 읽어드린다.

## 1. 천수경

(11쪽부터 21쪽까지)

## 2. 미륵청(彌勒請)

거불 ※ 목탁
擧佛

**나무 현거도솔미륵존불** (절)
南無 現居兜率彌勒尊佛

나무 당래교주미륵존불 (절)
南無 當來敎主彌勒尊佛

나무 삼회도인미륵존불 (절)
南無 三會度人彌勒尊佛

보소청진언  ※ 요령
普召請眞言

"나무 보보제리 가리다리 다타 아다야" (3번)

유치  ※ 그냥 범음성으로 점잖게 함
由致

앙유 미륵대성자 현거도솔 당강용화 굉시칠변지언음
仰惟 彌勒大聖者 現居兜率 當降龍華 宏施七辯之言音

보화오승지성중 당절귀의 해지감응 시이 사바세계
普化五乘之聖衆 倘切歸依 奚遲感應 是以 裟婆世界

차사천하 대한민국 모도 모군 모면 모리 모산 모사
此四天下 大韓民國 某道 某郡 某面 某里 某山 某寺

수월도량 원아금차 지극지정성 삼재지재자 모군 모면
水月道場 願我今此 至極至精誠 三齋之齋者 某郡 某面

모리 모번지 거주 모모등 보체 이 금월금일 건설법연
某里 某番地 居住 某某等 保體 以 今月今日 虔設法筵

정찬공양 자씨대성 잠사천궁 약강향연 근병일심 선
淨饌供養 慈氏大聖 暫辭天宮 略降香筵 謹秉一心 先

진삼청
陳三請

### 청사
請詞

**나무일심봉청 복연증승 수량무궁 원력장엄 자비광대**
南無一心奉請 福緣增勝 壽量無窮 願力莊嚴 慈悲廣大

**사천년중 위거보처 팔만세시 신강용화 당래하생 미**
四千年中 位居補處 八萬歲時 身降龍華 當來下生 彌

**륵존불 유원자비 강림도량 수차공양**  (반절)
勒尊佛 唯願慈悲 降臨道場 受此供養

### 향화청 (3번)   ※ 목탁
香花請

### 가영   ※ 목탁
歌詠

**육시설법무휴식   삼회도인비등한**
六時說法無休息   三會度人非等閑

**절념로생침오탁   금소약잠도인간**
切念勞生沈五濁   今宵略暫到人間

**고아일심귀명정례**
故我一心歸命頂禮

### 헌좌진언   ※ 요령
獻座眞言

**묘보리좌승장엄   제불좌이성정각**
妙菩提座勝莊嚴   諸佛坐已成正覺

**아금헌좌역여시   자타일시성불도**
我今獻座亦如是   自他一時成佛道

"옴 바아라 미나야 사바하" (3번)
唵 縛日羅 未那野 裟婆訶

### 정근
精勤

"나무 현거도솔 당래용화 굉시칠변 보화중생 미륵존불"로 시작하여 "미륵존불"을 계속해서 부르다가 다음 게송을 읊고 권공으로 들어간다.

고거도솔허제반　　원사용화조우난
高居兜率許躋攀　　遠俟龍華遭遇難

백옥호휘충법계　　자금광상화진환
白玉毫輝充法界　　紫金光相化塵寰

고아일심귀명정례 (반절)
故我一心歸命頂禮

### 권공
勸供

욕건만나라 선송
欲建曼拏羅 先誦

정법계진언　　"옴 남" (3~7번) ※ 목탁
淨法界眞言　　唵 喃

### 다게
茶偈

금장감로다　　봉헌미륵전
今將甘露多　　奉獻彌勒前

감찰건간심　　"원수애납수" (3배)
鑑察虔懇心　　願垂哀納受

### 진언권공
### 眞言勸供

### 향수나열 재자건성 욕구공양지주원
### 香羞羅列 齋者虔誠 欲求供養之周圓

### 수장가지지변화 앙유삼보 특사가지
### 須仗加持之變化 仰唯三寶 特賜加持

"나무시방불 나무시방법 나무시방승" (3번)

### 무량위덕자재광명승묘력변식진언
### 無量威德自在光明勝妙力變食眞言

"나막 살바다타 아다 바로기제 옴 삼바라 삼바라 훔" (3번)

### 시 감로수진언
### 施 甘露水眞言

"나무소로바야 다타아다야 다냐야 옴 소로소로 바라소로 바라소로 사바하" (3번)

### 일자수륜관진언
### 一字水輪觀眞言

"옴 밤밤밤밤" (3번)

### 유해진언
### 乳海眞言

"나무사만다 못다남 옴 밤" (3번)

### 운심공양진언 (運心供養眞言)

원차향공변법계 보공무진삼보해
願此香供遍法界 普供無盡三寶海

자비수공증선근 영법주세보불은
慈悲受供增善根 令法住世報佛恩

"나막 살바다타 아제뱍미 새바 모계 배약살바다캄 오 나아제 바라혜맘 옴 아아나깜 사바하" (3번)

지심정례공양 현거도솔 당강용화
至心頂禮供養 現居兜率 當降龍華

        자씨미륵존여래불 (절)
        慈氏彌勒尊如來佛

지심정례공양 복연증승 수량무궁
至心頂禮供養 福延增勝 壽量無窮

        자씨미륵존여래불 (절)
        慈氏彌勒尊如來佛

지심정례공양 원력장엄 자비광대
至心頂禮供養 願力莊嚴 慈悲廣大

        자씨미륵존여래불 (절)
        慈氏彌勒尊如來佛

유원자씨미륵존불 강림도량수차공양
唯願慈氏彌勒尊佛 降臨道場受此供養

원공법계제중생 자타일시성불도 (반절)
願共法界諸衆生 自他一時成佛道

### 보공양진언
##### 普供養眞言
"옴 아아나 삼바바 바아라 훔" (3번)


### 보회향진언
##### 普回向眞言
"옴 삼마라 삼마라 미마나 사라마하 자가라바 훔"(3번)


### 원성취진언
##### 願成就眞言
"옴 아모카 살바다라 사다야 시베 훔" (3번)


### 보궐진언
##### 補闕眞言
"옴 호로호로 시야모케 사바하" (3번)

고거도솔허제반    원사용화조우난
高居兜率許躋攀    遠俟龍華遭遇難

백옥호휘충법계    자금광상화진환
白玉豪輝充法界    紫金光相化塵寰

고아일심귀명정례   (반절)
故我一心歸命頂禮


### 축원
##### 祝願

앙고 대자대비 미륵존전 불사자비 허수낭감 원아금차
仰告 大慈大悲 彌勒尊前 不捨慈悲 許垂朗鑑 願我今此

지극지정성 헌공발원재자 사바세계 남섬부주 동양
至極之精誠 獻供發願齊者 裟婆世界 南贍部洲 東洋

대한민국 모처거주 모모등 복위 모모등 영가 왕생극
大韓民國 某處居住 某某等 伏爲 某某等 靈駕 往生極

락 구품연대지발원
樂 九品蓮臺之發願

연후원 금일재자 각각등 보체 이차인연공덕 일체고
然後願 今日齋者 各各等 保體 以此因緣功德 一切苦

난 영위소멸 사대강건 육근청정 심중소구소원 만사
難 永爲消滅 四大康健 六根淸淨 心中所求所願 萬事

여의 형통지발원
如意 亨通之發願

연후원 항사법계 무량불자
然後願 恒沙法界 無量佛子

동유화장장엄해   동입보리대도량
同遊華藏莊嚴海   同入菩提大道場

상봉화엄불보살   항몽제불대광명
常逢華嚴佛菩薩   恒蒙諸佛大光明

소멸무량중죄장   획득무량대지혜
消滅無量衆罪障   獲得無量大智慧

돈성무상최정각   광도법계제중생
頓成無上最正覺   廣度法界諸衆生

이보제불막대은   세세상행보살도
以報諸佛莫大恩   世世常行菩薩道

구경원성살바야   마하반야바라밀   (반절)
究竟圓成薩婆若   摩訶般若波羅密

## 3. 중단권공   ※ 그냥 중단을 향하여 반야심경 1편 외움

### 마하반야바라밀다 심경
摩訶般若波羅密多 心經

관자재보살 행심반야 바라밀다 시 조견 오온개공 도
觀自在菩薩 行深般若 波羅密多 時 照見 五蘊皆空 度

일체고액 사리자 색불이공 공불이색 색즉시공 공즉
一切苦厄 舍利子 色不異空 空不異色 色卽是空 空卽

시색 수상행식 역부여시 사리자 시 제법공상 불생불
是色 受想行識 亦復如是 舍利子 是 諸法空相 不生不

멸 불구부정 부증불감 시고 공중 무색 무수상행식
滅 不垢不淨 不增不減 是故 空中 無色 無受想行識

무안이비설신의 무색성향미촉법 무안계 내지무의식계
無眼耳鼻舌身意 無色聲香味觸法 無眼界 乃至無意識界

무무명 역무무명진 내지 무노사 역무노사진 무 고집
無無明 亦無無明盡 乃至 無老死 亦無老死盡 無 苦集

멸도 무지역무득 이무소득고 보리살타 의반야바라밀
滅度 無智亦無得 以無所得故 菩提薩埵 依般若波羅密

다 고심무가애 무가애고 무유공포 원리전도몽상 구
多 故心無罣碍 無罣碍故 無有恐怖 遠離顛倒夢想 究

경열반 삼세제불 의반야바라밀다 고득아뇩다라삼먁
竟涅槃 三世諸佛 依般若波羅密多 故得阿耨多羅三藐

삼보리 고지반야바라밀다 시 대신주 시 대명주 시무
三菩提 故知般若波羅密多 是 大神呪 是 大明呪 是無

상주 시무등등주 능제일체고 진실불허 고설 반야바
上呪 是無等等呪 能除一切故 眞實不虛 故說 般若波

라밀다주 즉설주왈
羅密多呪 卽說呪曰

"아제아제 바라아제 바라승아제 모제 사바하" (3번)


화엄성중혜감명　　사주인사일념지
華嚴聖衆慧鑑明　　四洲人事一念知

애민중생여적자　　시고아금공경례
哀愍衆生如嫡子　　是故我今恭敬禮

고아일심귀명정례　(반절)
故我一心歸命頂禮


## 4. 중단축원

앙고 화엄회상 제대현성 첨수연민지지정 각방신통지
仰告 華嚴會上 諸大賢聖 僉垂憐愍之至情 各放神通之

묘력 원아금차 (주소) 성명 앙몽제대성중 가호지묘력 일
妙力 願我今此　　　　　仰蒙諸大聖衆 加護之妙力 日

일유 천상지경 시시무 백해지재 심중소구 여의형통
日有 千祥之慶 時時無 百害之災 心中所求 如意亨通

지대원 연후원 금일재자 여 시회대중등 삼장돈제 오
之大願 然後願 今日齋者 與 時會大衆等 三障頓除 五

복증숭 원제유정등 삼업개청정 봉지제불교 화남대성
福增崇 願諸有情等 三業皆淸淨 奉持諸佛敎 和南大聖

존 구호길상 마하반야바라밀
尊 俱護吉祥 摩訶般若波羅密

## 5. 시식(施食)

**거불**
擧佛    ※ 목탁

나무 극락도사 아미타불  (절)
南無 極樂導師 阿彌陀佛

나무 좌우보처 관음세지 양대보살  (절)
南無 左右補處 觀音勢至 兩大菩薩

나무 접인망령 대성인로왕보살  (절)
南無 接引亡靈 大聖引路王菩薩


**청혼**
請魂    ※ 요령 세 번 흔들고, 점잖게 범음성으로

거 사바세계 남섬부주 동양 대한민국 (모사) 청정도량
擧 娑婆世界 南贍部洲 東洋 大韓民國 某寺 淸淨道場

원아금차 제당 (사십구재중제삼재) 위천설향 봉청재자
願我今此 第當 四十九齋中第三齋 爲薦爇香 奉請齋者

(행효자) 모인복위 소천 망령 모인영가 영가 기부 재
行孝子 某人伏爲 所薦 亡靈 某人靈駕 靈駕 寄付 齋

자복위 상세선망 부모 다생사장 원근친족등 각열명영
者伏爲 上世先亡 父母 多生師丈 遠近親族等 各列名靈

가 차도량내외 동상동하 유주무주 애혼불자등 각열명
駕 此道場內外 洞上洞下 有主無主 哀魂佛子等 各列名

영가 철위산간 오무간옥 일일일야 만사만생 수고함
靈駕 鐵圍山間 五無間獄 一日一夜 萬死萬生 受苦含

령등  각열위영가  내지  겸급법계  삼도팔난  사생칠취
靈等  各列爲靈駕  乃至  兼及法界  三途八難  四生七趣

십류고혼등  각열위영가  지침체청  지심체수
十類孤魂等  各列爲靈駕  至心諦聽  至心諦受

착어 (영가에게 내리는 말)   (읽지 않음) ※ 목탁
着語

영명성각묘난사   월타추담계영한
靈明性覺妙難思   月墮秋潭桂影寒

금탁수성개각로   잠사진계하향단
金鐸數聲開覺路   暫辭眞界下香壇

진령게   (읽지 않음) ※ 요령을 흔들며
振鈴偈

이차진령신소청   명도귀계보문지
以此振鈴申召請   冥途鬼界普聞知

원승삼보역가지   금일금시래부회
願承三寶力加知   今日今時來赴會

보소청진언
普召請眞言

"나무보보지리 가리다리 다타아타야" (3번)

청사  ※ 요령
請詞

일심봉청  생연이진  대명아천  기작황천지객  이위주천
一心奉請  生緣已盡  大命我遷  旣作黃泉之客  已爲追薦

지혼 방불형용 의희면목 금일모령 승불위광 내예향단
之魂 彷佛形容 依稀面目 今日某靈 承佛威光 來詣香壇

수첨법공
受沾法供

    향연청　　　(헌향)　※ 목탁
    香煙請

    가영　　※ 목탁
    歌詠

제령한진치신망　석화광음몽일장
諸靈限盡致身亡　石火光陰夢一場

삼혼묘묘귀하처　칠백망망거원향
三魂杳杳歸何處　七魄茫茫去遠鄕

    수위안좌진언　※ 요령
    受位安座眞言

아금의교설화연　공양진수열좌전
我今依敎說華筵　供養珍羞列座前

유원불자차제좌　전심제청연금언
唯願佛子次第坐　專心諦聽演金言

"옴 마니군다니 훔훔 사바하" (3번)

백초임중일미신　조주상권기천인
百草林中一味新　趙州常勸幾千人

팽장석정강심수　"원사망령헐고륜"　(세번 3배)
烹將石鼎江心水　願使亡靈歇苦輪

모영 향설오분지진향 훈발대지
某靈 香爇五分之眞香 熏發大智

등연반야지명등 조파혼구
燈燃般若之明燈 照破昏衢

다헌조주지청다 돈식갈정
茶獻趙州之淸茶 頓息渴情

과헌선도지진품 상조일미
果獻仙都之眞品 常助一味

식진향적지진수 영절기허
食進香積之珍羞 永絶飢虛


선밀가지 신전윤택 업화청량 각구해탈 변식진언
宣蜜加持 身田潤澤 業火淸凉 各求解脫 變食眞言

"나막 살바다타 아다 바로기제 옴 삼바라 삼바라 훔"(3번)


시감로수진언
施甘露水眞言

"나무소로바야 다타아다야 다냐타 옴 소로소로 바라소로 바라소로 사바하" (3번)


일자수륜관진언　　　옴 밤 밤 밤밤" (3번)
一字水輪觀眞言


유해진언　　　"나무사만다 못다남 옴 밤" (3번)
乳海眞言

칭량성호 ※ 목탁·요령, 대중과 함께 동음으로
稱量聖號　　　(읽지 않음)

나무다보여래　원제고혼　파제간탐　법재구족
南無多寶如來　願諸孤魂　破除慳貪　法財具足

나무묘색신여래　원제고혼　이추루형　상호원만
南無妙色身如來　願諸孤魂　離醜陋形　相好圓滿

나무광박신여래　원제고혼　사륙범신　오허공신
南無廣博身如來　願諸孤魂　捨六凡身　悟虛空身

나무이포외여래　원제고혼　이제포외　득열반락
南無離怖畏如來　願諸孤魂　離諸怖畏　得涅槃樂

나무감로왕여래　원제고혼　열명영가　인후개통
南無甘露王如來　願諸孤魂　列名靈駕　咽喉開通

획감로미
獲甘露味


원차가지식　보변만시방　식자제기갈　득생안양국
願此加持食　普遍滿十方　食者除飢渴　得生安養國


　　시귀식진언
　　施鬼食眞言

"옴 미기미기 야야미기 사하바"
　唵 味其味其 野野味其 裟婆訶


　　시무차법식진언
　　施無遮法食眞言

"옴 목령능 사하바" (3번)
　唵 目齡楞 裟婆訶

수아차법식 하이아란찬 기장함포만 업화돈청량
受我此法食 何異阿難饌 飢腸咸飽滿 業火頓淸凉

돈사탐진치 상귀불법승 염념보리심 처처안락국
頓捨貪瞋癡 常歸佛法僧 念念菩提心 處處安樂國

범소유상 개시허망 약견제상비상 직견여래
凡所有相 皆是虛妄 若見諸相非相 卽見如來

### 여래십호
如來十號

여래 응공 정변지 명행족 선서 세간해
如來 應供 正遍智 明行足 善逝 世間解

무상사 조어장부 천인사 불 세존
無上士 調御丈夫 天人師 佛 世尊

제법종본래 상자적멸상 불자행도이 내세득작불
諸法從本來 常自寂滅相 佛子行道已 來世得作佛

제행무상 시생멸법 생멸멸이 적멸위락
諸行無常 是生滅法 生滅滅已 寂滅爲樂

## 5. 금강경(상)

금강일편위고혼　　　　　금강경 일편을 고혼을
金剛一片爲孤魂　　　　　위해 읽어드리겠아오니

지심제청 지심제수　　　　자세히 듣고
至心諦聽　至心諦受　　　　자세히 들으소서.


(1) 법회인유분(法會因由分)


여시아문 일시 불　　　　　이와 같이 내가 들었다.
如是我聞　一時　佛　　　　어느 때 부처님께서

재사위국 기수급고독원　　　사위국
在舍衛國　祇樹給孤獨園　　기수급고독원에서

여대비구중 천이백오십인 구　큰 비구 천이백오십인과
與大比丘衆　千二百五十人 俱　함께 계시었다.

이시 세존 식시　　　　　　그때 세존께서
爾時　世尊　食時　　　　　밥때가 되어

착의지발 입사위대성　　　　옷을 입고 발우를 가지시고
着衣持鉢　入舍衛大城　　　사위대성에 들어 가시어

걸식 어기성중　　　　　　그
乞食　於其城中　　　　　　성중에서

차제걸이 환지본처　　　　　차례로 밥을 비시고
次第乞已　還至本處　　　　본처로 돌아오시어

반사흘 수의발　　　　　　공양을 하시고
飯食訖　收衣鉢　　　　　　가사와 발우를 거두시고

세족이 부좌이좌　　　　　　발을 씻으시고
洗足已　敷座而坐　　　　　자리를 펴고 앉으셨다.

## (2) 선현기청분(善現起請分)

| | |
|---|---|
| 시 장로수보리<br>時 長老須菩提 | 그때<br>장로 수보리가 |
| 재대중중 즉종좌기<br>在大衆中 卽從座起 | 대중 가운데 있다가<br>곧 자리에서 일어나 |
| 편단우견 우슬착지<br>偏袒右肩 右膝着地 | 가사를 한쪽으로 걷어 메고<br>바른쪽 무릎을 땅에 꿇고 |
| 합장공경 이백불언<br>合掌恭敬 而白佛言 | 합장 공경하고<br>부처님께 사뢰었다. |
| 희유세존<br>希有世尊 | "희유하십니다.<br>세존이시여, |
| 여래 선호념제보살<br>如來 善護念諸菩薩 | 여래께서는<br>모든 보살들을 잘 호념하시고 |
| 선부촉제보살<br>善付囑諸菩薩 | 모든 보살들을<br>부촉하시나이다. |
| 세존 선남자선여인<br>世尊 善男子善女人 | 세존이시여,<br>선남자 선여인이 |
| 발아뇩다라삼먁삼보리심<br>發阿耨多羅三藐三菩提心 | 아뇩다라삼먁삼보리심을<br>발한 이는 |
| 응운하주<br>應云何住 | 어떻게 살아야<br>하며 |
| 운하항복기심<br>云何降伏其心 | 그의 마음을<br>어떻게 항복받아야 합니까." |
| 불언 선재선재 수보리<br>佛言 善哉善哉 須菩提 | 부처님께서 말씀하셨다.<br>"착하고 착하다 수보리여 |

여여소설　　　　　　　　　　　너의
如汝所說　　　　　　　　　　　말과 같이

여래 선호념제보살　　　　　　여래는 모든 보살들을
如來 善護念諸菩薩　　　　　　잘 호념하고

선부촉제보살　　　　　　　　　여러 보살들을
善付囑諸菩薩　　　　　　　　　잘 부촉하느니라.

여금제청 당위여설　　　　　　너희들은 이제 자세히 들으라.
汝今諦聽 當爲汝說　　　　　　마땅히 너희들을 위하여

선남자선여인　　　　　　　　　말해주리라.
善男子善女人　　　　　　　　　선남자 선여인이

발아뇩다라삼막삼보리심　　　　아뇩다라삼보리심을
發阿耨多羅三藐三菩提心　　　　발한 사람은

응여시주　　　　　　　　　　　마땅히 이와 같이
應如是住　　　　　　　　　　　생활하고

여시항복기심　　　　　　　　　이와 같이
如是降伏其心　　　　　　　　　그 마음을 항복받으라."

유연세존 원요욕문　　　　　　"예, 그렇게 하겠습니다. 세존님,
唯然世尊 願樂欲聞　　　　　　즐겨 듣겠습니다."

　(3) 대승정종분(大乘正宗分)

불고수보리　　　　　　　　　　부처님께서
佛告須菩提　　　　　　　　　　수보리에게 말씀하셨다.

제보살마하살　　　　　　　　　"모든
諸菩薩摩訶薩　　　　　　　　　보살마하살은

응여시항복기심　　　　　　　　마땅히 이와 같이
應如是降伏其心　　　　　　　　그 마음을 항복시키라.

소유일체중생지류  무릇 있는 바
所有一切衆生之流  일체 중생의 무리인

약란생약태생  알로 생긴 것,
若卵生若胎生  태로 생긴 것,

약습생약화생  습기로 생긴 것,
若濕生若化生  변하여 생긴 것,

약유색약무색  형상이 있는 것,
若有色若無色  형상이 없는 것,

약유상약무상  생각이 있는 것,
若有想若無想  생각이 없는 것,

약비유상약비무상  생각이 있는 것도 아니고,
若非有想若非無想  없는 것도 아닌 것들을

아개영입무여열반  내가 모두
我皆令入無餘涅槃  무여열반에 들게하여

이멸도지  멸도시켜
而滅度之  주리라.

여시멸도무량무수  이와같이
如是滅度無量無數  무량 무수

무변중생  무변한 중생들을
無邊衆生  멸도시켜 주지만

실무중생 득멸도자  실로 멸도를 얻은
實無衆生 得滅度者  중생이 없느니라.

하이고 수보리  왜냐하면
何以故 須菩提  수보리야,

약보살 유아상인상  만약 보살이
若菩薩 有我相人相  아상·인상·

중생상 수자상 　　　　　중생상·
衆生相 壽者相 　　　　　수자상이 있으면

즉비보살 　　　　　　　　곧 보살이
卽非菩薩 　　　　　　　　아니기 때문이니라."


(4) 묘행무주분(妙行無住分)


부차수보리 보살 어법 　　"또 수보리야,
復次須菩提 菩薩 於法 　　보살은 마땅히 어떤 법에도

응무소주 행어보시 　　　머문 바 없이
應無所住 行於布施 　　　보시를 행해야 하나니

소위부주색보시 　　　　이른바 색에 머물지 말고
所謂不住色布施 　　　　보시할 것이며, 소리, 냄새,

부주성향미촉법보시 　　맛, 감촉, 법에도 머물지
不住聲香味觸法布施 　　말고 보시해야 하느니라.

수보리 보살 　　　　　　수보리야,
須菩提 菩薩 　　　　　　보살이

응여시보시 부주어상 　　마땅히 이렇게 보시하여
應如是布施 不住於相 　　상에 머물지 말아야 하나니

하이고 약보살 　　　　　왜냐하면
何以故 若菩薩 　　　　　만일 보살이

부주상보시 　　　　　　상에 머물지 않고
不住相布施 　　　　　　보시하면

기복덕 불가사량 　　　　그 복덕이 가히 생각으로
其福德 不可思量 　　　　헤아릴 수 없기 때문이니라.

수보리 어의운하 　　　　수보리야,
須菩提 於意云何 　　　　너는 어떻게 생각하느냐.

| | |
|---|---|
| 동방허공 가사량부<br>東方虛空 可思量不 | 동방 허공을 가히 생각으로<br>헤아릴 수 있느냐." |
| 불야 세존<br>不也 世尊 | "할 수 없나이다.<br>세존이시여." |
| 수보리 남서북방<br>須菩提 南西北方 | "수보리야,<br>남·서·북·방과 |
| 사유상하허공 가사량부<br>四維上下虛空 可思量不 | 4유 상하 허공을<br>헤아릴 수 있겠느냐." |
| 불야 세존<br>不也 世尊 | "할 수 없나이다.<br>세존이시여." |
| 수보리 보살<br>須菩提 菩薩 | "수보리야,<br>보살이 |
| 무주상보시복덕<br>無住相布施福德 | 상에 머무르지 않고<br>보시한 복덕도 |
| 역부여시 불가사량<br>亦復如始 不可思量 | 또한 이와 같아서<br>헤아릴 수 없느니라. |
| 수보리 보살<br>須菩提 菩薩 | 수보리야,<br>보살은 |
| 단응여소교주<br>但應如所教住 | 다만<br>가르친 대로 살지니라." |

(5) 여리실견분(如理實見分)

| | |
|---|---|
| 수보리 어의운하<br>須菩提 於意云何 | "수보리야,<br>네 생각이 어떠하느냐. |
| 가이신상 견여래부<br>可以身相 見如來不 | 이 몸의 형상으로써<br>여래를 볼 수 있겠느냐." |

| | |
|---|---|
| 불야 세존<br>不也 世尊 | "아니옵니다.<br>세존이시여, |
| 불가이신상 즉견여래<br>不可以身相 卽見如來 | 몸의 형상으로써는<br>여래를 볼 수 없사옵니다. |
| 하이고 여래<br>何以故 如來 | 왜냐하면<br>여래께서 |
| 소설신상 즉비신상<br>所說身相 卽非身相 | 몸이라고 말씀하신 것은<br>몸이 아니기 때문입니다." |
| 불고수보리<br>佛告須菩提 | 부처님께서<br>수보리에게 말씀하셨다. |
| 범소유상 개시허망<br>凡所有相 皆是虛妄 | "무릇 있는 바 모든 현상은<br>다 허망한 것이니 |
| 약견제상 비상<br>若見諸相 非相 | 만약 모든 현상이<br>진실한 것이 아닌 줄로 보면 |
| 즉견여래<br>卽見如來 | 곧<br>여래를 보리라." |

### (6) 정신희유분(正信希有分)

| | |
|---|---|
| 수보리 백불언<br>須菩提 白佛言 | 수보리가<br>부처님께 아뢰었다. |
| 세존 파유중생<br>世尊 頗有衆生 | "세존이시여,<br>저들 중생들이 |
| 득문여시언설장구<br>得聞如是言說章句 | 이와 같은 말씀이나<br>글귀를 듣고 |
| 생실신부<br>生實信不 | 진실로 믿음을<br>낼 수 있겠습니까." |

| | |
|---|---|
| **불고수보리 막작시설**<br>佛告須菩提 莫作是說 | 부처님께서 수보리에게 말했다.<br>"그런 말을 하지 말라. |
| **여래멸후 후오백세**<br>如來滅後 後五百歲 | 여래께서 가신 뒤<br>5백세 후에도 |
| **유지계수복자**<br>有持戒修福者 | 계를 받아 지니고<br>복을 닦는 자가 있어서 |
| **어차장구 능생신심**<br>於此章句 能生信心 | 이같은 말에<br>신심을 내어 |
| **이차위실 당지시인**<br>以此爲實 當知是人 | 이것을 진실하게 여기리라.<br>마땅히 알라. |
| **불어 일불이불삼사오불**<br>不於 一佛二佛三四五佛 | 이 사람은 한 부처님이나 둘·<br>셋·넷·다섯 부처님께서만 |
| **이종선근 이어무량**<br>而種善根 已於無量 | 선을 심은 것이 아니고,<br>이미 한량없는 |
| **천만불소**<br>千萬佛所 | 천만 부처님<br>계신 곳에서 |
| **종제선근 문시장구**<br>種諸善根 聞是章句 | 선근을 심은 사람이기 때문에<br>내 저 글귀를 듣고 |
| **내지일념 생정신자**<br>乃至一念 生淨信者 | 한 생각에 청정한<br>믿음을 내느니라. |
| **수보리 여래 실지실견**<br>須菩提 如來 悉知悉見 | 수보리야,<br>여래는 이 모든 중생들이 |
| **시제중생**<br>是諸衆生 | 이와 같이<br>한량없는 |
| **득여시무량복덕**<br>得如是無量福德 | 복덕을 얻는 것을<br>알고 다 보느니라. |

하이고 시제중생　　　　　　　왜냐하면
何以故　是諸衆生　　　　　　이 모든 중생들은

무부아상인상중생상　　　　　다시는 아상·인상·
無復我相人相衆生相　　　　　중생상·

수자상　　　　　　　　　　　수자상이
壽者相　　　　　　　　　　　없으며,

무법상 역무비법상　　　　　　법상 비법상도
無法相　亦無非法相　　　　　없기 때문이니라.

하이고 시제중생　　　　　　　왜냐하면
何以故　是諸衆生　　　　　　이 모든 중생이

약심취상　　　　　　　　　　만일 마음에
若心取相　　　　　　　　　　어떤 상을 취하면

즉위착아인중생수자　　　　　곧 아상·인상·중생상·
卽爲着我人衆生壽者　　　　　수자상에 집착하게 되고

약취법상 즉착아인중　　　　　또 만일 법상을 취하여도
若取法相　卽着我人衆　　　　아상·인상·중생상·

생수자　　　　　　　　　　　수자상에
生壽者　　　　　　　　　　　걸리게 되며,

하이고 약취비법상　　　　　　비법상을
何以故　若取非法相　　　　　취하여도

즉착아인중생수자　　　　　　수자상에
卽着我人衆生壽者　　　　　　걸리기 때문이다.

시고 불응취법 불응취　　　　그러므로
是故　不應取法　不應取　　　바로 법도 취하지 말고

비법　　　　　　　　　　　　비법도
非法　　　　　　　　　　　　취하지 말라.

이시의고 여래상설  그렇기 때문에 부처님께서는
以是義故 如來常說  항상 말씀하시기를

여등비구 지아설법  '너희들 비구는 내가 말한 바
汝等比丘 知我說法  법이 뗏목과 같은 줄을

여벌유자 법상응사  알라'고 하였나니
如筏喩者 法尙應捨  법도 오히려 버려야 하거늘

하황비법  하물며 비법이야
何況非法  더 말할 것 있겠느냐."

## (7) 무득무설분(無得無說分)

수보리 어의운하  "수보리야,
須菩提 於意云何  너는 어떻게 생각하느냐.

여래득아뇩다라삼먁  여래께서는
如來得阿耨多羅三藐  아뇩다라

삼보리야  삼먁삼보리를
三菩提耶  얻고

여래유소설법야  또 말한 바 법이
如來有所說法耶  있다고 생각하느냐."

수보리언  수보리가
須菩提言  말씀하셨다.

여아해 불소설의  내가 알고 있는 부처님께서
如我解 佛所說義  말씀하신 뜻으로 본다면

무유정법 명아뇩다라  결정된 진리가 있어서 그것을
無有定法 名阿耨多羅  아뇩다라삼보리라

삼먁삼보리  하시는 것이
三藐三菩提  아니오며

역무유정법　　　　　　　　　또한 결정된 내용이
亦無有定法　　　　　　　　　없는 진리를

여래가설　　　　　　　　　　여래께서
如來可說　　　　　　　　　　말씀해 주셨나이다.

하이고 여래소설법　　　　　 왜냐하면
何以故 如來所說法　　　　　 여래께서 말씀하신 진리는

개불가취 불가설　　　　　　 취할 수도 없고
皆不可取 不可說　　　　　　 말할 수도 없고,

비법 비비법　　　　　　　　 법도 아니고 법 아닌 것도
非法 非非法　　　　　　　　 아니기 때문입니다.

소이자하 일체현성　　　　　 왜냐하면
所以者何 一切賢聖　　　　　 모든 성현들은

개이무위법 이유차별　　　　 모두 무위법으로써
皆以無爲法 而有差別　　　　 차별하기 때문입니다."

### (8) 의법출생분(依法出生分)

수보리 어의운하　　　　　　 "수보리야,
須菩提 於意云何　　　　　　 너는 어떻게 생각하느냐.

약인 만삼천대천세계　　　　 만약 어떤 사람이
若人 滿三千大千世界　　　　 3천대천세계에 가득한

칠보 이용보시　　　　　　　 7보를 가지고
七寶 以用布施　　　　　　　 널리 보시했다면

시인 소득복덕 영위다부　　　이 사람이 얻는 복덕이
是人 所得福德 寧爲多不　　　얼마나 많겠느냐."

수보리언　　　　　　　　　　수보리가
須菩提言　　　　　　　　　　말씀하셨다.

심다 세존
甚多 世尊

"심히 많습니다.
세존이시여."

하이고 시복덕
何以故 是福德

왜냐하면
이 복덕은

즉비복덕성
卽非福德性

복덕성이
아니기 때문에

시고 여래설복덕다
是故 如來說福德多

그러므로 여래께서 복덕이
많다고 말씀하신 것입니다."

약부유인 어차경중
若復有人 於此經中

"만일 어떤 사람이
이 경 가운데

수지내지사구게등
受持乃至四句偈等

네 글귀만이라도
받아 지니고

위타인설
爲他人說

남을 위해
말해 준다면

기복 승피
其福 勝彼

그 복이 다른 복덕보다
더 뛰어나리라.

하이고 수보리 일체제불
何以故 須菩提 一切諸佛

왜냐하면 수보리야,
모든 부처님의

급제불아뇩다라삼먁
及諸佛阿耨多羅三藐

아뇩다라
삼먁

삼보리법
三菩提法

삼보리
법이

개종차경 출
皆從此經 出

다 이 경으로부터
나온 까닭이니라.

수보리 소위불법자
須菩提 所謂佛法者

수보리야,
이른바 불법이란

| 즉비불법 | 곧 불법이 |
| 卽非佛法 | 아니니라." |

### (9) 일상무상분(一相無相分)

| 수보리 어의운하 | 수보리야, |
| 須菩提 於意云何 | 너는 어떻게 생각하느냐. |
| 수다원 능작시념 | 수다원이 |
| 須陀洹 能作是念 | 생각하기를 |
| 아득수다원과부 | '내가 수다원과를 얻었다'고 |
| 我得須陀洹果不 | 생각하느냐." |
| 수보리언 불야 세존 | "아니옵니다. |
| 須菩提言 不也 世尊 | 세존이시여, |
| 하이고 수다원 | 왜냐하면 수다원은 |
| 何以故 須陀洹 | 이름이 성인의 무리에 |
| 명위입류 이무소입 | 들어 갔다는 말이오나 |
| 名爲入流 而無所入 | 실은 들어간 것이 아니옵고, |
| 불입색성향미촉법 | 색이나 소리·냄새·맛·감촉· |
| 不入色聲香味觸法 | 법에 끄달리지 아니한 것을 |
| 시명수다원 | 이름하여 수다원이라 |
| 是名須陀洹 | 하였을 뿐입니다. |
| 수보리 어의운하 | 수보리야, |
| 須菩提 於意云何 | 너는 어떻게 생각하느냐. |
| 사다함 능작시념 | 사다함이 |
| 斯陀含 能作是念 | '내가 사다함과를 |
| 아득사타함과부 | 얻었다'고 |
| 我得斯陀含果不 | 생각하느냐." |

수보리언 불야 세존　　　　　"아니옵니다.
須菩提言 不也 世尊　　　　　세존이시여,

하이고 사다함　　　　　　　　왜냐하면
何以故 斯陀含　　　　　　　　사다함은

명 일왕래　　　　　　　　　　이름이 한번 왕래
名 一往來　　　　　　　　　　하는 것이오나

이실무왕래　　　　　　　　　실은 가고 온다는
而實無往來　　　　　　　　　생각이 없는 까닭에

시명사다함　　　　　　　　　사다함이라
是名斯陀含　　　　　　　　　한 것입니다."

수보리 어의운하　　　　　　　수보리야,
須菩提 於意云何　　　　　　　너는 어떻게 생각하느냐.

아나함 능작시념　　　　　　　아나함이
阿那含 能作是念　　　　　　　생각하기를

아득아나함과부　　　　　　　'내가 아나함과를 얻었다'고
我得阿那含果不　　　　　　　생각하느냐."

수보리언 불야 세존　　　　　"아니옵니다.
須菩提言 不也 世尊　　　　　세존이시여,

하이고 아나함　　　　　　　　왜냐하면
何以故 阿那含　　　　　　　　아나함은

명위불래　　　　　　　　　　오지 않는다는
名爲不來　　　　　　　　　　말이오나

이실무불래 시고　　　　　　실은 오지 않는다는 생각이
而實無不來 是故　　　　　　없는 것을 아나함이라

명아나함　　　　　　　　　　이름하기
名阿那含　　　　　　　　　　때문입니다."

수보리 어의운하
須菩提 於意云何

"수보리야,
너는 어떻게 생각하느냐.

아라한 능작시념
阿羅漢 能作是念

아라한이
생각하기를

아득아라한도부
我得阿羅漢道不

'내가 아라한도를 얻었다'고
생각하느냐."

수보리언
須菩提言

수보리가
말하였다.

불야 세존
不也 世尊

"아니옵니다.
세존이시여.

하이고 실무유법
何以故 實無有法

왜냐하면 실로
한 법도 있지 아니한 것을

명 아라한
名 阿羅漢

이름하여 아라한이라
하기 때문입니다.

세존 약아라한
世尊 若阿羅漢

세존이시여,
만일 아라한이

작시념 아득아라한도
作是念 我得阿羅漢道

내가 아라한도를 얻었노라
생각한다면 이는 곧

즉위착아인중생수자
卽爲着我人衆生壽者

아상·인상·중생상·수자상에
집착하는 것이 됩니다.

세존 불설아득무쟁삼매
世尊 佛說我得無諍三昧

세존이시여, 부처님께서 저를
'무쟁삼매를 얻은

인중 최위제일
人中 最爲第一

사람 중에서
제일 훌륭하다' 하고

시제일이욕아라한
是第一離欲阿羅漢

또 '욕심을 여읜 첫째가는
아라한이라' 하셨는데

| | |
|---|---|
| **세존 아부작시념**<br>世尊 我不作是念 | 세존이시여,<br>저는 욕심을 여읜 |
| **아시이욕아라한**<br>我是離欲阿羅漢 | 아라한이라는 생각을<br>하지 않습니다. |
| **세존 아약작시념**<br>世尊 我若作是念 | 세존이시여,<br>제가 만약 |
| **아득아라한도**<br>我得阿羅漢道 | '내가 아라한도를<br>얻었다'고 생각한다면 |
| **세존 즉불설수보리**<br>世尊 卽不說須菩提 | 세존께서는<br>곧 수보리에게 아란나행을 |
| **시요아란나행자**<br>是樂阿蘭那行者 | 즐기는 자라고 말씀하시지<br>아니하셨을 것입니다. |
| **이수보리 실무소행**<br>以須菩提 實無所行 | 수보리가 실로<br>아란나행을 한다는 |
| **이명수보리**<br>而名須菩提 | 생각이 없기 때문에<br>'수보리가 아란나행을 |
| **시요아란나행**<br>是樂阿蘭那行 | 좋아하는 자'라고<br>이름하신 것입니다." |

### (10) 장엄정토분(莊嚴淨土分)

| | |
|---|---|
| **불고수보리 어의운하**<br>佛告須菩提 於意云何 | "수보리야,<br>너는 어떻게 생각하느냐. |
| **여래석재연등불소**<br>如來昔在燃燈佛所 | 여래가 옛날<br>연등부처님 계신 곳에서 |
| **어법 유소득부**<br>於法 有所得不 | 법을 얻은 것이<br>있다고 생각하느냐." |

| | |
|---|---|
| 불야 세존<br>不也 世尊 | "아니옵니다.<br>세존이시여. |
| 여래재연등불소<br>如來在燃燈佛所 | 여래께서는<br>연등부처님 계신 곳에서 |
| 어법 실무소득<br>於法 實無所得 | 어떤 법도 얻으신<br>것이 없사옵니다." |
| 수보리 어의운하<br>須菩提 於意云何 | 수보리야,<br>너는 어떻게 생각하느냐. |
| 보살 장엄불토부<br>菩薩 莊嚴佛土不 | 보살이 불국토를<br>장엄한다고 하겠느냐.". |
| 불야 세존<br>不也 世尊 | "아니옵니다.<br>세존이시여. |
| 하이고 장엄불토자<br>何以故 莊嚴佛土者 | 왜냐하면 보살이<br>불국토를 장엄한 것은 |
| 즉비장엄 시명장엄<br>卽非莊嚴 是名莊嚴 | 장엄이 아니오며,<br>그 이름이 장엄일 뿐입니다." |
| 시고 수보리<br>是故 須菩提 | "그러므로<br>수보리야, |
| 제보살마하살<br>諸菩薩摩訶薩 | 모든<br>보살마하살은 |
| 응여시생청정심<br>應如是生淸淨心 | 마땅히 이와 같이<br>청정한 마음을 내어 |
| 불응주색생심<br>不應住色生心 | 색에 머물지 말고<br>마음을 낼 것이며 |
| 불응주성향미촉법생심<br>不應住聲香味觸法生心 | 마땅히 소리와 냄새, 맛,<br>감촉, 법에도 머물지 말고 |

응무소주 이생기심  
應無所住 而生其心

마땅히 머무른 바가 없이
그 마음을 낼 지니라.

수보리 비여유인신  
須菩提 譬如有人身

수보리야, 비유컨대
만일 어떤 사람의 몸이

여수미산왕 어의운하  
如須彌山王 於意云何

큰 수미산과 같다면
네 생각에 어떠하냐,

시신 위대부  
是身 爲大不

그 몸을
크다고 하겠느냐."

수보리언 심대 세존  
須菩提言 甚大 世尊

"아주 크옵니다.
세존이시여,

하이고 불설비신  
何以故 佛說非身

왜냐하면 부처님께서는
몸 아닌 것을 가리켜서

시명대신  
是名大身

몸이라 이름하셨기
때문입니다.

### (11) 무위복승분(無爲福勝分)

수보리 여항하중  
須菩提 如恒河中

"수보리야, 간디스강가에
있는 모래 수처럼

소유사수 여시사등항하  
所有沙數 如是沙等恒河

그렇게 많은
간디스강이 있다면

어의운하 시제항하사  
於意云何 是諸恒河沙

네 생각이 어떠하냐.
이 모든 모래가

영위다부  
寧爲多不

얼마나
많겠느냐."

수보리언 심다 세존  
須菩提言 甚多 世尊

"아주 많겠습니다.
세존이시여,

단제항하 상다무수
但諸恒河 尙多無數

저 모든 간디스강의 수만
하여도 많은데

하황기사
何況其沙

하물며 그 간디스강의
모래이겠습니까."

수보리 아금
須菩提 我今

"수보리야,
내가 이제

실언 고여
實言 告汝

진실한 말로
너에게 이르노니,

약유선남자선여인
若有善男子善女人

만약 선남자·
선여인이 있어

이칠보 만이소항하사수
以七寶 滿爾所恒河沙數

저 간디스강의
모래 수처럼 많은

삼천대천세계
三千大千世界

삼천대천세계에
가득한

이용보시 득복 다부
以用布施 得福 多不

7보를 가지고
널리 보시했다면

수보리언 심다 세존
須菩提言 甚多 世尊

그 얻는 복이
얼마나 많겠느냐."

불고수보리
佛告須菩提

"심히 많사옵니다.
세존이시여"

약선남자선여인
若善男子善女人

"만약 선남자
선여인이

어차경중
於此經中

이 경
가운데

내지수지사구게등
乃至受持四句偈等

네 글귀만이라도
받아 가지고

위타인설 이차복덕　　　　　　　남을 위해 말해 준다면
爲他人說 而此福德　　　　　　그 복덕이

승전복덕　　　　　　　　　　　앞에서 말한 복덕보다
勝前福德　　　　　　　　　　　더 없이 뛰어나리라."

### (12) 존중정교분(尊重正敎分)

부차수보리 수설시경　　　　　　"또 수보리야,
復次須菩提 隨說是經　　　　　　이 경 가운데

내지사구게등 당지차처　　　　　네 글귀만이라도 그 뜻을
乃至四句偈等 當知此處　　　　　일러준다면 마땅히 알라.

일체세간천인아수라　　　　　　이곳은 일체 세간의
一切世間天人阿修羅　　　　　　하늘과 사람과 아수라가

개응공양 여불탑묘　　　　　　마땅히 공양하기를 부처님의
皆應供養 如佛塔廟　　　　　　탑묘와 같이 할 것이다.

하황유인 진능수지독송　　　　하물며 어떤 사람이 이 경을
何況有人 盡能受持讀誦　　　　다 수지 독송함이겠느냐.

수보리 당지시인　　　　　　　수보리야, 마땅히 알라.
須菩提 當知是人　　　　　　　이 사람은 가장 높고,

성취최상제일희유지법　　　　　제일 가는 희유한
成就最上第一希有之法　　　　　진리를 성취한 것이니라.

약시경전소재지처　　　　　　　만일 이 경전이 있는 곳이면
若是經典所在之處　　　　　　　부처님이 계신 곳과 같고

즉위유불 약존중제자　　　　　존경받는 부처님의
卽爲有佛 若尊重弟子　　　　　제자가 있는 곳과 같느니라."

## (13) 여법수지분(如法受持分)

| | |
|---|---|
| 이시 수보리 백불언<br>爾時 須菩提 白佛言 | 그때에 수보리가<br>부처님께 사뢰었다. |
| 세존 당하명차경<br>世尊 當何名此經 | "세존이시여, 마땅히<br>이 경을 무어라 이름하오며 |
| 아등 운하봉지<br>我等 云何奉持 | 저희들이 어떻게<br>받들어 지녀야 하겠나이까." |
| 불고수보리<br>佛告須菩提 | 부처님께서<br>수보리에게 말씀하셨다. |
| 시경 명위금강반야바라밀<br>是經 名爲金剛般若波羅密 | "이 경의 이름을<br>금강반야바라밀이라 하고 |
| 이시명자 여당봉지<br>以是名子 汝當奉持 | 그 이름과 같이<br>받들어 지니라. |
| 소이자하 수보리<br>所以者何 須菩提 | 왜냐하면<br>수보리야 |
| 불설반야바라밀<br>佛說般若波羅密 | 여래가 말한<br>반야바라밀은 |
| 즉비반야바라밀<br>卽非般若波羅密 | 곧 반야바라밀이<br>아니기 때문에 |
| 시명반야바라밀<br>是名般若波羅密 | 그 이름을<br>반야바라밀이라 하는 것이다. |
| 수보리 어의운하<br>須菩提 於意云何 | 수보리야,<br>너는 어떻게 생각하느냐. |
| 여래유소설법부<br>如來有所說法不 | 여래가 설법할 수<br>있다고 생각하느냐. |

수보리백불언
須菩提白佛言

수보리가 부처님께
말씀하였다.

세존 여래무소설
世尊 如來無所說

"세존이시여, 여래께서는
설법한 것이 없사옵니다."

수보리 어의운하
須菩提 於意云何

수보리야,
너는 어떻게 생각하느냐.

삼천대천세계
三千大千世界

삼천대천세계에
있는

소유미진 시위다부
所有微塵 是爲多不

먼지가 많다고
하겠느냐."

수보리언 심다 세존
須菩提言 甚多 世尊

"아주 많사옵니다.
세존이시여."

수보리 제미진 여래
須菩提 諸微塵 如來

"수보리야, 이 모든 먼지들을
여래는

설비미진 시명미진
說非微塵 是名微塵

먼지가 아니라고 말하나니
그 이름이 먼지일뿐이기 때문이다.

여래설세계 비세계
如來說世界 非世界

여래께서 말하는 세계도
세계가 아니고

시명세계
是名世界

그 이름이
세계일 뿐이다.

수보리 어의운하
須菩提 於意云何

수보리야,
너는 어떻게 생각하느냐.

가이삼십이상 견여래부
可以三十二相 見如來不

가히 32상으로써
여래를 볼 수 있겠느냐."

불야 세존
不也 世尊

"아니옵니다.
세존이시여."

| | |
|---|---|
| 불가이삼십이상<br>不可以三十二相 | 32상으로서는<br>여래를 |
| 득견여래<br>得見如來 | 뵈올 수<br>없사옵니다. |
| 하이고 여래설삼십이상<br>何以故 如來說三十二相 | 왜냐하면 여래께서 말씀하신<br>32상은 상이 아니옵고 |
| 즉시비상 시명삼십이상<br>卽是非相 是名三十二相 | 그 이름이<br>삼십이상이기 때문입니다." |
| 수보리 약유선남자선여인<br>須菩提 若有善男子善女人 | "수보리야, 만약<br>어떤 선남자 선여인이 |
| 이항하사등신명보시<br>以恒河沙等身命布施 | 간디스강의 모래수와<br>같은 목숨을 바쳐 |
| 약부유인 어차경중<br>若復有人 於此經中 | 널리 보시한 사람과<br>어떤 사람이 이 경 가운데 |
| 내지수지사구게등<br>乃至受持四句偈等 | 내지 네 글귀만이라도<br>받아 지녀서 |
| 위타인설<br>爲他人說 | 남을 위해<br>설명해 준다면 |
| 기복심다<br>其福甚多 | 그 복이 앞의 복보다<br>심히 많으니라." |

(14) 이상적멸분(離相寂滅分)

| | |
|---|---|
| 이시 수보리 문설시경<br>爾時 須菩提 聞說是經 | 그때 수보리가<br>이 경 말씀하심을 듣고 |
| 심해의취 체루비읍<br>深解義趣 涕淚悲泣 | 그 뜻을 깊이 깨달아 알고<br>눈물을 흘리고 슬피 울며 |

이백불언 희유세존
而百佛言 希有世尊

부처님께 사뢰었다. 희유하시
옵니다. 세존이시여,

불설여시심심경전
佛說如是甚深經典

부처님께서 이와 같이
심히 깊은 경전을

아종석래 소득혜안
我從昔來 所得慧眼

말씀하시는 것은 예로부터
닦아 얻은 지혜의 눈으로는

미증득문여시지경
未曾得聞如是之經

일찍이 이와 같은 경을
얻어 듣지 못하였나이다.

세존 약부유인
世尊 若復有人

"세존이시여,
만일 어떤 사람이

득문시경 신심 청정
得聞是經 信心 淸淨

이 경을 얻어 듣고
신심이 청정하면

즉생실상 당지시인
卽生實相 當知是人

곧 실상이 생길 것이오니,
이 사람이야말로

성취제일희유공덕
成就第一希有功德

제일 희유한 공덕을
성취한 것을 알겠나이다.

세존 시실상자
世尊 是實相者

세존이시여,
이 실상이라는 것은

즉시비상
卽是非相

곧
실상이 아니므로

시고 여래설명실상
是故 如來說名實相

여래께서 실상이라고
이름하셨나이다.

세존 아금득문여시경전
世尊 我今得聞如是經典

세존이시여, 제가 이제
이와 같은 경전을 얻어 듣고

신해수지 부족위난
信解受持 不足爲難

믿어 알고 받아 지니는 것은
어렵지 않사오나,

| | |
|---|---|
| 약당래세후오백세<br>若當來世後五百歲 | 만일 이 다음 후 5백세에<br>어떤 중생이 이 경을 |
| 기유중생 득문시경<br>其有衆生 得聞是經 | 얻어 듣고 믿어 이해하여<br>받아 지닌다면 |
| 신해수지 시인<br>信解受持 是人 | 그 사람이야말로<br>참으로 |
| 즉위제일희유<br>卽爲第一希有 | 제일 희유한<br>사람이 되겠나이다. |
| 하이고 차인 무아상<br>何以故 此人 無我相 | 왜냐하면 그 사람은<br>아상도 없고 |
| 무인상<br>無人相 | 인상도<br>없고 |
| 무중생상 무수자상<br>無衆生相 無壽者相 | 중생상·수자상도<br>없기 때문입니다. |
| 소이자하 아상 즉시비상<br>所以者何 我相 卽是非相 | 왜냐하면 아상이<br>곧 상이 아니고 |
| 인상 중생상 수자상<br>人相 衆生相 壽者相 | 인상·중생상·<br>수자상이 |
| 즉시비상<br>卽是非相 | 곧 상이<br>아니기 때문입니다. |
| 하이고 이일체제상<br>何以故 離一切諸相 | 왜냐하면 일체의 모든 상을<br>다 여읜 것을 |
| 즉명제불<br>卽名諸佛 | 부처라<br>이름합니다." |
| 불고 수보리 여시여시<br>佛告 須菩提 如是如是 | 부처님께서<br>수보리에게 말씀하였다. |

약부유인 득문시경  
若復有人 得聞是經

"그렇고 그렇다.  
만약 다시 어떤 사람이

불경불포불외  
不驚不怖不畏

이 경을 듣고 놀라지 않고  
겁내지 않고, 두려워하지 않으면

당지시인 심위희유  
當知是人 甚爲希有

마땅히 알라. 이 사람은  
참으로 희유한 사람이니라.

하이고 수보리  
何以故 須菩提

왜냐하면  
수보리야,

여래설제일바라밀  
如來說第一波羅密

여래가 말한  
제일바라밀은

즉비제일바라밀  
卽非第一波羅密

곧  
제일바라밀이 아니고

시명제일바라밀  
是名第一波羅密

그 이름이 제일바라밀이기  
때문이니라.

수보리 인욕바라밀  
須菩提 忍辱波羅密

수보리야,  
인욕바라밀도

여래설비인욕바라밀  
如來說非忍辱波羅密

인욕바라밀이  
아니라

시명인욕바라밀  
是名忍辱波羅密

이름이  
인욕바라밀이니라.

하이고 수보리  
何以故 須菩提

왜냐하면  
수보리야,

여아석위가리왕  
如我昔爲歌利王

내가 옛날  
가리왕에게

할절신체 아어이시  
割截身體 我於爾時

몸을 베이고 찢기울 적에  
내가 그 때에

| | |
|---|---|
| 무아상무인상<br>無我相無人相 | 아상<br>인상 |
| 무중생상무수자상<br>無衆生相無壽者相 | 중생상·수자상이<br>없었기 때문이다. |
| 하이고<br>何以故 | 내가<br>옛적에 |
| 아어왕석절절지해시<br>我於往昔節節支解時 | 마디마디 4지를 찢기고<br>끊길 그때 |
| 약유아상인상<br>若有我相人相 | 만약 나에게<br>아상·인상· |
| 중생상수자상<br>衆生相壽者相 | 중생상·수자상이<br>있었다면 |
| 응생진한<br>應生嗔恨 | 마땅히 성내고 원망하는<br>마음을 내었을 것이니라. |
| 수보리 우념<br>須菩提 又念 | 수보리야, 생각컨데<br>또 여래가 |
| 과거어오백세<br>過去於五百世 | 과거에<br>5백년 동안 |
| 작인욕선인 어이소세<br>作忍辱仙人 於爾所世 | 인욕선인이 되었을 때에 생각<br>해보니, 저 세상에서도 |
| 무아상무인상<br>無我相無人相 | 아상이 없었으며,<br>인상· |
| 무중생상 무수자상<br>無衆生相 無壽者相 | 중생상·수자상이<br>없었느니라. |
| 시고 수보리<br>是故 須菩提 | 그러므로<br>수보리야, |

보살 응리일체상  보살은 마땅히
菩薩 應離一切相  일체상을 여의고

발아뇩다라삼먁삼보리심  아뇩다라삼먁삼보리심을
發阿耨多羅三藐三菩提心  일으킨 이는

불응주색생심  형상에도 끄달리지 말고
不應住色生心  마음을 내며 마땅히

불응주성향미촉법생심  소리·냄새·맛·감촉·법에도
不應住聲香味觸法生心  끄달리지 말고 마음을 내야 하며,

응생무소주심  마땅히 머무는 바 없이
應生無所住心  마음을 내야하느니라.

약심유주 즉위비주  그러면 설사 마음에 머뭄이
若心有住 卽爲非住  있어도 머무는 것이 아니니

시고 불설보살  그러므로 부처님께서
是故 佛說菩薩  말씀하시기를 '보살은

심불응주색보시  마땅히 형상에 끄달리지 말고
心不應住色布施  보시하라' 한 것이니라.

수보리 보살  수보리야,
須菩提 菩薩  보살은

위이익일체중생  일체중생을
爲利益一切衆生  이롭게 하기 위해

응여시보시  이와 같이
應如是布施  보시해야 하나니,

여래설일체제상  여래가 말한
如來說一切諸相  일체의 상은

즉시비상  곧
卽是非相  상이 아니며,

| 우설일체중생 즉비중생 | 일체 중생이라 한 것도 |
| 又說一切衆生 卽非衆生 | 곧 중생이 아니니라. |

| 수보리 여래 시진어자 | 수보리야, 여래는 |
| 須菩提 如來 是眞語者 | 진실한 말을 하는 자며, |

| 실어자 여어자 불광어자 | 한결같은 말을 하는 자며, |
| 實語者 如語者 不誑語者 | 거짓말을 하지 않는 자며, |

| 불이어자 | 다른 말을 |
| 不異語者 | 하지 않는 자이니라. |

| 수보리 여래소득법 | 수보리야, |
| 須菩提 如來所得法 | 여래께서 얻은 바 진리는 |

| 차법 무실무허 | 이 법이 실다움도 없고 |
| 此法 無實無虛 | 헛됨도 없느니라. |

| 수보리 약보살 | 수보리야 |
| 須菩提 若菩薩 | 보살이 만약 |

| 심주어법 이행보시 | 마음을 어떤 법에 |
| 心住於法 而行布施 | 머물러 보시하면, 마치 |

| 여인 입암 즉무소견 | 사람이 어둠 속에서는 아무것도 |
| 如人 入闇 卽無所見 | 볼 수 없는 것과 같고, |

| 약보살 심부주법 | 보살이 만약 마음과 |
| 若菩薩 心不住法 | 어떤 법에도 |

| 이행보시 | 머물지 않고 |
| 而行布施 | 보시하면 |

| 여인 유목 일광 명조 | 햇빛이 밝게 비칠 적에 |
| 如人 有目 日光 明照 | 밝은 눈으로 |

| 견종종색 | 갖가지 물체를 분별해 |
| 見種種色 | 보는 것과 같느니라. |

수보리 당래지세            수보리야,
須菩提 當來之世            다음 세상에서

약유선남자선여인          만약 어떤
若有善男子善女人          선남자·선여인이

능어차경 수지독송         능히 이 경을 받아 지니고
能於此經 受持讀誦         읽고 외우면

즉위여래이불지혜          곧 여래가
卽爲如來以佛智慧          부처님의 지혜로써

실지시인 실견시인         이 사람이
悉知是人 悉見是人         헤아릴 수 없고

개득성취무량무변공덕     가 없는 공덕을 성취하는 것을
皆得成就無量無邊功德     보고 아느니라."

(15) 지경공덕분(持經功德分)

수보리                       수보리야
須菩提                       만약

약유선남자선여인          어떤 선남자·
若有善男子善女人          선여인이

초일분 이항하등신 보시   오전에 간지강의 모래 수와
初日分 以恒河等身 布施   같은 몸으로 보시하고

중일분 부이항하사등      낮에도 다시 간디스강의
中日分 復以恒河沙等      모래 수와

신 보시 후일분             같은 몸으로 보시하며,
身 布施 後日分             다시 저녁 때에도

역이항하사등신 보시      또한 간디스강의 모래 수와
亦以恒河沙等身 布施      같은 몸으로 보시하여

| | |
|---|---|
| 여시무량백천만억겁<br>如是無量百千萬億劫 | 이와 같이 한량 없는<br>백천만억겁을 |
| 이신보시<br>以身布施 | 그같은 몸으로<br>보시하더라도 |
| 약부유인 문차경전<br>若復有人 聞此經典 | 만일 다시 어떤 사람이<br>이 경전을 듣고 믿고, |
| 신심불역기복 승피<br>信心不逆其福 勝彼 | 거슬리지 아니하면 그 복이<br>저 보다 수승할 것인데 |
| 하황서사수지독송<br>何況書寫受持讀誦 | 하물며 이 경을 쓰고<br>받아 지니며 읽고 외우고 |
| 위인해설<br>爲人解說 | 남을 위해<br>해설 해줌이겠느냐. |
| 수보리 이요언지<br>須菩提 以要言之 | 수보리야, 요컨대<br>이 경은 생각으로 |
| 시경 유불가사의<br>是經 有不可思議 | 헤아릴 수도 없고<br>저울로 달 수도 없으며 |
| 불가칭량무변공덕<br>不可稱量無邊功德 | 자로 잴 수도 없는<br>공덕이 있나니, |
| 여래위발대승자설<br>如來爲發大乘者說 | 여래께서 대승심을 발한<br>이를 위해 설한 까닭이고 |
| 위발최상승자설<br>爲發最上乘者說 | 최상승심을 발한 이를 위해<br>설한 까닭이니라. |
| 약유인 능수지독송<br>若有人 能受持讀誦 | 만약 어떤 사람이 능히 이 경을<br>받아 지니고 읽고 외우며 |
| 광위인설<br>廣爲人說 | 사람들을 위해<br>널리 설명한다면 |

여래실지시인 실견시인　　여래께서는
如來悉知是人 悉見是人　　이 사람이 헤아릴 수 없고

개득성취불가량불가칭　　일컬을 수 없고
皆得成就不可量不可稱　　끝 없고 가히 생각으로 헤아려

무유변불가사의공덕　　알 수 없는 공덕을 성취하는
無有邊不可思議功德　　것을 다 보고 아느니라.

여시인등 즉위하담　　이러한 사람들은
如是人等 卽爲荷擔　　곧

여래아뇩다라삼먁삼보리　　여래의 아뇩다라삼먁삼보리심을
如來阿耨多羅三藐三菩提　　짊어진 것이 되기 때문이니라.

하이고 수보리　　왜냐하면
何以故 須菩提　　수보리야,

약요소법자　　만일 작은법을
若樂小法者　　좋아하는 이는

착아견인견중생견　　아견·인견·
着我見人見衆生見　　중생견·

수자견 즉어차경　　수자견에
壽者見 卽於此經　　집착하여 이 경을

불능청수독송　　능히 듣고
不能聽受讀誦　　읽고 외워서

위인해설　　남을 위해 해설하지
爲人解說　　못할 것이기 때문이니라.

수보리 재재처처　　수보리야,
須菩提 在在處處　　어떤 곳이든

약유차경 일체세간천　　이 경이 있는 곳이면
若有此經 一切世間天　　일체 세간의 하늘과 사람과

인아수라소응공양　　　　　　아수라가 마땅히
人阿修羅所應供養　　　　　　공양할 것이니라.

당지차처　즉위사탑　　　　　마땅히 알라. 이 곳은 곧
當知此處　卽爲是塔　　　　　탑을 모신 곳과 같아서

개응공경　작례위요　　　　　모두가 공경하고 절하며
皆應恭敬　作禮圍繞　　　　　에워싸고 돌면서

이제화향　이산기처　　　　　가지가지 꽃과 향으로
以諸華香　而散其處　　　　　그곳에 뿌리느니라."


(16) 능정업장분(能淨業障分)


부차수보리　　　　　　　　　"또
復次須菩提　　　　　　　　　수보리야,

선남자선여인　　　　　　　　선남자
善男子善女人　　　　　　　　선여인이

수지독송차경　　　　　　　　이 경을 받아
受持讀誦此經　　　　　　　　읽고 외우면서

약위인경천　시인　　　　　　만일 남에게 업신여김을
若爲人輕賤　是人　　　　　　당한다면 이 사람은

선세죄업　응타악도　　　　　곧 전세의 죄업으로
善世罪業　應墮惡道　　　　　마땅히 악도에 떨어질 것인데

이금세인　경천고　　　　　　지금 사람들이
以今世人　輕賤故　　　　　　업신여긴 까닭에

선세죄업　즉위소멸　　　　　곧 전세의 죄업이
善世罪業　卽爲消滅　　　　　소멸되어

당득아뇩다라삼먁삼보리　　　마땅히 아뇩다라삼먁삼
當得阿耨多羅三藐三菩提　　　보리심을 얻게 되느니라.

수보리 아념　　　　　　　　　수보리야
須菩提 我念　　　　　　　　　내가 생각컨데

과거무량아승지겁　　　　　　과거 한량없는
過去無量阿僧祇劫　　　　　　아승지겁 전

어연등불전　　　　　　　　　연등부처님
於燃燈佛前　　　　　　　　　앞에서

득치팔백사천만억　　　　　　8백4천만억 나유타
得値八百四千萬億　　　　　　부처님들을 만나 뵙고

나유타제불 실개공양승사　　다 공양하였으며
那由他諸佛 悉皆供養承事　　받들어 섬기어

무공과자　　　　　　　　　　헛되이 지냄이
無空過者　　　　　　　　　　없었느니라.

약부유인 어후말세　　　　　그러나 어떤 사람이
若復有人 於後末世　　　　　앞으로 오는 말세에

능수지독송차경　　　　　　　능히 이 경을 받아 지니고
能受持讀誦此經　　　　　　　읽고 외우면

소득공덕　　　　　　　　　　그 공덕은
所得功德

어아소공양제불공덕　　　　　내가 저 모든 부처님께
於我所供養諸佛功德　　　　　공양한 공덕으로는

백분 불급일 천만억분　　　　백분의 일에 미치지 못하며
百分 不及一 千萬億分　　　　천만억분

내지산수비유 소불능급　　　내지 산수의 비유로도
乃至算數譬喻 所不能及　　　능히 미치지 못하느니라.

수보리 약선남자선여인　　　수보리야,
須菩提 若善男子善女人　　　만약 선남자 선여인이

어후말세　　　　　　　　　　　이 다음
於後末世　　　　　　　　　　　말세에

유수지독송차경　　　　　　　　이 경을 받아 지니고
有受持讀誦此經　　　　　　　　읽고 외우는

소득공덕 아약구설자　　　　　　이들이 얻는 공덕을 내가
所得功德 我若具說者　　　　　　구체적으로 말한다면

혹유인 문　　　　　　　　　　　어떤 사람은
或有人 聞　　　　　　　　　　　그 말을 듣고

심즉광란 호의불신　　　　　　　곧 마음이 산란하여 의심하며
心卽狂亂 狐疑不信　　　　　　　믿지 아니할 것이니라.

수보리 당지시경의　　　　　　　수보리야, 마땅히 알라.
須菩提 當知是經義　　　　　　　이 경은 뜻도

불가사의 과보　　　　　　　　　가히 생각할 수 없고
不可思議 果報　　　　　　　　　그 과보 또한

역불가사의　　　　　　　　　　　헤아릴 수 없이
亦不可思議　　　　　　　　　　　많느니라."


　　　　장엄염불
　　　　莊嚴念佛

원아진생무별렴　　아미타불독상수
願我盡生無別念　　阿彌陀佛獨相隨

심심상계옥호광　　염념불이금색상
心心常係玉毫光　　念念不離金色相

아집염주법계관　　허공위승무불관
我執念珠法界觀　　虛空爲繩無不貫

평등사나무하처　　관구서방아미타
平等舍那無何處　　觀求西方阿彌陀

나무서방대교주　　무량수여래불
南無西方大敎主　　無量壽如來佛

"나무아미타불"
南無阿彌陀佛

※ 시간 따라 하다가 다음 게송부터서는 매 귀 끝마다 '나무아미타불'을 후
　념으로 봉독함.


극락세계십종장엄
極樂世界十種莊嚴

법장서원수인장엄　　사십팔원원력장엄
法藏誓願修因莊嚴　　四十八願願力莊嚴

미타명호수광장엄　　삼대사관보상장엄
彌陀名號壽光莊嚴　　三大士觀寶像莊嚴

미타국토안락장엄　　보하청정덕수장엄
彌陀國土安樂莊嚴　　寶河淸淨德水莊嚴

보전여의누각장엄　　주야장원시분장엄
寶殿如意樓閣莊嚴　　晝夜長遠時分莊嚴

이십사락정토장엄　　삼십종익공덕장엄
二十四樂淨土莊嚴　　三十種益功德莊嚴


십념왕생원　　왕생극락원
十念往生願　　往生極樂願

상품상생원　　결정정각원
上品上生願　　決定正覺願


일념망심명료료　　미타부재별가향
一念妄心明了了　　彌陀不在別家鄕

통신자화연화국　　처처무비극락당
通身自化蓮華國　　處處無非極樂堂

원공법계제중생　　동입미타대원해
願共法界諸衆生　　同入彌陀大願海

진미래제도중생　　자타일시성불도
盡未來際度衆生　　自他一時成佛道


나무서방정토 극락세계 삼십육만억 일십일만 구천오백
南無西方淨土 極樂世界 三十六萬億 一十一萬 九千五百

동명동호 대자대비 아미타불
同名同號 大慈大悲 阿彌陀佛

나무 서방정토 극락세계 불신장광 상호무변 금색광명
南無 西方淨土 極樂世界 佛身長廣 相好無邊 金色光明

변조법계 사십팔원 도탈중생 불가설 불가설 불가설전
遍照法界 四十八願 度脫衆生 不可說 不可說 不可說轉

불가설 항하사 불찰미진수 도마죽위 무한극수 삼백
不可說 恒河沙 佛刹微塵數 稻麻竹葦 無限極數 三百

육십만억 일십일만 구천오백 동명동호 대자대비 아
六十萬億 一十一萬 九千五百 同名同號 大慈大悲 我

등도사 금색여래 아미타불
等導師 金色如來 阿彌陀佛


나무문수보살　　나무보현보살
南無文殊菩薩　　南無普賢菩薩

나무관세음보살　　나무대세지보살
南無觀世音菩薩　　南無大勢至菩薩

나무금강장보살　　나무제장애보살
南無金剛藏菩薩　　南無除障碍菩薩

나무미륵보살　　나무지장보살
南無彌勒菩薩　　南無地藏菩薩

나무일체청정대해중보살마하살
南無一切淸淨大海衆菩薩摩訶薩

원공법계제중생　　동입미타대원해
願共法界諸衆生　　同入彌陀大願海

| 시방삼세불 | 아미타제일 | 구품도중생 | 위덕무궁극 |
|---|---|---|---|
| 十方三世佛 | 阿彌陀第一 | 九品度衆生 | 威德無窮極 |
| 아금대귀의 | 참회삼업죄 | 범유제복선 | 지심용회향 |
| 我今大歸依 | 懺悔三業罪 | 凡有諸福善 | 至心用回向 |
| 원동염불인 | 진생극락국 | 견불요생사 | 여불도일체 |
| 願同念佛人 | 盡生極樂國 | 見佛了生死 | 如佛度一切 |

원아임욕명종시　　진제일체제장애
願我臨欲命終時　　盡除一切諸障碍

면견피불아미타　　직득왕생안락찰
面見彼佛阿彌陀　　卽得往生安樂刹

원이차공덕　　보급어일체
願以此功德　　普及於一切

아등여중생　　당생극락국
我等與衆生　　當生極樂國

동견무량수　　개공성불도
同見無量壽　　皆共成佛道


봉송편　　( 봉송편은 이미 청해 공양천도한 )
奉送篇　　( 영가를 배송하는 편입니다.　　)

봉송고혼계유정　　지옥아귀급방생
奉送孤魂泊有情　　地獄餓鬼及傍生

아어타일건도량　　불위본서환래부
我於他日建道場　　不違本誓還來赴


※ 다같이 절 3배하고 끝낸다.

# 제5부 제사재(第四齋)

제4재는 영가께서 돌아가신 뒤 제4주 28일이 되는 날이다. 여기서는 원래는 제4 오관대왕(五官大王)에게 재를 올려야 하나 여기서는 대자대비하신 관세음보살님께 부탁하고자 불공을 올리고 나머지 금강경(제17분부터 32분까지)을 읽어 드리기로 한다.

## 1. 천수경

(11쪽부터 21쪽에 있음)

## 2. 관음청(觀音請)

거불  ※ 목탁
擧佛

나무 원통교주관세음보살  (절)
南無 圓通教主觀世音菩薩

나무 도량교주관세음보살　(절)
南無　道場敎主觀世音菩薩

나무 원통회상불보살　(절)
南無　圓通會上佛菩薩

　　보소청진언　　　※ 요령
　　普召請眞言

"나무 보보제리 가리다리 다타 아다야" (3번)


　　유치　　※ 범음성으로 점잖게
　　由致

앙유　관음대성자　자용심묘　비원우심　위접인중생　내
仰唯　觀音大聖者　慈容甚妙　悲願尤深　爲接引衆生　乃

상처미타불찰　입　적정삼매　우불이백화도량　보응시방
常處彌陀佛刹　入　寂靜三昧　又不離白花道場　普應十方

성성구고　불이일보　찰찰현신　약신공양지의　필차감통
聲聲救苦　不離一步　刹刹現身　若伸供養之儀　必借感通

지념　유구개수　무원부종　시이　(절의 주소와 명칭, 재자의
之念　有求皆遂　無願不從　是以　주소와 성명을 낱낱이 부름)

이　금월금일　건설법연　정찬공양　원통교주　관세음보살
以　今月今日　虔設法筵　淨饌供養　圓通敎主　觀世音菩薩

훈근작법　앙기묘원자　우복이　친소편혜　표심향　무화
勳懃作法　仰祈妙援者　右伏以　親燒片慧　表心香　無火

이보훈　앙고자문　청면월　이공이곡조　잠사어보굴　청부
而普熏　仰告慈門　請面月　離空而曲照　暫辭於寶窟　請赴

어향연　앙표일심　선진삼청　(반절)
於香筵　仰表一心　先陳三請

### 청사
請詞

나무 일심봉청 해안고절처 보타낙가산 도량교주 삼
南無 一心奉請 海岸孤絶處 寶陀洛迦山 道場教主 三

십이응신 십사무외력 사부사의덕 수용무애 팔만사천
十二應身 十四無畏力 四不思議德 受用無碍 八萬四千

삭가라수 팔만사천 모다라비 팔만사천 청정보목 혹자
爍迦羅首 八萬四千 母陀羅臂 八萬四千 淸淨寶目 或慈

혹위 분형산체 응제중생 심소원구 발고여락 대자대비
或威 分形散體 應諸衆生 心所願求 拔苦與樂 大慈大悲

관자재보살 마하살 유원자비 강림도량 수차공양 (반절)
觀自在菩薩 摩訶薩 唯願慈悲 降臨道場 受此供養

### 향화청
香花請   ※ 목탁

### 가영
歌詠   ※ 목탁

백의관음무설설　　남순동자불문문
白衣觀音無說說　　南巡童子不聞聞

병상녹양삼제하　　암전취죽시방춘
瓶上綠楊三際夏　　巖前翠竹十方春

고아일심귀명정례 (반절)
故我一心歸命頂禮

### 헌좌진언 獻座眞言   ※ 요령

**묘보리좌승장엄    제불좌이성정각**
妙菩提座勝莊嚴    諸佛坐已成正覺

**아금헌좌역여시    자타일시성불도**
我今獻座亦如是    自他一時成佛道

"옴 바아라 미나야 사바하"  (3번)
唵 縛日羅 未那野 裟婆訶


### 정근 精勤   ※ 목탁

"나무 보문시현 원력홍심 대자대비 관세음보살"로 시작하여 시간 따라 "관세음보살"을 부르다가 다음 게송을 읊고 권공으로 들어감.

**구족신통력    광수지방편**
具足神通力    廣修智方便

**시방제국토    무찰불현신**
十方諸國土    無刹不現身

**고아일심귀명정례**  (반절)
故我一心歸命頂禮


### 권공 勸供

**욕건만나라 선송**
欲建曼拏羅 先誦

**정법계진언    "옴 남"** (3~7번) ※ 목탁
淨法界眞言     唵 喃

### 다게
### 茶偈

금장감로다　봉헌약사전
今將甘露多　奉獻藥師前

감찰건간심　"원수자비애납수" (3번)
鑑察虔懇心　願垂慈悲哀納受

진언권공　(진언으로 공양을 권하는 대목)　※ 요령
眞言勸供

향수나열 재자건성 욕구공양지주원
香羞羅列 齋者虔誠 欲求供養之周圓

수장가지지변화 앙유삼보 특사가지
須仗加持之變化 仰唯三寶 特賜加持

"나무시방불 나무시방법 나무시방승" (3번)


무량위덕자재광명승묘력변식진언
無量威德自在光明勝妙力變食眞言

"나막 살바다타 아다 바로기제 옴 삼바라 삼바라 훔" (3번)


시 감로수진언
施 甘露水眞言

"나무소로바야 다타아다야 다냐야 옴 소로소로 바라소로 바라소로 사바하" (3번)


일자수륜관진언
一字水輪觀眞言

"옴 밤밤밤밤" (3번)

유해진언
乳海眞言

"나무사만다 못다남 옴 밤" (3번)

운심공양진언
運心供養眞言

원차향공변법계   보공무진삼보해
願此香供遍法界   普供無盡三寶海

자비수공증선근   영법주세보불은
慈悲受供增善根   令法住世報佛恩

"나막 살바다타 아제뱍미 새바 모계 배약살바다캄 오 나아제 바라혜맘 옴 아아나깜 사바하" (3번)

예참
禮懺

지심정례공양   보문시현   원력홍심   대자대비
至心頂禮供養   普門示現   願力弘深   大慈大悲

관세음보살 (절)
觀世音菩薩

지심정례공양   심성구고   응제중생   대자대비
至心頂禮供養   尋聲救苦   應諸衆生   大慈大悲

관세음보살 (절)
觀世音菩薩

지심정례공양   좌우보처   남순동자   해상용왕 (절)
至心頂禮供養   左右補處   南巡童子   海上龍王

유원 대자대비 관세음보살 수차공양
唯願 大慈大悲 觀世音菩薩 受此供養

원공법계제중생 자타일시성불도 (반절)
願共法界諸衆生 自他一時成佛道

보공양진언
普供養眞言

"옴 아아나 삼바바 바아라 훔" (3번)

보회향진언
普回向眞言

"옴 사마라 사마라 미만나 사라마하 자가라바 훔" (3번)

원성취진언
願成就眞言

"옴 아모카 살바다라 사다야 시베 훔" (3번)

보궐진언
普闕眞言

"옴 호로호로 시야모케 사바하" (3번)

백의관음무설설   남순동자불문문
白衣觀音無說說   南巡童子不聞聞

병상녹양삼제하   암전취죽시방춘
瓶上綠楊三際夏   巖前翠竹十方春

고아일심귀명정례 (반절)
故我一心歸命頂禮

　　　축원　　（재자의 소망을　）　　※ 그냥 합창하고 범음으로
　　　祝願　　　기원해 주는 곳　　　　　점잖게 함

앙고 시방삼세 제망중중 무진삼보 자존 불사자비 위
仰告 十方三世 帝網重重 無盡三寶 慈尊 不捨慈悲 爲

작증명 (혹허수낭감)
作證明　或許垂朗鑑

상래소수공덕해　　회향삼처실원만　　우순풍조민안락
上來所修功德海　　回向三處悉圓滿　　雨順風調民安樂

천하태평법륜전
天下太平法輪轉

원아　금차지극지성　공양발원지재사　모도모군　모면
願我　今此至極至誠　供養發願之齋者　某道某郡　某面

모리　모번지거주　행효자모　질손모등복위　소천망령
某里　某番地居住　行孝子某　姪孫某等伏爲　所薦亡靈

모모등　영가　이차인연공덕　앙몽삼보대성　애민섭수
某某等　靈駕　以此因緣功德　仰蒙三寶大聖　哀愍攝受

지묘력 부답명로 초생극락지대원　(반절)
之妙力 不踏冥路 超生極樂之大願

억원　당령복위　상세선망　사존부모　누세종친　제형숙백
抑願　當靈伏爲　上世先亡　師尊父母　累世宗親　弟兄叔伯

일체권속등　열위영가　도량내외　동상동하　유주무주
一切眷屬等　列位靈駕　道場內外　洞上洞下　有主無主

애혼불자등 각 열위영가 겸급법계 삼도팔난 사생칠취
哀魂佛子等 各 列位靈駕 兼及法界 三途八難 四生七趣

사은삼유 일체유식 함령등중 각 열위영가 함탈삼계
四恩三有 一切有識 含靈等衆 各 列位靈駕 咸脫三界

지고뇌 초생구품지낙방 획몽제불 감로관정 반야낭지
之苦惱 超生九品之樂邦 獲蒙諸佛 甘露灌頂 般若朗智

활연개오　(반절)
豁然開悟

억원 금일지성재자 시회합원대중등 각각등보체 각기
抑願 今日至誠齋者 時會合院大衆等 各各等保體 各其

심중 소구발원 일일유 천상지경 시시무 백해지재 만
心中 所求發願 日日有 千祥之慶 時時無 百害之災 萬

사여의 형통지발원　(반절)
事如意 亨通之發願

연후원 항사법계 무량불자등 동유화장장엄해 동입보
然後願 恒沙法界 無量佛子等 同遊華藏莊嚴海 同入菩

리대도량 상봉화엄불보살 항몽제불대광명 소멸무량
提大道場 常逢華嚴佛菩薩 恒蒙諸佛大光明 消滅無量

중죄장 획득무량대지혜 돈성무상최정각 광도법계제
衆罪障 獲得無量大智慧 頓成無上最正覺 廣度法界諸

중생 이보제불막대은 세세상행보살도 구경원성살바야
衆生 以報諸佛莫大恩 世世常行菩薩道 究竟圓成薩婆若

마하반야바라밀　(반절)
摩訶般若波羅密

나무석가모니불　나무석가모니불
南無釋迦牟尼佛　南無釋迦牟尼佛

나무시아본사석가모니불　(반절)
南無是我本師釋迦牟尼佛

## 3. 중단권공   ※ 중단을 향하여 반야심경 1편 외움

마하반야바라밀다 심경
摩訶般若波羅密多 心經

관자재보살 행심반야 바라밀다 시 조견 오온개공 도
觀自在菩薩 行深般若 波羅密多 時 照見 五蘊皆空 度

일체고액 사리자 색불이공 공불이색 색즉시공 공즉
一切苦厄 舍利子 色不異空 空不異色 色卽是空 空卽

시색 수상행식 역부여시 사리자 시 제법공상 불생불
是色 受想行識 亦復如是 舍利子 是 諸法空相 不生不

멸 불구부정 부증불감 시고 공중 무색 무수상행식
滅 不垢不淨 不增不減 是故 空中 無色 無受想行識

무안이비설신의 무색성향미촉법 무안계 내지무의식계
無眼耳鼻舌身意 無色聲香味觸法 無眼界 乃至無意識界

무무명 역무무명진 내지 무노사 역무노사진 무 고집
無無明 亦無無明盡 乃至 無老死 亦無老死盡 無 苦集

멸도 무지역무득 이무소득고 보리살타 의반야바라밀
滅度 無智亦無得 以無所得故 菩提薩埵 依般若波羅密

다 고심무가애 무가애고 무유공포 원리전도몽상 구
多 故心無罣碍 無罣碍故 無有恐怖 遠離顚倒夢想 究

경열반 삼세제불 의반야바라밀다 고득아뇩다라삼막
竟涅槃 三世諸佛 依般若波羅密多 故得阿耨多羅三藐

삼보리 고지반야바라밀다 시 대신주 시 대명주 시무
三菩提 故知般若波羅密多 是 大神呪 是 大明呪 是無

상주 시무등등주 능제일체고 진실불허 고설 반야바
上呪 是無等等呪 能除一切故 眞實不虛 故說 般若波

라밀다주 즉설주왈
羅密多呪 卽說呪曰

"아제아제 바라아제 바라승아제 모제 사바하" (3번)

화엄성중혜감명　　사주인사일념지
華嚴聖衆慧鑑明　　四洲人事一念知

애민중생여적자　　시고아금공경례
哀愍衆生如嫡子　　是故我今恭敬禮

고아일심귀명정례　(반절)
故我一心歸命頂禮


## 4. 중단축원

앙고 화엄회상 제대현성 첨수연민지지정 각방신통지
仰告 華嚴會上 諸大賢聖 僉垂憐愍之至情 各放神通之

묘력 원아금차 (주소) 앙몽제대성중 가호지묘력 일
妙力 願我今此　성명　仰蒙諸大聖衆 加護之妙力 日

일유 천상지경 시시무 백해지재 심중소구 여의형통
日有 千祥之慶 時時無 百害之災 心中所求 如意亨通

지대원 연후원 금일재자 여 시회대중등 삼장돈제 오
之大願 然後願 今日齋者 與 時會大衆等 三障頓除 五

복증숭 원제유정등 삼업개청정 봉지제불교 화남대성
福增崇 願諸有情等 三業皆淸淨 奉持諸佛敎 和南大聖

존 구호길상 마하반야바라밀
尊 俱護吉祥 摩訶般若波羅密

## 4. 시식(施食)

**거불**
擧佛　　※ 목탁

나무 극락도사 아미타불　(절)
南無　極樂導師　阿彌陀佛

나무 좌우보처 관음세지 양대보살　(절)
南無　左右補處　觀音勢至　兩大菩薩

나무 접인망령 대성인로왕보살　(절)
南無　接引亡靈　大聖引路王菩薩

**청혼**
請魂　　※ 요령 세 번 흔들고, 점잖게 범음성으로

거 사바세계 남섬부주 동양 대한민국 (모사) 청정도량
擧 裟婆世界 南贍部洲 東洋 大韓民國　某寺　清淨道場

원아금차 제당 (사십구재중제사재) 위천설향 봉청재자
願我今此 第當　四十九齋中第四齋　爲薦蓺香 奉請齋者

(행효자) 모인복위 소천 망령 모인영가 영가 기부 재
行孝子　某人伏爲 所薦 亡靈 某人靈駕 靈駕 寄付 齋

자복위 상세선망 부모 다생사장 원근친족등 각열명영
者伏爲　上世先亡 父母 多生師丈 遠近親族等 各列名靈

가 차도량내외 동상동하 유주무주 애혼불자등 각열명
駕　此道場內外 洞上洞下 有主無主 哀魂佛子等 各列名

영가 철위산간 오무간옥 일일일야 만사만생 수고함
靈駕 鐵圍山間 五無間獄 一日一夜 萬死萬生 受苦含

령등　각열위영가　내지　겸급법계　삼도팔난　사생칠취
靈等　各列爲靈駕　乃至　兼及法界　三途八難　四生七趣

십류고혼등　각열위영가　지침체청　지심체수
十類孤魂等　各列爲靈駕　至心諦聽　至心諦受


　　　착어　　（영가에게
　　　着語　　　내리는 말）　　（읽지 않음）※ 목탁

영명성각묘난사　월타추담계영한
靈明性覺妙難思　月墮秋潭桂影寒

금탁수성개각로　잠사진계하향단
金鐸數聲開覺路　暫辭眞界下香壇


　　　진령게　（읽지 않음）※ 요령을 흔들며
　　　振鈴偈

이차진령신소청　명도귀계보문지
以此振鈴申召請　冥途鬼界普聞知

원승삼보역가지　금일금시래부회
願承三寶力加知　今日今時來赴會


　　　보소청진언
　　　普召請眞言

"나무보보지리 가리다리 다타아타야"（3번）


　　　청사　※ 요령
　　　請詞

일심봉청　생연이진　대명아천　기작황천지객　이위주천
一心奉請　生緣已盡　大命我遷　旣作黃泉之客　已爲追薦

지혼 방불형용 의희면목 금일모령 승불위광 내예향단
之魂 彷佛形容 依稀面目 今日某靈 承佛威光 來詣香壇

### 수첨법공
受沾法供

### 향연청　　(헌향)　※ 목탁
香煙請

### 가영　※ 목탁
歌詠

| 제령한진치신망 | 석화광음몽일장 |
| 諸靈限盡致身亡 | 石火光陰夢一場 |

| 삼혼묘묘귀하처 | 칠백망망거원향 |
| 三魂杳杳歸何處 | 七魄茫茫去遠鄕 |

### 수위안좌진언　※ 요령
受位安座眞言

| 아금의교설화연 | 공양진수열좌전 |
| 我今依敎說華筵 | 供養珍羞列座前 |

| 유원불자차제좌 | 전심제청연금언 |
| 唯願佛子次第坐 | 專心諦聽演金言 |

"옴 마니군다니 훔훔 사바하" (3번)

| 백초임중일미신 | 조주상권기천인 |
| 百草林中一味新 | 趙州常勸幾千人 |

| 팽장석정강심수 | "원사망령헐고륜" (3번 3배) |
| 烹將石鼎江心水 | 願使亡靈歇苦輪 |

모영 향설오분지진향 훈발대지
某靈 香爇五分之眞香 熏發大智

등연반야지명등 조파혼구
燈燃般若之明燈 照破昏衢

다헌조주지청다 돈식갈정
茶獻趙州之淸茶 頓息渴情

과헌선도지진품 상조일미
果獻仙都之眞品 常助一味

식진향적지진수 영절기허
食進香積之珍羞 永絶飢虛

선밀가지 신전윤택 업화청량 각구해탈 변식진언
宣蜜加持 身田潤澤 業火淸凉 各求解脫 變食眞言

"나막 살바다타 아다 바로기제 옴 삼바라 삼바라 훔"(3번)

시감로수진언
施甘露水眞言

"나무소로바야 다타아다야 다냐타 옴 소로소로 바라소로 바라소로 사바하"(3번)

일자수륜관진언    옴 밤 밤 밤밤"(3번)
一字水輪觀眞言

유해진언    "나무사만다 못다남 옴 밤"(3번)
乳海眞言

**칭량성호** ※ 목탁·요령, 대중과 함께 동음으로
稱量聖號　　（읽지 않음）

| 나무다보여래 | 원제고혼 | 파제간탐 | 법재구족 |
|---|---|---|---|
| 南無多寶如來 | 願諸孤魂 | 破除慳貪 | 法財具足 |

| 나무묘색신여래 | 원제고혼 | 이추루형 | 상호원만 |
|---|---|---|---|
| 南無妙色身如來 | 願諸孤魂 | 離醜陋形 | 相好圓滿 |

| 나무광박신여래 | 원제고혼 | 사륙범신 | 오허공신 |
|---|---|---|---|
| 南無廣博身如來 | 願諸孤魂 | 捨六凡身 | 悟虛空身 |

| 나무이포외여래 | 원제고혼 | 이제포외 | 득열반락 |
|---|---|---|---|
| 南無離怖畏如來 | 願諸孤魂 | 離諸怖畏 | 得涅槃樂 |

| 나무감로왕여래 | 원제고혼 | 열명영가 | 인후개통 |
|---|---|---|---|
| 南無甘露王如來 | 願諸孤魂 | 列名靈駕 | 咽喉開通 |

획감로미
獲甘露味

| 원차가지식 | 보변만시방 | 식자제기갈 | 득생안양국 |
|---|---|---|---|
| 願此加持食 | 普遍滿十方 | 食者除飢渴 | 得生安養國 |

**시귀식진언**
施鬼食眞言

"**옴 미기미기 야야미기 사하바**"
唵 咪其咪其 野野咪其 裟婆訶

**시무차법식진언**
施無遮法食眞言

"**옴 목령능 사하바**" (3번)
唵 目齡楞 裟婆訶

수아차법식 하이아란찬 기장함포만 업화돈청량
受我此法食 何異阿難饌 飢腸咸飽滿 業火頓淸凉

돈사탐진치 상귀불법승 염념보리심 처처안락국
頓捨貪瞋癡 常歸佛法僧 念念菩提心 處處安樂國

범소유상 개시허망 약견제상비상 직견여래
凡所有相 皆是虛妄 若見諸相非相 卽見如來

### 여래십호
如來十號

여래 응공 정변지 명행족 선서 세간해
如來 應供 正遍智 明行足 善逝 世間解

무상사 조어장부 천인사 불 세존
無上士 調御丈夫 天人師 佛 世尊

제법종본래 상자적멸상 불자행도이 내세득작불
諸法從本來 常自寂滅相 佛子行道已 來世得作佛

제행무상 시생멸법 생멸멸이 적멸위락
諸行無常 是生滅法 生滅滅已 寂滅爲樂

## 5. 금강경(하)

금강일편위고혼          금강경 일편을 고혼을
金剛一片爲孤魂          위해 읽어드리겠아오니

| | |
|---|---|
| 지심제청 지심제수<br>至心諦聽 至心諦受 | 자세히 듣고<br>자세히 들으소서. |

### (17) 구경무아분(究竟無我分)

| | |
|---|---|
| 이시 수보리 백불언<br>爾時 須菩提 白佛言 | 그때 수보리가<br>부처님께 아뢰었다. |
| 세존 선남자선여인<br>世尊 善男子善女人 | "세존이시여,<br>선남자 선여인이 |
| 발아뇩다라삼먁삼보리심<br>發阿耨多羅三藐三菩提心 | 아뇩다라삼먁삼보리심을<br>일으킨 이는 |
| 운하응주<br>云何應住 | 어떻게 살아야<br>하며 |
| 운하항복기심<br>云何降伏其心 | 그의 마음을<br>어떻게 항복받아야 합니까." |
| 불고수보리<br>佛告須菩提 | 부처님께서<br>수보리에게 말씀하셨다. |
| 약선남자선여인<br>若善男子善女人 | "만약 선남자<br>선여인이 |
| 발아뇩다라삼먁삼보리심자<br>發阿耨多羅三藐三菩提心者 | 아뇩다라삼먁삼보리심을<br>일으킨 이는 |
| 당생여시심<br>當生如是心 | 마땅히 이와 같이<br>마음을 낼 것이니, |
| 아응멸도일체중생<br>我應滅度一切衆生 | '내가 마땅히 일체 중생을<br>제도하리라. |
| 멸도일체중생이<br>滅度一切衆生已 | 그리하여 일체중생을<br>다 제도하지만 |

| | |
|---|---|
| 이무유일중생 실멸도자<br>而無有一衆生 實滅度者 | 실은 한 중생도<br>제도된 자가 없다' 하라. |
| 하이고 수보리<br>何以故 須菩提 | 왜냐하면<br>수보리야, |
| 약보살 유아상인상<br>若菩薩 有我相人相 | 만약 보살이<br>아상·인상· |
| 중생상수자상 즉비보살<br>衆生相 壽者相 卽非菩薩 | 중생상·수자상이 있으면 곧<br>보살이 아니기 때문이니라. |
| 소이자하 수보리<br>所以者何 須菩提 | 왜냐하면<br>수보리야, |
| 실무유법<br>實無有法 | 실로 한 법도<br>있지 아니한 것을 |
| 발아뇩다라삼먁삼보리심자<br>發阿耨多羅三藐三菩提心者 | 아뇩다라삼먁삼보리심을<br>발한다고 하기 때문이다." |
| 수보리 어의운하<br>須菩提 於意云何 | 수보리야,<br>너는 어떻게 생각하느냐. |
| 여래 어연등불소<br>如來 於然燈佛所 | 여래가 연등부처님<br>계신 곳에서 |
| 유법 득 아뇩다라삼먁<br>有法 得 阿耨多羅三藐 | 얻을 만한<br>어떤 진리가 있어서 |
| 삼보리부<br>三菩提不 | 아뇩다라삼먁삼보리를<br>얻었다고 생각하느냐." |
| 불야 세존<br>不也 世尊 | "그렇지 않습니다.<br>세존이시여." |
| 여아해불소설의<br>如我解佛所說義 | 제가 부처님께서 말씀하신<br>뜻으로 이해하기는 |

| | |
|---|---|
| 불 어연등불소<br>佛 於燃燈佛所 | 부처님께서<br>연등부처님 계신 곳에서 |
| 무유법 득<br>無有法 得 | 어떤<br>법이 있어서 |
| 아뇩다라삼먁삼보리<br>阿耨多羅三藐三菩提 | 아뇩다라삼먁삼보리를<br>얻으신 것이 아닙니다." |
| 불언 여시여시<br>佛言 如是如是 | 부처님께서 말씀하셨다.<br>"그렇고 그렇다 수보리야, |
| 수보리 실무유법<br>須菩提 實無有法 | 수보리야,<br>만약 어떤 진리가 있어서 |
| 여래득아뇩다라삼먁삼보리<br>如來得阿耨多羅三藐三菩提 | 아뇩다라삼먁삼보리심를<br>얻은 것이 아니니라. |
| 수보리 약유법<br>須菩提 若有法 | 수보리야,<br>만약 어떤 진리가 있어서 |
| 여래득아뇩다라삼먁<br>如來得阿耨多羅三藐 | 여래가<br>아뇩다라 |
| 삼보리자<br>三菩提者 | 삼먁삼보리를<br>얻었다면 |
| 연등불 즉불여아수기<br>然燈佛 即不與我授記 | 연등부처님께서<br>나에게 |
| 여어래세<br>汝於來世 | '네가<br>다음 세상에 |
| 당득작불 호석가모니<br>當得作佛 號釋迦牟尼 | 석가모니 부처님이 되리라.'<br>수기를 주시지 아니하셨을 것이다. |
| 이실무유법<br>以實無有法 | 실로 법이<br>있지 않은 까닭에 |

| | |
|---|---|
| 득아뇩다라삼먁삼보리<br>得阿耨多羅三藐三菩提 | 아뇩다라<br>삼먁삼보리를 |
| 시고<br>是故 | 얻을 것이 없기 때문에<br>그러므로 |
| 연등불 여아수기 작시언<br>然燈佛 與我授記 作是言 | 연등부처님께서<br>나에게 수기하시기를, |
| 여어래세 당득작불<br>汝於來世 當得作佛 | '네가 이 다음 세상에<br>마땅히 부처를 이루면 |
| 호 석가모니<br>號 釋迦牟尼 | 그 호를 석가모니'라 할 것이다<br>하셨던 것이니라. |
| 하이고 여래자<br>何以故 如來者 | 왜냐하면<br>여래라 하는 것은 |
| 즉제법여의<br>卽諸法如義 | 모든 법이 한결같다는<br>뜻이기 때문이니, |
| 약유인 언<br>若有人 言 | 그러므로<br>만약 어떤 사람이 |
| 여래득아뇩다라삼먁<br>如來得阿耨多羅三藐 | 여래가<br>아뇩다라 |
| 삼보리<br>三菩提 | 얻었다.'고<br>말하더라도 |
| 수보리 실무유법 불득<br>須菩提 實無有法 佛得 | 수보리야, 부처님은 실로<br>어떤 법이 있지 않은 경계에서 |
| 아뇩다라삼먁삼보리<br>阿耨多羅三藐三菩提 | 아뇩다라삼먁삼보리를<br>얻은 것이라 말하기 때문이니라. |
| 수보리 여래소득<br>須菩提 如來所得 | 수보리야,<br>여래가 얻은 |

| 아뇩다라삼먁삼보리 | 아뇩다라 |
| 阿耨多羅三藐三菩提 | 삼먁삼보리 |

| 어시중 무실무허 | 가운데는 실다움도 없고 |
| 於是中 無實無虛 | 헛됨도 없느니라. |

| 시고 여래설일체법 | 그러므로 여래께서는 |
| 是故 如來說一切法 | '일체법이 다 |

| 개시불법 | 불법이라고 |
| 皆是佛法 | 말하느니라. |

| 수보리 소언일체법자 | 수보리야, |
| 須菩提 所言一切法者 | 이른바 일체법이란 |

| 즉비일체법 | 곧 일체법이 |
| 卽非一切法 | 아니다. |

| 시고 명 일체법 | 그 이름이 |
| 是故 名 一切法 | 일체법일 뿐이니라. |

| 수보리 비여인신 장대 | 수보리야 비유하면 사람의 |
| 須菩提 譬如人身 長大 | 몸이 큰 것과 같느니라." |

| 수보리언 세존 여래설 | 수보리가 말씀하였다. |
| 須菩提言 世尊 如來說 | "세존이시여, 여래께서 말씀하신 |

| 인신장대 | 사람의 몸이 |
| 人身長大 | 아주 크다는 것도 |

| 즉위비대신 | 실은 큰 몸이 |
| 卽爲非大身 | 아니오니 |

| 시명대신 수보리 | 그 이름이 큰 몸일 따름입니다." |
| 是名大身 須菩提 | "수보리야, |

| 보살역여시 약작시언 | 보살도 또한 이와 같아서 |
| 菩薩亦如是 若作是言 | 만일 '내가 한량없이 |

| 아당멸도무량중생 | '많은 중생을 제도했다'고 |
| 我當滅度無量衆生 | 말하는 이가 있다면 |

| 즉불명보살 | 이는 곧 보살이라 |
| 卽不名菩薩 | 이름 할 수 없느니라. |

| 하이고 수보리 | 왜냐하면 |
| 何以故 須菩提 | 수보리야, |

| 실무유법 명위보살 | 한 법도 마음에 두지 않는 이를 |
| 實無有法 名爲菩薩 | 보살이라 이름하기 때문이다. |

| 시고 불설일체법 | 그러므로 여래가 말하기를 |
| 是故 佛說一切法 | '온갖 법에는 나도 없고, |

| 무아무인무중생무수자 | 남도 없고, 중생도 없고 |
| 無我無人無衆生無壽者 | 수자도 없다'고 하느니라. |

| 수보리 약보살 | 수보리야, |
| 須菩提 若菩薩 | 만약 보살이 말하기를 |

| 작시언 아당장엄불토 | '내가 마땅히 불국토를 |
| 作是言 我當莊嚴佛土 | 장엄한다'고 한다면 |

| 시불명보살 | 이는 보살이라 |
| 是不名菩薩 | 이름 할 수 없나니, |

| 하이고 여래설 | 왜냐하면 |
| 何以故 如來說 | 여래가 말하는 |

| 장엄불토자 | 불국토의 |
| 莊嚴佛土者 | 장엄은 |

| 즉비장엄 시명장엄 | 곧 장엄이 아니라 그 이름이 |
| 卽非莊嚴 是名莊嚴 | 장엄일 뿐이기 때문이다. |

| 수보리 약보살 | 수보리야, |
| 須菩提 若菩薩 | 만약 보살이 |

통달무아법자  무아의 진리를
通達無我法者  통달하였다면

여래설명진시보살  여래가 이 사람을 참된
如來說名眞是菩薩  보살마하살이라 이름하리라."

## (18) 일체동관분(一體同觀分)

수보리 어의운하  "수보리야,
須菩提 於意云何  너는 어떻게 생각하느냐.

여래 유육안부  여래가
如來 有肉眼不  육안이 있느냐."

여시 세존 여래유육안  그러하옵니다. 세존이시여,
如是 世尊 如來有肉眼  여래께서는 육안이 있습니다."

수보리 어의운하  "수보리야,
須菩提 於意云何  너는 어떻게 생각하느냐.

여래 유천안부  여래가
如來 有天眼不  천안이 있느냐."

여시 세존 여래유천안  그러하옵니다. 세존이시여,
如是 世尊 如來有天眼  여래께서는 천안이 있습니다."

수보리 어의운하  "수보리야,
須菩提 於意云何  너는 어떻게 생각하느냐.

여래 유혜안부  여래가
如來 有慧眼不  혜안이 있느냐."

여시 세존 여래유혜안  그러하옵니다. 세존이시여,
如是 世尊 如來有慧眼  여래께서는 혜안이 있습니다."

수보리 어의운하  "수보리야,
須菩提 於意云何  너는 어떻게 생각하느냐.

| | |
|---|---|
| 여래 유법안부<br>如來 有法眼不 | 여래가<br>법안이 있느냐." |
| 여시 세존 여래유법안<br>如是 世尊 如來有法眼 | 그러하옵니다. 세존이시여,<br>여래께서는 법안이 있습니다." |
| 수보리 어의운하<br>須菩提 於意云何 | "수보리야,<br>너는 어떻게 생각하느냐. |
| 여래 유불안부<br>如來 有佛眼不 | 여래가<br>불안이 있느냐." |
| 여시 세존 여래유불안<br>如是 世尊 如來有佛眼 | 그러하옵니다. 세존이시여,<br>여래께서는 육안이 있습니다." |
| 수보리 어의운하<br>須菩提 於意云何 | "수보리야,<br>너는 어떻게 생각하느냐. |
| 여항하중소유사<br>如恒河中所有沙 | 저 간디스강 가운데 있는 수많은<br>모래를 여래가 말한 적이 있느냐." |
| 불설시사부 여시 세존<br>佛說是沙不 如是 世尊 | "그렇습니다. 세존이시여,<br>여래께서는 간디스강의. |
| 여래설시사<br>如來說是沙 | 모래에 대해서<br>말씀하신 일이 있습니다." |
| 수보리 어의운하<br>須菩提 於意云何 | "수보리야,<br>너는 어떻게 생각하느냐. |
| 여일항하중소유사<br>如一恒河中所有沙 | 저 간디스강 가운데 있는<br>모래 수와 같이 |
| 유여시사등항하<br>如恒河中所有沙 | 많은 간디스강이<br>있고 |
| 시제항하소유사<br>是諸恒河所有沙 | 또 이 모든 간디스강의<br>모래와 같은 |

| | |
|---|---|
| 수불세계<br>數佛世界 | 수의<br>불세계가 있다면 |
| 여시 영위다부<br>如是 寧爲多不 | 그 세계를 참으로<br>많다 하겠느냐." |
| 심다 세존<br>甚多 世尊 | "아주 많사옵니다.<br>세존이시여." |
| 불고수보리<br>佛告須菩提 | 부처님께서<br>수보리에게 말씀하셨다. |
| 이소국토중<br>爾所國土中 | 저 많은<br>국토 가운데 |
| 소유중생 약간종심<br>所有衆生 若干種心 | "저 많은 세계 가운데 있는<br>모든 중생들의 |
| 여래실지<br>如來悉知 | 갖가지 마음을<br>여래가 다 아느니라. |
| 하이고 여래설제심<br>何以故 如來說諸心 | 왜냐하면 여래가 말하는<br>모든 마음은 |
| 개위비심 시명위심<br>皆爲非心 是名爲心 | 마음이 아니라 그 이름이<br>마음일 따름이기 때문이니라. |
| 소이자하 수보리<br>所以者何 須菩提 | 그런 까닭에<br>수보리야, |
| 과거심불가득<br>過去心不可得 | 과거심도<br>얻을 수 없고 |
| 현재심불가득<br>現在心不可得 | 현재심도<br>얻을 수 없고 |
| 미래심불가득<br>未來心不可得 | 미래심도<br>얻을 수 없느니라. |

## (19) 법계통화분(法界通化分)

| | |
|---|---|
| **수보리 어의운하**<br>須菩提 於意云何 | "수보리야,<br>너는 어떻게 생각하느냐. |
| **약유인**<br>若有人 | 만약<br>어떤 사람이 |
| **만삼천대천세계칠보**<br>滿三千大千世界七寶 | 삼천대천세계에 가득찬<br>칠보를 가지고 |
| **이용보시 시인**<br>以用布施 是人 | 널리<br>보시한다면 |
| **이시인연**<br>以是因緣 | 이 사람이<br>이 인연으로 |
| **득복 다부**<br>得福 多不 | 얻는 복이<br>많겠느냐." |
| **여시 세존**<br>如是 世尊 | "그렇겠습니다.<br>세존이시여, |
| **차인 이시인연**<br>此人 以是因緣 | 이 사람은<br>이 인연으로 |
| **득복 심다**<br>得福 甚多 | 아주 많은 복을<br>얻겠습니다." |
| **수보리 약복덕 유실**<br>須菩提 若福德 有實 | "수보리야,<br>만약 진실로 복이 있다면 |
| **여래불설득복덕다**<br>如來不說得福德多 | 여래가 복덕을 많이 얻는다고<br>말하지 않을 것이니, |
| **이복덕 무고**<br>以福德 無故 | 복덕이 본래<br>없는 것이므로 |

| | |
|---|---|
| 여래설득복덕다<br>如來說得福德多 | 여래가 많은 복덕을 얻는다고<br>말하느니라." |

### (20) 이색이상분(離色離相分)

| | |
|---|---|
| 수보리 어의운하<br>須菩提 於意云何 | "수보리야,<br>너는 어떻게 생각하느냐. |
| 불 가이구족색신 견불<br>佛 可以具足色身 見不 | 가히 구족한 색신으로<br>여래를 볼 수 있겠느냐." |
| 불야 세존<br>不也 世尊 | "아니옵니다.<br>세존이시여. |
| 여래 불응이구족색신 견<br>如來 不應以具足色身 見 | 구족한 색신을 가지고는<br>여래를 볼 수 없나이다. |
| 하이고 여래설구족색신<br>何以故 如來說具足色身 | 왜냐하면 여래께서 말씀하신<br>구족한 색신은 |
| 즉비구족색신<br>卽非具足色身 | 곧 구족한<br>색신이 아니옵고 |
| 시명구족색신<br>是名具足色身 | 그 이름이 구족한<br>색신이기 때문입니다." |
| 수보리 어의운하<br>須菩提 於意云何 | "수보리야,<br>너는 어떻게 생각하느냐. |
| 여래 가이구족제상 견부<br>如來 可以具足諸相 見不 | 가히 구족한 상을 가지고<br>여래를 볼 수 있느냐." |
| 불야 세존<br>不也 世尊 | "아니옵니다.<br>세존이시여." |
| 여래 불응이구족제상 견<br>如來 不應以具足諸相 見 | 가히 구족한 상을 가지고<br>여래를 볼 수 없나이다. |

하이고 여래설제상구족　　　왜냐하면 여래께서 말씀하신
何 以 故　如 來 說 諸 相 具 足　　모든 상의 구족은

즉비구족 시명제상구족　　　곧 구족이 아니옵고 그 이름이
卽 非 具 足　是 名 諸 相 具 足　　구족일 뿐이기 때문입니다."

## (21) 비설소설분(非說所說分)

| | |
|---|---|
| 수보리 여물위<br>須 菩 提　汝 勿 謂 | "수보리야,<br>너는 |
| 여래작시념<br>如 來 作 是 念 | 이렇게<br>말하지 말라. |
| 아당유소설법 막작시념<br>我 當 有 所 說 法　莫 作 是 念 | 여래께서 마땅히 설한 바<br>진리가 있다고—, |
| 하이고 약인 언<br>何 以 故　若 人　言 | 왜냐하면 만일<br>어떤 사람이 말하기를 |
| 여래유소설법<br>如 來 有 所 說 法 | 여래께서 설한 바<br>법이 있다고 한다면 |
| 즉위방불<br>卽 爲 謗 佛 | 이는 곧 여래를<br>비방한 것이 되나니, |
| 불능해아소설고<br>不 能 解 我 所 說 故 | 내가 말한 뜻을<br>알지 못한 까닭이니라. |
| 수보리 설법자<br>須 菩 提　說 法 者 | 수보리야,<br>진리를 말한다는 것은 |
| 무법가설<br>無 法 可 說 | 말할 수 없는 진리를<br>말한 것이니 |
| 시명설법<br>是 名 說 法 | 그것을 이름하여<br>설법이라 하는 것이다." |

| 이시 혜명수보리 백불언 | 그때 혜명 수보리가 |
| 爾時 慧命須菩提 白佛言 | 부처님게 사뢰었다. |

| 세존 파유중생 어미래세 | "세존이시여, 이 다음 세상에 |
| 世尊 頗有衆生 於未來世 | 자못 어떤 중생이 있어서 |

| 문설시법 생신심부 | 이와 같은 말씀을 듣고 믿는 |
| 聞說是法 生信心不 | 마음을 낼 수 있겠나이까." |

| 불언 수보리 | 부처님께서 |
| 佛言 須菩提 | 말씀하셨다. |

| 피비중생 비불중생 | "저들은 중생이 아니고 |
| 彼非衆生 非不衆生 | 중생 아닌 것도 아니다. |

| 하이고 수보리 | 왜냐하면 |
| 何以故 須菩提 | 수보리야, |

| 중생중생자 | 중생중생이 여래의 |
| 衆生衆生者 | 입장에서 보면 |

| 여래설비중생 시명중생 | 중생이 아니고 그 이름이 |
| 如來說非衆生 是名衆生 | 중생이기 때문이다." |

### (22) 무법가득분(無法可得分)

| 수보리 백불언 세존 | 수보리가 부처님게 말씀하였다. |
| 須菩提 白佛言 世尊 | "세존이시여, |

| 불 득아뇩다라삼먁삼보리 | 부처님께서 얻으셨다고 하는 |
| 佛 得阿耨多羅三藐三菩提 | 아뇩다라삼먁삼보리는 |

| 위무소득야 | 얻으신 것이 |
| 爲無所得耶 | 없습니다." |

| 불언 여시여시 수보리 | "그렇고 그렇다. |
| 佛言 如是如是 須菩提 | 수보리야. |

아어아뇩다라삼먁삼보리  내가 말한 아뇩다라삼먁삼보리는
我於阿耨多羅三藐三菩提  어떤 진리가 조금이라도

내지무유소법가득  남아 있지 않은 경계에서
乃至無有少法可得  아무것도 얻은 것이 없는 것을

시명아뇩다라삼먁삼보리  아뇩다라삼먁삼보리라
是名阿耨多羅三藐三菩提  이름하였을 뿐이다."

(23) 정심행선분(淨心行善分)

부차 수보리  "또
復次 須菩提  수보리야,

시법 평등 무유고하  이 진리가 평등해서
是法 平等 無有高下  높고 낮음이 없으니

시명아뇩다라삼먁삼보리  이것을 아뇩다라삼먁삼보리라
是名阿耨多羅三藐三菩提  이름 하느니라.

이무아무인무  나도 없고
以無我無人無  남도 없고

중생무수자  중생도 없고
衆生無壽者  수자도 없이

수일체선법  온갖 선법을
修一切善法  닦으면

즉득아뇩다라삼먁삼보리  즉시 아뇩다라삼먁삼보리를
卽得阿耨多羅三藐三菩提  얻으리라.

수보리 소언선법자  수보리야, 이른바
須菩提 所言善法者  선법이란

여래 설즉비선법  여래가 곧 선법 아닌 것을
如來 說卽非善法  일컫는 말이니

| 시명선법 | 그 이름이 |
| 是名善法 | 선법일 뿐이니라." |

### (24) 복지무비분(福智無比分)

| 수보리 약삼천대천세계중 | "수보리야, |
| 須菩提 若三千大千世界中 | 삼천대천세계 가운데서 |
| 소유제수미산왕 | 제일 큰 산인 |
| 所有諸須彌山王 | 수미산왕만한 |
| 여시등칠보취 | 7보의 덩어리를 |
| 如是等七寶聚 | 가지고 |
| 유인 지용보시 | 어떤 사람이 |
| 有人 持用布施 | 보시한다 하여도 |
| 약인 이차반야바라밀경 | 만일 또 다른 사람이 |
| 若人 以此般若波羅密經 | 이 반야바라밀경에서 |
| 내지사구게등 | 내지 4구게를 |
| 乃至四句偈等 | 받아 지니고 |
| 수지독송 위타인설 | 읽고 외우고 |
| 受持讀誦 爲他人說 | 남을 위해 연설해 준다면, |
| 어전복덕 백분 불급일 | 앞의 복덕으로는 |
| 於前福德 百分 不及一 | 백분의 일에도 미치지 못하고 |
| 백천만억분 | 백천만억분의 일에도 |
| 百千萬億分 | 미치지 못하며 |
| 내지산수비유 | 내지 숫자가 |
| 乃至算數譬喩 | 있는대로 다 모아서 |
| 소불능급 | 비교하더라도 |
| 所不能及 | 미치지 못하느니라." |

## (25) 화무소화분(化無所化分)

| | |
|---|---|
| 수보리 어의운하<br>須菩提 於意云何 | "수보리야,<br>너는 어떻게 생각하느냐. |
| 여등 물위여래작시념<br>如等 勿謂如來作是念 | 너희들은<br>여래가 생각하기를 |
| 아당도중생<br>我當度衆生 | 내가 마땅히<br>중생을 제도한다고 |
| 수보리 막작시념<br>須菩提 莫作是念 | 수보리야,<br>이런 생각을 하지 말라. |
| 하이고 실무유중생<br>何以故 實無有衆生 | 왜냐하면 진실로<br>여래께서는 |
| 여래도자<br>如來度者 | 제도할 중생이<br>없기 때문이니, |
| 약유중생<br>若有衆生 | 만약 여래가<br>중생이 있고 |
| 여래도자<br>如來度者 | 또 여래가<br>제도함이 있다면 |
| 여래 즉유아인<br>如來 卽有我人 | 여래는 곧<br>아상·인상· |
| 중생수자<br>衆生壽者 | 중생상·수자상이 있는 것이<br>되기 때문이니라. |
| 수보리 여래설유아자<br>須菩提 如來說有我者 | 수보리야, 여래가<br>내가 있다고 말한 것은 |
| 즉비유아<br>卽非有我 | 곧 내가<br>있는 것이 아니다. |

이범부지인 이위유아 단지 범부들이
而凡夫之人 以爲有我 '나라는 생각'을 할 뿐이다.

수보리 범부자 수보리야,
須菩提 凡夫者 범부라는 말도

여래 설 즉비범부 여래는 곧 범부라
如來 說 卽非凡夫 이름하지 않고

시명범부 단지 그 이름을
是名凡夫 범부라 부를 따름이니라."


(26) 법신비상분(法身非相分)


수보리 어의운하 "수보리야,
須菩提 於意云何 너는 어떻게 생각하느냐.

가이삼십이상 관여래부 가히 삼십이상으로써
可以三十二相 觀如來不 여래를 볼 수 있겠느냐."

수보리 언 여시여시 수보리가 말씀하시기를
須菩提 言 如是如是 예, 그렇습니다.

이삼십이상 관여래 삼십이상으로
以三十二相 觀如來 여래를 볼 수 있습니다."

불언 수보리 부처님께서
佛言 須菩提 말씀하시기를

약이삼십이상 관여래자 "만일 삼십이상으로써
若以三十二相 觀如來者 여래를 볼 수 있다면

전륜성왕 즉시여래 전륜성왕도
轉輪聖王 卽是如來 곧 여래라 하겠구나."

수보리 백불언 세존 "세존이시여,
須菩提 白佛言 世尊 부처님께서

여아해불소설의　　　　　말씀하신 뜻으로 제가
如我解佛所說義　　　　　이해 하옵기로는

불응이삼십이상 관여래　　삼십이상으로서는 여래를
不應以三十二相 觀如來　　볼 수 없사옵니다."

이시 세존 이설게언　　　세존께서 게송으로
爾是 世尊 而說偈言　　　말씀하셨다.

약이색견아　　　　　　　"만일 모양으로
若以色見我　　　　　　　나를 보려 하거나

이음성구아　　　　　　　음성으로
以音聲求我　　　　　　　나를 찾으려 하면

시인행사도　　　　　　　그 사람은 곧
是人行邪道　　　　　　　삿된 도를 행하는 자라

불능견여래　　　　　　　여래를 능히
不能見如來　　　　　　　볼 수 없으니라."

## (27) 무단무멸분(無斷無滅分)

수보리 여약작시념　　　　"수보리야,
須菩提 汝若作是念　　　　너는 이런 생각을 하지말라.

여래 불이구족상고　　　　'여래가 구족한 상을
如來 不以具足相故　　　　갖추지 않았기 때문에

득아뇩다라삼먁삼보리　　　아뇩다라삼먁삼보리를
得阿耨多羅三藐三菩提　　　얻었다'고 말이다.

수보리 막작시념　　　　　수보리야,
須菩提 莫作是念　　　　　그런 생각을 하지 말라.

여래불이구족상고　　　　'여래께서 구족한 몸매를
如來不以具足相故　　　　갖추지 않아기 때문에

| 득아뇩다라삼먁삼보리 | 아뇩다라삼먁삼보리를 |
| 得阿耨多羅三藐三菩提 | 얻었다'고 말이다. |

| 수보리 여약작시념 | 수보리야, |
| 須菩提 汝若作是念 | 네가 만일 그런 생각을 가지고 |

| 발아뇩다라삼먁삼보리심자 | 아뇩다라삼먁삼보리심을 |
| 發阿耨多羅三藐三菩提心者 | 낸다면 |

| 설제법 단멸 막작시념 | 모든 법이 끊어지고 말 것이니 |
| 說諸法 斷滅 莫作是念 | 그런 생각을 짓지 말라. |

| 하이고 발아뇩다라삼 | 왜냐하면 아뇩다라삼먁 |
| 何以故 發阿耨多羅三 | 삼보리심을 낸 사람은 |

| 보리심자 어법 불설단멸상 | 모든 법에 단멸상을 내지 |
| 菩提心者 於法 不說斷滅相 | 않기 때문이다." |

### (28) 불수불탐분不受不貪分

| 수보리 약보살 | "수보리야, |
| 須菩提 若菩薩 | 만약 어떤 보살이 |

| 이만항하사등세계칠보 | 간지스강의 모래수와 같이 |
| 以滿恒河沙等世界七寶 | 많은 세계에 가득 찬 |

| 지용보시 | 7보를 가지고 |
| 持用布施 | 널리 보시할지라도 |

| 약부유인 | 만약 다시 |
| 若復有人 | 어떤 사람이 |

| 지일체법무아 득성어인 | 일체법에 무아의 진리를 알아 |
| 知一切法無我 得成於忍 | 깨달음을 이루었다면 |

| 차보살 승전보살 | 이 보살이 얻은 공덕은 |
| 此菩薩 勝前菩薩 | 앞의 보살이 |

소득공덕　　　　　　　　　　얻은 공덕보다
所得功德　　　　　　　　　　뛰어나리라.

하이고 수보리　　　　　　　왜냐하면
何以故 須菩提　　　　　　　수보리야,

이제보살 불수복덕고　　　　모든 보살들은 복덕을
以諸菩薩 不受福德故　　　　받지 않기 때문이니라."

수보리 백불언　　　　　　　수보리가
須菩提 白佛言　　　　　　　부처님께 말씀하셨다.

세존 운하보살　　　　　　　"세존이시여,
世尊 云何菩薩　　　　　　　어찌하여 보살이

불수복덕　　　　　　　　　　복덕을 받지 않는다고
不受福德　　　　　　　　　　하시옵니까."

수보리 보살 소작복덕　　　"수보리야, 보살은
須菩提 菩薩 所作福德　　　자기가 지은 바 복덕을

불응탐착 시고　　　　　　　탐착하지 않기 때문이니,
不應貪著 是故　　　　　　　그러므로

설불수복덕　　　　　　　　　복덕을 받지 않는다고
說不受福德　　　　　　　　　말하느니라."

　　(29) 위의적정분(威儀寂靜分)

수보리 약유인 언　　　　　"수보리야,
須菩提 若有人 言　　　　　만일 어떤 사람이

여래약래약거약좌약와　　　'여래가 혹 온다거나 간다거나
如來若來若去若坐若臥　　　혹 앉고 눕는다'고 말한다면

시인 불해아소설의　　　　　이 사람은 내가 말한 바
是人 不解我所說義　　　　　뜻을 알지 못하는 사람이다.

| 하이고 여래자 | 왜냐하면 |
| 何以故 如來者 | 여래는 |

| 무소종래 | 어디로 좇아오는 |
| 無所從來 | 바도 없으며 |

| 역무소거 고명여래 | 또한 어디로 가는 것도 없기 때문에 |
| 亦無所去 故名如來 | 그 이름을 여래라 하는 까닭이니라." |

## (30) 일합이상분(一合理相分)

| 수보리 약선남자선여인 | "수보리야, |
| 須菩提 若善男子善女人 | 만약 선남자·선여인이 |

| 이삼천대천세계 | 삼천대천세계를 |
| 以三千大千世界 | 부수어 |

| 쇄위미진 어의운하 | 가는 먼지를 만들었다면 |
| 碎爲微塵 於意云何 | 네 생각에 어떠하냐. |

| 시미진중 영위다부 | 이 가는 먼지가 |
| 是微塵衆 寧爲多不 | 얼마나 많겠느냐." |

| 수보리언 심다 세존 | "심히 많사옵니다. |
| 須菩提言 甚多 世尊 | 세존이시여. |

| 하이고 약시미진중 | 왜냐하면 만약 |
| 何以故 若是微塵衆 | 이 가는 먼지가 |

| 실유자 불 | 실로 있는 것이라면 |
| 實有者 佛 | 부처님께서는 곧 저것을 |

| 즉불설시미진중 | 가는 먼지라 말씀하시지 |
| 卽不說是微塵衆 | 않으셨을 것이기 때문입니다. |

| 소이자하 불설미진중 | 왜냐하면 부처님께서 |
| 所以者何 佛說微塵衆 | 말씀하시는 가는 먼지는 |

| | |
|---|---|
| 즉비미진중 시명미진중<br>卽非微塵衆 是名微塵衆 | 가는 먼지가 아니고 그 이름이<br>가는 먼지이기 때문입니다. |
| 세존 여래소설삼<br>世尊 如來所說三 | 세존이시여,<br>여래께서 |
| 천대천세계<br>千大千世界 | 말씀하신<br>삼천대천세계도 |
| 즉비세계 시명세계<br>卽非世界 是名世界 | 곧 세계가 아니옵고<br>그 이름이 세계일 뿐입니다. |
| 하이고 약세계 실유자<br>何以故 若世界 實有者 | 왜냐하면<br>만약 세계가 실로 있다면 |
| 즉시일합상<br>卽是一合相 | 그것은 곧<br>일합상이어야 할 것인데, |
| 여래설일합상<br>如來說一合相 | 여래께서<br>말씀하시는 |
| 즉비일합상<br>卽非一合相 | 일합상은<br>일합상이 아니고 |
| 시명일합상<br>是名一合相 | 그 이름이<br>일합상이기 때문입니다." |
| 수보리 일합상자<br>須菩提 一合相者 | "수보리야,<br>일합상이라 하는 것은 |
| 즉시불가설<br>卽是不可說 | 가히 말로<br>할 수 없는 것인데 |
| 단범부지인 탐착기사<br>但凡夫之人 貪着其事 | 다만 범부 중생들이<br>그것을 탐착할 뿐이니라." |

## (31) 지견불생분(知見不生分)

| | |
|---|---|
| 수보리 약인 언<br>須菩提 若人 言 | 수보리야,<br>만약 어떤 사람이 말하기를 |
| 불설아견인견중생견<br>佛說我見人見衆生見 | '여래가 아견·인견·중생견을<br>말한다'고 한다면 |
| 수보리 어의운하<br>須菩提 於意云何 | 수보리야,<br>내 생각이 어떠하냐. |
| 시인 해아소설의부<br>是人 解我所說義不 | 내가 말한 진리를 바로 이해한<br>사람이라 생각하겠느냐." |
| 불야 세존<br>不也 世尊 | "할 수 없나이다.<br>세존이시여. |
| 시인 불해여래소설의<br>是人 不解如來所說義 | 이 사람은 여래께서 말씀하신<br>진리를 알지 못한 사람입니다. |
| 하이고 세존<br>何以故 世尊 | 왜냐하면<br>세존께서 말씀하신 |
| 설아견인견<br>說我見人見 | 아견<br>인견 |
| 중생견수자견<br>衆生見壽者見 | 중생견<br>수자견은 |
| 즉비아견인견<br>卽非我見人見 | 곧 아견이 아니옵고<br>인견도 아니며 |
| 중생견수자견<br>衆生見壽者見 | 중생견도 아니고<br>수자견도 아니며, |
| 시명아견인견<br>是名我見人見 | 그 이름이<br>아견·인견· |

중생견수자견　　　　　　　중생견・수자견이기
衆生見壽者見　　　　　　　때문입니다.

수보리 발아뇩다라삼　　　　"수보리야,
須菩提 發阿耨多羅三　　　　아뇩다라

먁삼보리심자　　　　　　　삼먁삼보리심을
藐三菩提心者　　　　　　　일으킨 이는

어일체법 응여시지　　　　　온갖 법에
於一切法 應如是知　　　　　마땅히 이와 같이 알며

여시견 여시신해　　　　　　이와 같이 보며
如是見 如是信解　　　　　　이와 같이 믿고 깨달아서

불생법상　　　　　　　　　법상도 내지 말아야
不生法相　　　　　　　　　할 것이니라.

수보리 소언법상자　　　　　수보리야,
須菩提 所言法相者　　　　　말한 바 법상은

여래설즉비법상　　　　　　여래께서 설한
如來說卽非法相　　　　　　법상이 아니라

시명법상　　　　　　　　　다만 그 이름이
是名法相　　　　　　　　　법상일 뿐이니라."

　　(32) 응화비진분(應化非眞分)

수보리 약유인　　　　　　　"수보리야,
須菩提 若有人　　　　　　　만약 어떤 사람이

이만무량아승지세계칠보　　한량없는 아승지세계에
以滿無量阿僧祗世界七寶　　가득찬 칠보를 가지고

지용보시　　　　　　　　　널리 보시했다
持用布施　　　　　　　　　하더라도

약유선남자 선여인
若有善男子 善女人

만약 보살심을 일으킨
선남 선녀가

발보살심자 지어차경
發菩薩心者 持於此經

이 경을
지니고

내지사구게등 수지독송
乃至四句偈等 受持讀誦

내지 4구게를 받아 지니고
읽고 외워서 다른 이를

위인연설 기복 승피
爲人演說 其福 勝彼

위해 연설해 준다면 그 복이
저 복보다 더욱 뛰어나리라.

운하위인연설
云何爲人演說

어떻게 하는 것이
남을 위해 연설하는 것인가.

불취어상 여여부동
不取於相 如如不動

상에 이끌리지 않고 한결같은 마음으
로 흔들림 없이 하여야 하느니라.

하이고 일체유위법
何以故 一切有爲法

왜냐하면
일체 유위법은

여몽환포영
如夢幻泡影

꿈과 같고 환과 같고
그림자·물거품 같고

여로역여전
如露亦如電

이슬 번개와
같기 때문이니

응작여시관
應作如是觀

마땅히 이와 같이
보아야 하느니라."

불설시경이
佛說是經已

부처님께서
이 경을 다 말씀하시자

장로수보리
長老須菩提

장로
수보리와

급제비구비구니
及諸比丘比丘尼

비구
비구니와

| 우바새우바이 | 우바새 |
| 優婆塞優婆夷 | 우바이와 |

| 일체세간천인아수라 | 일체 세간 천인 |
| 一切世間天人阿修羅 | 아수라 등이 |

| 문불소설 개대환희 | 부처님 말씀을 듣고 |
| 聞佛所說 皆大歡喜 | 모두 다 크게 기뻐하여 |

| 신수봉행 | 믿고 받들어 |
| 信受奉行 | 행하였느니라. |

## 장엄염불
### 莊嚴念佛

| 원아진생무별렴 | 아미타불독상수 |
| 願我盡生無別念 | 阿彌陀佛獨相隨 |

| 심심상계옥호광 | 염념불이금색상 |
| 心心常係玉毫光 | 念念不離金色相 |

| 아집염주법계관 | 허공위승무불관 |
| 我執念珠法界觀 | 虛空爲繩無不貫 |

| 평등사나무하처 | 관구서방아미타 |
| 平等舍那無何處 | 觀求西方阿彌陀 |

| 나무서방대교주 | 무량수여래불 |
| 南無西方大敎主 | 無量壽如來佛 |

**"나무아미타불"**
南無阿彌陀佛

※ 시간 따라 하다가 다음 게송부터서는 매 귀 끝마다 '나무아미타불'을 후 념으로 봉독함.

## 극락세계십종장엄
極樂世界十種莊嚴

| 법장서원수인장엄 | 사십팔원원력장엄 |
| 法藏誓願修因莊嚴 | 四十八願願力莊嚴 |

| 미타명호수광장엄 | 삼대사관보상장엄 |
| 彌陀名號壽光莊嚴 | 三大士觀寶像莊嚴 |

| 미타국토안락장엄 | 보하청정덕수장엄 |
| 彌陀國土安樂莊嚴 | 寶河淸淨德水莊嚴 |

| 보전여의누각장엄 | 주야장원시분장엄 |
| 寶殿如意樓閣莊嚴 | 晝夜長遠時分莊嚴 |

| 이십사락정토장엄 | 삼십종익공덕장엄 |
| 二十四樂淨土莊嚴 | 三十種益功德莊嚴 |

| 십념왕생원 | 왕생극락원 |
| 十念往生願 | 往生極樂願 |

| 상품상생원 | 결정정각원 |
| 上品上生願 | 決定正覺願 |

| 일념망심명료료 | 미타부재별가향 |
| 一念妄心明了了 | 彌陀不在別家鄕 |

| 통신자화연화국 | 처처무비극락당 |
| 通身自化蓮華國 | 處處無非極樂堂 |

| 원공법계제중생 | 동입미타대원해 |
| 願共法界諸衆生 | 同入彌陀大願海 |

| 진미래제도중생 | 자타일시성불도 |
| 盡未來際度衆生 | 自他一時成佛道 |

나무서방정토 극락세계 삼십육만억 일십일만 구천오백
南無西方淨土 極樂世界 三十六萬億 一十一萬 九千五百

동명동호 대자대비 아미타불
同名同號 大慈大悲 阿彌陀佛

나무 서방정토 극락세계 불신장광 상호무변 금색광명
南無 西方淨土 極樂世界 佛身長廣 相好無邊 金色光明

변조법계 사십팔원 도탈중생 불가설 불가설 불가설전
遍照法界 四十八願 度脫衆生 不可說 不可說 不可說轉

불가설 항하사 불찰미진수 도마죽위 무한극수 삼백
不可說 恒河沙 佛刹微塵數 稻麻竹葦 無限極數 三百

육십만억 일십일만 구천오백 동명동호 대자대비 아
六十萬億 一十一萬 九千五百 同名同號 大慈大悲 我

등도사 금색여래 아미타불
等導師 金色如來 阿彌陀佛


나무문수보살   나무보현보살
南無文殊菩薩   南無普賢菩薩

나무관세음보살   나무대세지보살
南無觀世音菩薩   南無大勢至菩薩

나무금강장보살   나무제장애보살
南無金剛藏菩薩   南無除障碍菩薩

나무미륵보살   나무지장보살
南無彌勒菩薩   南無地藏菩薩

나무일체청정대해중보살마하살
南無一切淸淨大海衆菩薩摩訶薩

원공법계제중생   동입미타대원해
願共法界諸衆生   同入彌陀大願海

| 시방삼세불 | 아미타제일 | 구품도중생 | 위덕무궁극 |
| 十方三世佛 | 阿彌陀第一 | 九品度衆生 | 威德無窮極 |
| 아금대귀의 | 참회삼업죄 | 범유제복선 | 지심용회향 |
| 我今大歸依 | 懺悔三業罪 | 凡有諸福善 | 至心用回向 |
| 원동염불인 | 진생극락국 | 견불요생사 | 여불도일체 |
| 願同念佛人 | 盡生極樂國 | 見佛了生死 | 如佛度一切 |

원아임욕명종시   진제일체제장애
願我臨欲命終時   盡除一切諸障碍

면견피불아미타   직득왕생안락찰
面見彼佛阿彌陀   卽得往生安樂刹

원이차공덕   보급어일체
願以此功德   普及於一切

아등여중생   당생극락국
我等與衆生   當生極樂國

동견무량수   개공성불도
同見無量壽   皆共成佛道

### 봉송편
### 奉送篇

봉송고혼계유정   지옥아귀급방생
奉送孤魂泊有情   地獄餓鬼及傍生

아어타일건도량　　불위본서환래부
我 於 他 日 建 道 場　　不 違 本 誓 還 來 赴

※ 다같이 절 3배하고 끝낸다.

# 제6부 재오재(第五齋)

제5재는 영가께서 돌아가신 뒤 제5주 35일이 되는 날이다. 원래는 제5 염라대왕에게 올리게 되어 있으나 삼우재 때 보현왕여래에게 대신 올렸음으로 여기서는 지장시왕께 마지를 올리고 법화경 여래수량품을 읽어드리기로 한다.

## 1. 천수경

(11쪽부터 21쪽에 있음)

## 2. 지장청(地藏請)

**거불** 擧佛   ※ 목탁

**나무 유명교주지장보살** (절)
南無 幽冥敎主地藏菩薩

나무 남방화주지장보살 (절)
南無 南方化主地藏菩薩

나무 대원본존지장보살 (절)
南無 大願本尊地藏菩薩

보소청진언　　※ 요령
普召請眞言

"나무 보보제리 가리다리 다타 아다야" (3번)

유치　　※ 범음성으로 점잖게
由致

앙유 지장대성자 만월진용 징강정안 장마니이시원과위
仰唯 地藏大成者 滿月眞容 澄江淨眼 掌摩尼而示圓果位

제함 담이유섭인문 보방자광 상휘혜검 조명음로 단멸
躋菡 菡而猶攝因門 普放慈光 常揮慧劍 照明陰路 斷滅

죄근 상절귀의 해지감응 시이　(절의 주소와 명칭. 재자의
罪根 倘切歸依 奚遲感應 是以　주소 성명을 낱낱이 칭명함)

이 금월금일 건설법연 정찬공양 남방화주 지장대성
以 今月今日 虔設法筵 淨饌供養 南方化主 地藏大聖

서회자감 곡조미성 앙표일심 선진삼청
庶回慈鑑 曲照微誠 仰表一心 先陳三請

청사　　※ 요령
請詞

나무 일심봉청 자인적선 서구중생 수중금석 진개지
南無 一心奉請 慈因積善 誓救衆生 手中金錫 振開地

옥지문 장상명주 광섭대천지계 염왕전상 업경대전 위
獄之門 掌上明珠 光攝大千之界 閻王殿上 業鏡臺前 爲

남염부제중생 작개증명공덕주 대비대원 대성대자 본
南閻浮提衆生 作個證明功德主 大悲大願 大聖大慈 本

존지장보살마하살 유원자비 감링도량 수차공양 (반절)
尊地藏菩薩摩訶薩 唯願慈悲 降臨道場 受此供養


향화청　　　※ 목탁
香花請


가영　　　※ 목탁
歌詠

장상명주일과한　　자연수색변래단
掌上明珠一顆寒　　自然隨色辨來端

기회제기친분부　　암실아손향외간
幾回提起親分付　　暗室兒孫向外看

고아일심귀명정례　(반절)
故我一心歸命頂禮


헌좌진언　　　※ 요령
獻座眞言

묘보리좌승장엄　　제불좌이성정각
妙菩提座勝莊嚴　　諸佛坐已成正覺

아금헌좌역여시　　자타일시성불도
我今獻座亦如是　　自他一時成佛道

"옴 바아라 미나야 사바하" (3번)
唵 縛日羅 未那野 裟婆訶

### 시왕도청
### 十王都請　　※ 요령

나무　일심봉청　권형응적　실보수인　내비보살지자비
南無　一心奉請　權衡應蹟　實報酬因　內秘菩薩之慈悲

외현천신지위맹　외외이방편난사　호호이신통막측　어
外現天神之威猛　巍巍而方便難思　浩浩而神通莫測　於

제중생　교찰선악　명분고락　살활연촉　개실주재　대위
諸衆生　校察善惡　明分苦樂　殺活延促　皆悉主宰　大威

덕주　금일당재　제모대왕　제일진광대왕　제이초강대왕
德主　今日當齋　第某大王　第一秦廣大王　第二初江大王

제삼송제대왕　제사오관대왕　제오염라대왕　제육변성
第三宋帝大王　第四五官大王　第五閻羅大王　第六變成

대왕　제칠태산대왕　제팔평등대왕　제구도시대왕　제십
大王　第七泰山大王　第八平等大王　第九都市大王　第十

오도전륜대왕　위수　태산부군　판관귀왕　장군동자　감
五道轉輪大王　爲首　泰山府君　判官鬼王　將軍童子　監

재사자　직부사자　졸리제반　병종권속　유원　승　삼보력
齋使者　直符使者　卒吏諸般　並從眷屬　唯願　承　三寶力

강림도량　수차공양
降臨道場　受此供養


### 향화청
### 香花請　　※ 목탁


### 가영
### 歌詠　　※ 목탁

권형응적대보살　　실보수인시성왕
權衡應跡大菩薩　　實報酬因是聖王

위령신력하번문　　관찰염부신전광
威靈神力何煩問　　觀察閻浮迅電光

고아일심귀명정례
故我一心歸命頂禮


　　　　보례삼보　　　※ 목탁
　　　　普禮三寶

보례시방상주불
普禮十方常住佛

보례시방상주법
普禮十方常住法

보례시방상주승
普禮十方常住僧


　　　　헌좌진언　　　※ 요령
　　　　獻座眞言

아금경설보엄좌　　보헌일체명왕전
我今敬設寶嚴座　　普獻一切冥王前

원멸진로망상심　　속원해탈보리과
願滅塵勞妄想心　　速圓解脫菩提果

"옴 가마라 승하 사바하"(3번)


　　　　정근　　　※ 목탁
　　　　精勤

"나무 나방화주세계 대원본존 지장보살"로 시작하여 "지장보살"을 시간 따라 부르다가 다음 게송을 외우고 "권공"으로 들어간다.

**지장대성위신력　항하사겁설난진**
地藏大聖威神力　恒河沙劫說難盡

**견문첨예일념간　이익인천무량사**
見聞瞻禮一念間　利益人天無量事

**고아일심귀명정례** (반절)
故我一心歸命頂禮


### 권공
勸供

**욕건만나라　선송**
欲建曼拏羅　先誦

**정법계진언　　"옴 남"** (3~7번) ※ 목탁
淨法界眞言　　　唵喃


### 다게
茶偈

**금장감로다　봉헌지장대성전**
今將甘露茶　奉獻地藏大聖前

**감찰건간심　"원수자비애납수"** (3번)
鑑察虔懇心　　願垂慈悲哀納受


### 진언권공
眞言勸供

**향수나열　재자건성　욕구공양지주원**
香羞羅列　齋者虔誠　欲求供養之周圓

수장가지지변화 앙유삼보 특사가지
須仗加持之變化　仰唯三寶　特賜加持

"나무시방불 나무시방법 나무시방승" (3번)


무량위덕자재광명승묘력변식진언
無量威德自在光明勝妙力變食眞言

"나막 살바다타 아다 바로기제 옴 삼바라 삼바라 훔" (3번)


시 감로수진언
施 甘露水眞言

"나무소로바야 다타아다야 다냐야 옴 소로소로 바라소로 바라소로 사바하"　(3번)


일자수륜관진언
一字水輪觀眞言

"옴 밤밤밤밤" (3번)


유해진언
乳海眞言

"나무사만다 못다남 옴 밤" (3번)


운심공양진언
運心供養眞言

원차향공변법계　보공무진삼보해
願此香供遍法界　普供無盡三寶海

자비수공증선근    영법주세보불은
慈悲受供增善根    令法住世報佛恩

"나막 살바다타 아제박미 새바 모계 배약살바다캄 오
나아제 바라혜맘 옴 아아나깜 사바하" (3번)


### 예참
禮懺    ※ 목탁

지심정례공양 지장원찬 이십삼존 제위여래불   (절)
至心頂禮供養 地藏願讚 二十三尊 諸位如來佛

지심정례공양 유명교주 지장보살마하살   (절)
至心頂禮供養 幽冥敎主 地藏菩薩摩訶薩

지심정례공양 좌우보처 도명존자 무독귀왕   (절)
至心頂禮供養 左右補處 道明尊者 無毒鬼王

유원 지장대성 강림도량 수차공양
唯願 地藏大聖 降臨道場 受此供養

원공법계제중생    자타일시성불도   (반절)
願共法界諸衆生    自他一時成佛道


### 보공양진언
普供養眞言

"옴 아아나 삼바바 바아라 훔" (3번)


### 보회향진언
普回向眞言

"옴 삼마라 삼마라 미마나 사라마하 자가라바 훔"(3번)

### 원성취진언
願成就眞言

"옴 아모카 살바다라 사다야 시베 훔" (3번)

### 보궐진언
補闕眞言

"옴 호로호로 시야모케 사바하" (3번)

지장대성위신력　항하사겁설난진
地藏大聖威身力　恒河沙劫說難盡

견문첨례일념간　이익인천무량사
見聞瞻禮一念間　利益人天無量事

고아일심귀명정례 (3번)
故我一心歸命頂禮

### 축원
祝願

앙고 시방삼세 제망중중 무진삼보 자존 불사자비 위
仰告 十方三世 帝網重重 無盡三寶 慈尊 不捨慈悲 爲

작증명 (혹 허수낭감)
作證明　或 許垂朗鑑

상래소수공덕해　회향삼처실원만　우순풍조민안락
上來所修功德海　回向三處悉圓滿　雨順風調民安樂

천하태평법륜전
天下太平法輪轉

원아　금차지극지성　공양발원지재자　모도모군　모면
願我　今此至極至誠　供養發願之齋者　某道某郡　某面

모리　모번지거주　행효자모　질손모등복위　소천망령
某里　某番地居住　行孝子某　姪孫某等伏爲　所薦亡靈

모모등　영가　이차인연공덕　앙몽지장대성　애민섭수
某某等　靈駕　以此因緣功德　仰蒙地藏大聖　哀愍攝受

지묘력　부답명로　초생극락지대원　(반절)
之妙力　不踏冥路　超生極樂之大願

억원　당령복위　상세선망　사존부모　누세종친　제형숙백
抑願　當靈伏爲　上世先亡　師尊父母　累世宗親　弟兄叔伯

일체권속등　열위영가　도량내외　동상동하　유주무주
一切眷屬等　列位靈駕　道場內外　洞上洞下　有主無主

애혼불자등 각 열위영가　겸급법계　삼도팔난　사생칠취
哀魂佛子等　各　列位靈駕　兼及法界　三途八難　四生七趣

사은삼유　일체유식　함령등중 각 열위영가　함탈삼계
四恩三有　一切有識　含靈等衆　各　列位靈駕　咸脫三界

지고뇌　초생구품지낙방　획몽제불　감로관정　반야낭지
之苦惱　超生九品之樂邦　獲蒙諸佛　甘露灌頂　般若朗智

활연개오　(반절)
豁然開悟

억원　금일지성재자　시회합원대중　노소비구　사미행자
抑願　今日至誠齋者　時會合院大衆　老少比丘　沙彌行者

신남신녀　백의단월　각각등보체　각기심중　소구발원
信男信女　白衣檀越　各各等保體　各其心中　所求發願

일일유　천상지경　시시무　백해지재　만사여의　형통지
日日有　千祥之慶　時時無　百害之災　萬事如意　亨通之

## 발원 (반절)
發願

**연후원 항사법계 무량불자등 동유화장장엄해 동입보**
然後願 恒沙法界 無量佛子等 同遊華藏莊嚴海 同入菩

**리대도량 상봉화엄불보살 항몽제불대광명 소멸무량**
提大道場 常逢華嚴佛菩薩 恒蒙諸佛大光明 消滅無量

**중죄장 획득무량대지혜 돈성무상최정각 광도법계제**
衆罪障 獲得無量大智慧 頓成無上最正覺 廣度法界諸

**중생 이보제불막대은 세세상행보살도 구경원성살바야**
衆生 以報諸佛莫大恩 世世常行菩薩道 究竟圓成薩婆若

## 마하반야바라밀 (반절)
摩訶般若波羅密

## 나무석가모니불   나무석가모니불
南無釋迦牟尼佛   南無釋迦牟尼佛

## 나무시아본사석가모니불 (반절)
南無是我本師釋迦牟尼佛

## 3. 중단권공   ※ 중단을 향해 반야심경 1편을 독송함

### 마하반야바라밀다 심경
摩訶般若波羅密多 心經

**관자재보살 행심반야 바라밀다 시 조견 오온개공 도**
觀自在菩薩 行深般若 波羅密多 時 照見 五蘊皆空 度

**일체고액 사리자 색불이공 공불이색 색즉시공 공즉**
一切苦厄 舍利子 色不異空 空不異色 色卽是空 空卽

시색 수상행식 역부여시 사리자 시 제법공상 불생불
是色 受想行識 亦復如是 舍利子 是 諸法空相 不生不

멸 불구부정 부증불감 시고 공중 무색 무수상행식
滅 不垢不淨 不增不減 是故 空中 無色 無受想行識

무안이비설신의 무색성향미촉법 무안계 내지무의식계
無眼耳鼻舌身意 無色聲香味觸法 無眼界 乃至無意識界

무무명 역무무명진 내지 무노사 역무노사진 무 고집
無無明 亦無無明盡 乃至 無老死 亦無老死盡 無 苦集

멸도 무지역무득 이무소득고 보리살타 의반야바라밀
滅度 無智亦無得 以無所得故 菩提薩埵 依般若波羅密

다 고심무가애 무가애고 무유공포 원리전도몽상 구
多 故心無罣碍 無罣碍故 無有恐怖 遠離顚倒夢想 究

경열반 삼세제불 의반야바라밀다 고득아뇩다라삼막
竟涅槃 三世諸佛 依般若波羅密多 故得阿耨多羅三藐

삼보리 고지반야바라밀다 시 대신주 시 대명주 시무
三菩提 故知般若波羅密多 是 大神呪 是 大明呪 是無

상주 시무등등주 능제일체고 진실불허 고설 반야바
上呪 是無等等呪 能除一切故 眞實不虛 故說 般若波

라밀다주 즉설주왈
羅密多呪 卽說呪曰

"아제아제 바라아제 바라승아제 모제 사바하"  (3번)


화엄성중혜감명    사주인사일념지
華嚴聖衆慧鑑明    四洲人事一念知

애민중생여적자    시고아금공경례
哀愍衆生如嫡子    是故我今恭敬禮

고아일심귀명정례 (반절)
故我一心歸命頂禮


## 4. 중단축원

앙고 화엄회상 제대현성 첨수연민지지정 각방신통지
仰告 華嚴會上 諸大賢聖 僉垂憐愍之至情 各放神通之

묘력 원아금차 (주소) 앙몽제대성중 가호지묘력 일
妙力 願我今此  성 명  仰蒙諸大聖衆 加護之妙力 日

일유 천상지경 시시무 백해지재 심중소구 여의형통
日有 千祥之慶 時時無 百害之災 心中所求 如意亨通

지대원 연후원 금일재자 여 시회대중등 삼장돈제 오
之大願 然後願 今日齋者 與 時會大衆等 三障頓除 五

복증숭 원제유정등 삼업개청정 봉지제불교 화남대성
福增崇 願諸有情等 三業皆淸淨 奉持諸佛敎 和南大聖

존 구호길상 마하반야바라밀
尊 俱護吉祥 摩訶般若波羅密


## 5. 시식(施食)

거불     ※ 목탁
擧佛

나무 극락도사 아미타불 (절)
南無 極樂導師 阿彌陀佛

나무 좌우보처 관음세지 양대보살　(절)
南無　左右補處　觀音勢至　兩大菩薩

나무 접인망령 대성인로왕보살　(절)
南無　接引亡靈　大聖引路王菩薩

### 청혼
### 請魂
※ 요령 세 번 흔들고, 점잖게 범음성으로

거　사바세계　남섬부주　동양　대한민국　(모사) 청정도량
擧　裟婆世界　南贍部洲　東洋　大韓民國　　某寺　清淨道場

원아금차　제당　(사십구재중제오재)　위천설향　봉청재자
願我今此　第當　四十九齋中第五齋　爲薦爇香　奉請齋者

(행효자) 모인복위　소천　망령　모인영가　영가　기부　재
　行孝子　某人伏爲　所薦　亡靈　某人靈駕　靈駕　寄付　齋

자복위　상세선망　부모　다생사장　원근친족등　각열명영
者伏爲　上世先亡　父母　多生師丈　遠近親族等　各列名靈

가　차도량내외　동상동하　유주무주　애혼불자등　각열명
駕　此道場內外　洞上洞下　有主無主　哀魂佛子等　各列名

영가　철위산간　오무간옥　일일일야　만사만생　수고함
靈駕　鐵圍山間　五無間獄　一日一夜　萬死萬生　受苦含

령등　각열위영가　내지　겸급법계　삼도팔난　사생칠취
靈等　各列爲靈駕　乃至　兼及法界　三途八難　四生七趣

십류고혼등　각열위영가　지침체청　지심체수
十類孤魂等　各列爲靈駕　至心諦聽　至心諦受

### 착어
### 着語
( 영가에게 내리는 말 )　　(읽지 않음) ※ 목탁

영명성각묘난사 　월타추담계영한
靈明性覺妙難思 　月墮秋潭桂影寒

금탁수성개각로 　잠사진계하향단
金鐸數聲開覺路 　暫辭眞界下香壇

### 진령게
振鈴偈　（읽지 않음） ※ 요령을 흔들며

이차진령신소청 　명도귀계보문지
以此振鈴申召請 　冥途鬼界普聞知

원승삼보역가지 　금일금시래부회
願承三寶力加知 　今日今時來赴會

### 보소청진언
普召請眞言

"나무보보지리 가리다리 다타아타야"（3번）

### 청사
請詞　※ 요령

일심봉청 생연이진 대명아천 기작황천지객 이위주천
一心奉請 生緣已盡 大命我遷 旣作黃泉之客 已爲追薦

지혼 방불형용 의희면목 금일모령 승불위광 내예향단
之魂 彷佛形容 依稀面目 今日某靈 承佛威光 來詣香壇

수첨법공
受沾法供

### 향연청
香煙請　（헌향） ※ 목탁

### 가영
歌詠  ※ 목탁

제령한진치신망　석화광음몽일장
諸靈限盡致身亡　石火光陰夢一場

삼혼묘묘귀하처　칠백망망거원향
三魂杳杳歸何處　七魄茫茫去遠鄕


### 수위안좌진언
受位安座眞言  ※ 요령

아금의교설화연　공양진수열좌전
我今依敎說華筵　供養珍羞列座前

유원불자차제좌　전심제청연금언
唯願佛子次第坐　專心諦聽演金言

"옴 마니군다니 훔훔 사바하" (3번)


백초임중일미신　조주상권기천인
百草林中一味新　趙州常勸幾千人

팽장석정강심수　"원사망령헐고륜" (세번 3배)
烹將石鼎江心水　願使亡靈歇苦輪


모영　향설오분지진향　훈발대지
某靈　香爇五分之眞香　熏發大智

등연반야지명등　조파혼구
燈燃般若之明燈　照破昏衢

다헌조주지청다　돈식갈정
茶獻趙州之淸茶　頓息渴情

과헌선도지진품 상조일미
果獻仙都之眞品 常助一味

식진향적지진수 영절기허
食進香積之珍羞 永絶飢虛

선밀가지 신전윤택 업화청량 각구해탈 변식진언
宣蜜加持 身田潤澤 業火淸凉 各求解脫 變食眞言

"나막 살바다타 아다 바로기제 옴 삼바라 삼바라 훔"(3번)

시감로수진언
施甘露水眞言

"나무소로바야 다타아다야 다냐타 옴 소로소로 바라소로 바라소로 사바하"(3번)

일자수륜관진언　　　옴 밤 밤 밤밤"(3번)
一字水輪觀眞言

유해진언　　　"나무사만다 못다남 옴 밤"(3번)
乳海眞言

칭량성호　　※ 목탁·요령, 대중과 함께 동음으로
稱量聖號　　　(읽지 않음)

나무다보여래　원제고혼　파제간탐　법재구족
南無多寶如來　願諸孤魂　破除慳貪　法財具足

나무묘색신여래　원제고혼　이추루형　상호원만
南無妙色身如來　願諸孤魂　離醜陋形　相好圓滿

나무광박신여래　　원제고혼　　사륙범신　　오허공신
南無廣博身如來　　願諸孤魂　　捨六凡身　　悟虛空身

나무이포외여래　　원제고혼　　이제포외　　득열반락
南無離怖畏如來　　願諸孤魂　　離諸怖畏　　得涅槃樂

나무감로왕여래　　원제고혼　　열명영가　　인후개통
南無甘露王如來　　願諸孤魂　　列名靈駕　　咽喉開通

획감로미
獲甘露味

원차가지식　　보변만시방　　식자제기갈　　득생안양국
願此加持食　　普遍滿十方　　食者除飢渴　　得生安養國

시귀식진언
施鬼食眞言

"옴 미기미기 야야미기 사하바"
唵　味其味其　野野味其　裟婆訶

시무차법식진언
施無遮法食眞言

"옴 목령능 사하바"　(3번)
唵　目齡楞　裟婆訶

수아차법식　하이아란찬　기장함포만　업화돈청량
受我此法食　何異阿難饌　飢腸咸飽滿　業火頓淸凉

돈사탐진치　상귀불법승　염념보리심　처처안락국
頓捨貪瞋癡　常歸佛法僧　念念菩提心　處處安樂國

범소유상 개시허망 약견제상비상 직견여래
凡所有相 皆是虛妄 若見諸相非相 卽見如來


### 여래십호
### 如來十號

여래 응공 정변지 명행족 선서 세간해
如來 應供 正遍智 明行足 善逝 世間解

무상사 조어장부 천인사 불 세존
無上士 調御丈夫 天人師 佛 世尊


제법종본래 상자적멸상 불자행도이 내세득작불
諸法從本來 常自寂滅相 佛子行道已 來世得作佛


제행무상 시생멸법 생멸멸이 적멸위락
諸行無常 是生滅法 生滅滅已 寂滅爲樂


## 6. 법화경(法華經)

묘법연화위고혼　지심제청지심제수
妙法蓮華爲孤魂　至心諦聽至心諦受

| 자아득불래 | 소경제겁수 | 내 스스로 성불하여 |
| 自我得佛來 | 所經諸劫數 | 지나온 그 겁수는 |

| 무량백천만 | 억재아승지 | 한량없는 백천 만억 |
| 無量百千萬 | 億載阿僧祇 | 아승지가 되느니라. |

| 상설법교화 | 무수억중생 | 설법으로 한량없는 |
| 常說法敎化 | 無數億衆生 | 만억 중생 교화하여 |

| 영입어불도 | 이래무량겁 | 불도에 들게 하니 |
| 令入於佛道 | 爾來無量劫 | 그 또한 무량한 겁 |

| 위도중생고 | 방편현열반 | 중생 제도 위하여 |
| 爲度衆生故 | 方便現涅槃 | 열반을 말하지만 |

| 이실불멸도 | 상주차설법 | 그 실은 멸도 않고 |
| 而實不滅度 | 常住此說法 | 항상 이 법 설하며 |

| 아상주어차 | 이제신통력 | 항상 이곳 머물러 |
| 我常住於此 | 以諸神通力 | 여러 가지 신통으로 |

| 영전도중생 | 수근이불견 | 뒤바뀐 많은 중생 |
| 令顚倒衆生 | 雖近而不見 | 가깝게 인도하노라. |

| 중견아멸도 | 광공양사리 | 나의 멸도 중생 보고 |
| 衆見我滅度 | 廣供養舍利 | 사리에 널리 공양하며 |

| 함개회연모 | 이생갈앙심 | 연모의 정 다 품어 |
| 咸皆懷戀慕 | 而生渴仰心 | 그리운 맘 다시 내며 |

| 중생기신복 | 질직의유연 | 중생을 모두 믿고 |
| 衆生既信伏 | 質直意柔軟 | 그 뜻이 부드러워 |

| 일심욕견불 | 부자석신명 | 신명을 아끼지 않고 |
| 一心欲見佛 | 不自惜身命 | 부처 뵙기 원하면 |

| 시아급중승 | 구출영축산 | 그때에 나와 대중이 |
| 時我及衆僧 | 俱出靈鷲山 | 영취산에 함께 나와 |

| 아시어중생 | 상재차불멸 | 중생들에게 말하기를 나는 항 |
| 我時語衆生 | 常在此不滅 | 상 불멸하여 이곳에 머물지만 |

| 이방편력고 | 현유멸불멸 | 오직 방편의 힘으로 멸(滅)과 또 |
| 以方便力故 | 現有滅不滅 | 한 불멸을 나타내어 보이느니라. |

| 여국유중생 | 공경신락자 | 다른 나라 중생들이 |
| 餘國有衆生 | 恭敬信樂者 | 공경하여 믿으며 |

| 아부어피중 | 위설무상법 | 내가 다시 그 가운데 |
| 我復於彼中 | 爲說無上法 | 무상법을 설하거든 |

| 여등불문차 | 단위아멸도 | 너희들은 듣지 않고 |
| 汝等不聞此 | 但謂我滅度 | 나의 멸도 말하지만 |

| 아견제중생 | 몰재어고뇌 | 여러 중생 내가 보니 |
| 我見諸衆生 | 沒在於苦惱 | 고통 속에 빠졌구나. |

| 고불위현신 | 영기생갈앙 | 그러므로 은신하여 |
| 故不爲現身 | 令其生渴仰 | 그리운 맘 내게 하고 |

| 인기심연모 | 내출위설법 | 연모의 정 일으키어 |
| 因其心戀慕 | 乃出爲說法 | 나타나서 설법 하느니라. |

| 신통역여시 | 어아승지겁 | 신통력이 이와 같아 |
| 神通力如是 | 於阿僧祇劫 | 아승지 오랜 겁에 |

| 상재영축산 | 급여제주처 | 영취산과 다른 곳에 |
| 常在靈鷲山 | 及餘諸住處 | 머물러 있으려니 |

| 중생견겁진 | 대화소소시 | 중생이 겁 다하여 |
| 衆生見劫盡 | 大火所燒時 | 큰 불에 탈 때에도 |

| 아차토안은 | 천인상충만 | 나의 땅은 안온하여 |
| 我此土安隱 | 天人常充滿 | 하늘 인간 충만하고 |

| 원림제당각 | 종종보장엄 | 동산 수풀 여러 당각(堂閣) |
| 園林諸堂閣 | 種種寶莊嚴 | 보배로써 장엄되고 |

| 보수다화과 | 중생소유락 | 보배나무 꽃이 만발 |
| 寶樹多花果 | 衆生所遊樂 | 중생들이 즐겨 놀며 |

| | | |
|---|---|---|
| 제천격천고<br>諸天擊天鼓 | 상작중기악<br>常作衆伎樂 | 천신은 북을 쳐서<br>여러 기악 연주하고 |
| 우만다라화<br>雨曼陀羅華 | 산불급대중<br>散佛及大衆 | 만다라화 꽃비 내려<br>부처님과 대중께 흩으며 |
| 아정토불훼<br>我淨土不毀 | 이중견소진<br>而衆見燒盡 | 나의 정토 안 헐리나<br>중생들은 불에 타서 |
| 우포제고뇌<br>憂怖諸苦惱 | 여시실충만<br>如是悉充滿 | 근시 고통 가득함을<br>여기에서 다 보노라. |
| 시제죄중생<br>是諸罪衆生 | 이악업인연<br>以惡業因緣 | 죄가 많은 이런 중생<br>악업의 인연으로 |
| 과아승지겁<br>過阿僧祇劫 | 불문삼보명<br>不聞三寶名 | 아승지겁 지나도록<br>삼보(三寶)이름 못듣고 |
| 제유수공덕<br>諸有修功德 | 유화질직자<br>柔和質直者 | 여러 공덕 잘 닦아<br>부드럽고 질직한 이 |
| 즉개견아신<br>則皆見我身 | 재차이설법<br>在此而說法 | 여기 있는 내 몸이<br>설법함을 다 보며 |
| 혹시위차중<br>或時爲此衆 | 설불수무량<br>說佛壽無量 | 이런 중생 위하여서 어느 때는 말하기를<br>부처님 수명 길고 멀어 무량하다 하지마는 |
| 구내견불자<br>久乃見佛子 | 위설불난치<br>爲說佛難値 | 부처님을 오래도록 만나 뵈온 사람에겐<br>부처님은 희유하여 친견하기 어렵다고 |
| 아지력여시<br>我智力如是 | 혜광조무량<br>慧光照無量 | 광명이 무량하고 지혜 이와 같아 무<br>수한 겁 수명은 오래 닦은 업이니라. |
| 여등유지자<br>汝等有智者 | 물어차생의<br>勿於此生疑 | 너희들 지혜로운 이<br>의심내어 품지 말고 |

| 당단령영진 | 불어실불허 | 죄업 영영 끊을 지니 |
| 當斷令永盡 | 佛語實不虛 | 부처님 말씀 진실이라. |

| 여의선방편 | 위치광자고 | 의사가 좋은 방편으로 |
| 女醫善方便 | 爲治狂子故 | 미친 자식 구원하려 |

| 실재이언사 | 무능설허망 | 거짓말로 죽는 일이 |
| 實在而言死 | 無能說虛妄 | 허망함이 없듯이 |

| 아역위세부 | 구제고환자 | 나도 또한 이와 같아 |
| 我亦爲世不 | 救諸苦患者 | 뭇 고통을 구하려고 |

| 위범부전도 | 실재이언멸 | 뒤바꾸니 범부 위해 |
| 爲凡夫顚倒 | 實在而言滅 | 거짓 멸도 말하나니 |

| 이상견아고 | 이생교자심 | 나를 항상 보게 되면 |
| 以常見我故 | 而生憍恣心 | 교만한 마음 내고 |

| 방일착오욕 | 타어악도중 | 오욕에 깊이 집착 |
| 放逸着五欲 | 墮於惡道中 | 악도 중생 떨어지리. |

| 아상지중생 | 행도불행도 | 나는 항상 중생의 |
| 我常知衆生 | 行道不行道 | 행하는 도 모두 알고 |

| 수소응가도 | 위설종종법 | 제도할 바 근기 따라 |
| 隨所應可度 | 爲說種種法 | 갖가지로 설법하여 |

| 매자작시의 | 이하령중생 | 매양하는 이런 생각 |
| 每自作是意 | 以何令衆生 | 어떻게 저 중생을 |

| 득입무상도 | 속성취불신 | 무상 지혜 들게 하여 |
| 得入無上道 | 速成就佛身 | 성불 빨리 시킬건가. |

### 장엄염불
莊嚴念佛

원아진생무별렴 　　아미타불독상수
願我盡生無別念 　　阿彌陀佛獨相隨

심심상계옥호광 　　염념불이금색상
心心常係玉毫光 　　念念不離金色相

아집염주법계관 　　허공위승무불관
我執念珠法界觀 　　虛空爲繩無不貫

평등사나무하처 　　관구서방아미타
平等舍那無何處 　　觀求西方阿彌陀

나무서방대교주 　　무량수여래불
南無西方大敎主 　　無量壽如來佛

"나무아미타불"
南無阿彌陀佛

※ 시간 따라 하다가 극락세계십종장엄으로 들어감.

### 극락세계십종장엄
極樂世界十種莊嚴

법장서원수인장엄 　　사십팔원원력장엄
法藏誓願修因莊嚴 　　四十八願願力莊嚴

미타명호수광장엄 　　삼대사관보상장엄
彌陀名號壽光莊嚴 　　三大士觀寶像莊嚴

미타국토안락장엄 　　보하청정덕수장엄
彌陀國土安樂莊嚴 　　寶河淸淨德水莊嚴

보전여의누각장엄 　　주야장원시분장엄
寶殿如意樓閣莊嚴 　　晝夜長遠時分莊嚴

이십사락정토장엄　　삼십종익공덕장엄
二十四樂淨土莊嚴　　三十種益功德莊嚴


십념왕생원　왕생극락원
十念往生願　往生極樂願

상품상생원　결정정각원
上品上生願　決定正覺願


일념망심명료료　　미타부재별가향
一念妄心明了了　　彌陀不在別家鄉

통신자화연화국　　처처무비극락당
通身自化蓮華國　　處處無非極樂堂


원공법계제중생　　동입미타대원해
願共法界諸衆生　　同入彌陀大願海

진미래제도중생　　자타일시성불도
盡未來際度衆生　　自他一時成佛道


나무서방정토 극락세계 삼십육만억 일십일만 구천오백
南無西方淨土 極樂世界 三十六萬億 一十一萬 九千五百

동명동호 대자대비 아미타불
同名同號 大慈大悲 阿彌陀佛

나무 서방정토 극락세계 불신장광 상호무변 금색광명
南無 西方淨土 極樂世界 佛身長廣 相好無邊 金色光明

변조법계 사십팔원 도탈중생 불가설 불가설 불가설전
遍照法界 四十八願 度脫衆生 不可說 不可說 不可說轉

불가설 항하사 불찰미진수 도마죽위 무한극수 삼백
不可說 恒河沙 佛刹微塵數 稻麻竹葦 無限極數 三百

육십만억 일십일만 구천오백 동명동호 대자대비 아
六十萬億 一十一萬 九千五百 同名同號 大慈大悲 我

등도사 금색여래 아미타불
等導師 金色如來 阿彌陀佛


나무문수보살　나무보현보살
南無文殊菩薩　南無普賢菩薩

나무관세음보살　나무대세지보살
南無觀世音菩薩　南無大勢至菩薩

나무금강장보살　나무제장애보살
南無金剛藏菩薩　南無除障碍菩薩

나무미륵보살　나무지장보살
南無彌勒菩薩　南無地藏菩薩

나무일체청정대해중보살마하살
南無一切淸淨大海衆菩薩摩訶薩


원공법계제중생　동입미타대원해
願共法界諸衆生　同入彌陀大願海


| 시방삼세불 | 아미타제일 | 구품도중생 | 위덕무궁극 |
| 十方三世佛 | 阿彌陀第一 | 九品度衆生 | 威德無窮極 |
| 아금대귀의 | 참회삼업죄 | 범유제복선 | 지심용회향 |
| 我今大歸依 | 懺悔三業罪 | 凡有諸福善 | 至心用回向 |
| 원동염불인 | 진생극락국 | 견불요생사 | 여불도일체 |
| 願同念佛人 | 盡生極樂國 | 見佛了生死 | 如佛度一切 |

원아임욕명종시　　진제일체제장애
願我臨欲命終時　　盡除一切諸障碍

면견피불아미타　　직득왕생안락찰
面見彼佛阿彌陀　　卽得往生安樂刹


원이차공덕　　보급어일체
願以此功德　　普及於一切

아등여중생　　당생극락국
我等與衆生　　當生極樂國

동견무량수　　개공성불도
同見無量壽　　皆共成佛道


봉송편　（봉송편은 이미 청해 공양천도한
奉送篇　　영가를 배송하는 편입니다.）

봉송고혼계유정　　지옥아귀급방생
奉送孤魂洎有情　　地獄餓鬼及傍生

아어타일건도량　　불위본서환래부
我於他日建道場　　不違本誓還來赴

※ 다같이 절 3배하고 끝낸다.

# 제7부 제육재(第六齋)

제6재는 영가께서 돌아가신 뒤 제6주 42일째 되는 날이다. 원래는 제6 변성대왕에게 재를 올리게 되어 있으나 여기서는 극락세계 아미타부처님께 재를 올리고 아미타경을 독송해 드리도록 한다.

## 1. 천수경

(11쪽부터 21쪽에 있음)

## 2. 미타청(彌陀請)

거불  ※ 목탁
擧佛

나무 극락도사아미타불  (절)
南無 極樂導師阿彌陀佛

나무 좌보처관세음보살  (절)
南無 左補處觀世音菩薩

나무 우보처대세지보살 (절)
南無 右補處大勢至菩薩

보소청진언  ※ 요령
普召請眞言

"나무 보보제리 가리다리 다타 아다야" (3번)

유치  ※ 범음성으로 점잖게
由致

앙유 미타대성자 청련감목 자금진신 애일체중생 미탈
仰唯 彌陀大聖者 靑蓮紺目 紫金眞身 哀一切衆生 未脫

윤회지고뇌 이대비원력 별개환주지장엄 수무피아지
輪回之苦惱 以大悲願力 別開幻住之莊嚴 雖無彼我之

사심 편유인연어차토 시이사바세계 차사천하 남섬부
私心 遍有因緣於此土 是以裟婆世界 此四天下 南贍部

주 대한민국 (재를 올리는 사찰 주소 명  이금월금일   건설
州 大韓民國  칭과 재 자의 주소 성명)  以今月今日   虔說

법연 정찬공양 극락도사 아미타불 좌우보처 양대
法筵 淨饌供養 極樂導師 阿彌陀佛 左右補處 兩大

보살 훈근작법 앙기묘원자 우복이 설 명향이예청
菩薩 薰懃作法 仰祈妙援者 右伏以 爇 茗香以禮請

정옥립이수재 재체수미 건성가민 앙표일심 선진삼청
呈玉粒而修齋 齋體雖微 虔誠可愍 仰表一心 先陳三請

청사
請詞

나무일심봉청 자금엄상 휘화백억찰중 백옥명호 선전
南無一心奉請 紫金嚴相 輝華百億刹中 白玉明毫 旋轉

오봉산상 광류처처 무불섭생 영화중중 유연개도 약
五峰山上 光流處處 無不攝生 影化重重 有緣皆度 若

유삼심극비 십념공성 정향구련 영사오탁 대성자부
有三心克備 十念功成 接向九蓮 令辭五濁 大聖慈父

아미타불 유원자비 강림도량 수차공양
阿彌陀佛 唯願慈悲 降臨道場 受此供養

향화청 ※ 목탁
香花請

가영 ※ 목탁
歌詠

무량광중화불다    앙첨개시아미타
無量光中化佛多    仰瞻皆是阿彌陀

응신각정황금상    보계도선벽옥나
應身各挺黃金相    寶髻都旋碧玉螺

고아일심귀명정례  (반절)
故我一心歸命頂禮

헌좌진언
獻座眞言

묘보리좌승장엄    제불좌이성정각
妙菩提座勝莊嚴    諸佛坐已成正覺

아금헌좌역여시    자타일시성불도
我今獻座亦如是    自他一時成佛道

"옴 바아라 미나야 사바하" (3번)
唵 縛日羅 未那野 裟婆訶

### 정근
### 精勤

"나무 서방정토 극락세계 아등도사 나무아무타불"로 시작하여 "나무아미타불"을 시간 따라 부르다가 끝날 때는 아마티불 본심미묘진언을 외우고 권공으로 들어감.

### 아미타불본심미묘진언
### 阿彌陀佛本心微妙眞言

"다냐타 옴 아리 다라 사바하" (3~7번)

| 원이차공덕 | 보급어일체 | 아등여중생 |
| 願以此功德 | 普及於一切 | 我等與衆生 |
| 당생극락국 | 동견무량수 | 개공성불도 (반절) |
| 當生極樂國 | 同見無量壽 | 皆共成佛道 |

### 권공
### 勸供

욕건만나라 선송
欲建曼拏羅 先誦

정법계진언    "옴 남" (3~7번) ※ 목탁
淨法界眞言    唵 喃

### 다게
### 茶偈

금장감로다 　봉헌약사전
今將甘露多　奉獻藥師前

감찰건간심 　"원수자비애납수" (3번)
鑑察虔懇心　 願垂慈悲哀納受


　　　진언권공
　　　眞言勸供

향수나열 　재자건성 　욕구공양지주원
香羞羅列　齋者虔誠　欲求供養之周圓

수장가지지변화 　앙유삼보 　특사가지
須仗加持之變化　仰唯三寶　特賜加持

"나무시방불 나무시방법 나무시방승" (3번)


　　무량위덕자재광명승묘력변식진언
　　無量威德自在光明勝妙力變食眞言

"나막 살바다타 아다 바로기제 옴 삼바라 삼바라 훔" (3번)


　　　시 감로수진언
　　　施 甘露水眞言

"나무소로바야 다타아다야 다냐야 옴 소로소로 바라소로 바라소로 사바하" (3번)


　　　일자수륜관진언
　　　一字水輪觀眞言

"옴 밤밤밤밤" (3번)

### 유해진언
乳海眞言

"나무사만다 못다남 옴 밤" (3번)


### 운심공양진언
運心供養眞言

원차향공변법계　보공무진삼보해
願此香供遍法界　普供無盡三寶海

자비수공증선근　영법주세보불은
慈悲受供增善根　令法住世報佛恩

"나막 살바다타 아제뱍미 새바 모계 배약살바다캄 오
나아제 바라혜맘 옴 아아나깜 사바하" (3번)


### 예참　※ 목탁
禮懺

지심정례공양 극락도사 아미타여래불　(절)
至心頂禮供養 極樂導師 阿彌陀如來佛

지심정례공양 좌우보처 관음세지양대보살　(절)
至心頂禮供養 左右補處 觀音世智兩大菩薩

지심정례공양 일체청정 대해중보살마하살　(절)
至心頂禮供養 一切衆生 大海衆菩薩摩訶薩


유원 미타대성　강림도량　수차공양
唯願 彌陀大聖　降臨道場　受此供養

원공법계제중생　자타일시성불도　(반절)
願共法界諸衆生　自他一時成佛道

보공양진언
普供養眞言

"옴 아아나 삼바바 바아라 훔" (3번)

보회향진언
普回向眞言

"옴 삼마라 삼마라 미마나 사라마하 자가라바 훔" (3번)

원성취진언
願成就眞言

"옴 아모카 살바다라 사다야 시베 훔" (3번)

보궐진언
補闕眞言

"옴 호로호로 시야모케 사바하" (3번)

무량광중화불다　　앙첨개시아미타
無量光中化佛多　　仰瞻皆是阿彌陀

응신각정황금상　　보계도선벽옥나
應身各挺黃金相　　寶髻都旋碧玉螺

고아일심귀명정례　(3번)
故我一心歸命頂禮

## 축원
### 祝願

**앙고 대자대비 극락도사 아미타불 불사자비 허수낭감**
仰告 大慈大悲 極樂導師 阿彌陀佛 不捨慈悲 許垂朗鑑

**시이 사바세계 남섬부주 동양 대한민국 주소 금차제당**
是以 裟婆世界 南贍部洲 東洋 大韓民國 住所 今此第當

**지극지정성 천혼제자 행효장자 모생 모인복위 소천**
至極之精誠 薦魂齊者 行孝長子 某生 某人伏爲 所薦

**모영가 이차인연공덕 아미타불 애민섭 수지묘력 불**
某靈駕 以此因緣功德 阿彌陀佛 哀愍攝 受之妙力 不

**답명로 즉득왕생극락세계 상품상생지대원**
踏冥路 卽得往生極樂世界 上品上生之大願

**억원 영가위주 상세선망 사존부모 누세종친 형제숙백**
抑願 靈駕爲主 上世先亡 師尊父母 累世宗親 兄弟叔伯

**일체친족등 각열위영가 지어차도량 내외 동상동하**
一切親族等 各列位靈駕 至於此道場 內外 洞上洞下

**유주무주 침혼체백 일체애혼 불자등 각열위영가 내지**
有主無主 沈魂滯魄 一切哀魂 佛子等 各列位靈駕 乃至

**철위산간 오무간옥 일일일야 만사만생 수고함영등**
鐵圍山間 五無間獄 一日一夜 萬死萬生 受苦含靈等

**각열위영가 겸급법계 삼도팔난 사생칠취 사은삼유**
各列位靈駕 兼及法界 三途八難 四生七趣 四恩三有

**일체유식함령 등 각열위영가 함탈삼계지고뇌 초생구품**
一切有識含靈 等 各列位靈駕 咸脫三界之苦惱 超生九

**지락방 획몽제불 감로관정 반야랑지 활연개오지대원**
之樂邦 獲蒙諸佛 甘露灌頂 般若朗智 豁然開悟之大願

억원 금일지성제자 시회합원대중 각각등보체 각기심
抑願 今日至誠齊者 時會合院大衆 各各等保體 各其心

중　소구발원　일일유천상지경　시시무백해지재　수산
中　所求發願　日日有千祥之慶　時時無百害之災　壽山

고흘 복해왕양지대원
高屹 福海汪洋之大願

연후원 항사법계 무량불자등 동유화장 제불대광명
然後願 恒沙法界 無量佛子等 同遊華藏 諸佛大光明

동입보리대도량　상봉화엄불보살
同入菩提大道場　常逢華嚴佛菩薩

항몽제불대광명　소멸무량중죄장
恒蒙諸佛大光明　消滅無量衆罪障

획득무량대지혜　돈성무상최정각
獲得無量大智慧　頓成無上最正覺

광도법계제중생　이보제불막대은
廣度法界諸衆生　以報諸佛莫大恩

세세상행보살도　구경원성살바야
世世常行菩薩道　究竟圓成薩婆若

마하반야바라밀　(반절)
摩訶般若波羅密

나무석가모니불　나무석가모니불
南無釋迦牟尼佛　南無釋迦牟尼佛

나무시아본사석가모니불　(반절)
南無是我本師釋迦牟尼佛

## 3. 중단권공   ※ 중단을 향하여 반야심경 1편을 독송함

마하반야바라밀다 심경
摩訶般若波羅密多 心經

관자재보살 행심반야 바라밀다 시 조견 오온개공 도
觀自在菩薩 行深般若 波羅密多 時 照見 五蘊皆空 度

일체고액 사리자 색불이공 공불이색 색즉시공 공즉
一切苦厄 舍利子 色不異空 空不異色 色卽是空 空卽

시색 수상행식 역부여시 사리자 시 제법공상 불생불
是色 受想行識 亦復如是 舍利子 是 諸法空相 不生不

멸 불구부정 부증불감 시고 공중 무색 무수상행식
滅 不垢不淨 不增不減 是故 空中 無色 無受想行識

무안이비설신의 무색성향미촉법 무안계 내지무의식계
無眼耳鼻舌身意 無色聲香味觸法 無眼界 乃至無意識界

무무명 역무무명진 내지 무노사 역무노사진 무 고집
無無明 亦無無明盡 乃至 無老死 亦無老死盡 無 苦集

멸도 무지역무득 이무소득고 보리살타 의반야바라밀
滅度 無智亦無得 以無所得故 菩提薩埵 依般若波羅密

다 고심무가애 무가애고 무유공포 원리전도몽상 구
多 故心無罣碍 無罣碍故 無有恐怖 遠離顚倒夢想 究

경열반 삼세제불 의반야바라밀다 고득아뇩다라삼먁
竟涅槃 三世諸佛 依般若波羅密多 故得阿耨多羅三藐

삼보리 고지반야바라밀다 시 대신주 시 대명주 시무
三菩提 故知般若波羅密多 是 大神呪 是 大明呪 是無

상주 시무등등주 능제일체고 진실불허 고설 반야바
上呪 是無等等呪 能除一切故 眞實不虛 故說 般若波

라밀다주 즉설주왈
羅密多呪 卽說呪曰

"아제아제 바라아제 바라승아제 모제 사바하" (3번)


화엄성중혜감명　　사주인사일념지
華嚴聖衆慧鑑明　　四洲人事一念知

애민중생여적자　　시고아금공경례
哀愍衆生如嫡子　　是故我今恭敬禮

고아일심귀명정례　(반절)
故我一心歸命頂禮


## 4. 중단축원

앙고 화엄회상 제대현성 첨수연민지지정 각방신통지
仰告 華嚴會上 諸大賢聖 僉垂憐愍之至情 各放神通之

묘력 원아금차 (주소) 앙몽제대성중 가호지묘력 일
妙力 願我今此　성명　仰蒙諸大聖衆 加護之妙力 日

일유 천상지경 시시무 백해지재 심중소구 여의형통
日有 千祥之慶 時時無 百害之災 心中所求 如意亨通

지대원 연후원 금일재자 여 시회대중등 삼장돈제 오
之大願 然後願 今日齋者 與 時會大衆等 三障頓除 五

복증숭 원제유정등 삼업개청정 봉지제불교 화남대성
福增崇 願諸有情等 三業皆清淨 奉持諸佛教 和南大聖

존 구호길상 마하반야바라밀
尊 俱護吉祥 摩訶般若波羅密

## 5. 시식(施食)

**거불** ※ 목탁
擧佛

나무 극락도사 아미타불　(절)
南無　極樂導師　阿彌陀佛

나무 좌우보처 관음세지 양대보살　(절)
南無　左右補處　觀音勢至　兩大菩薩

나무 접인망령 대성인로왕보살　(절)
南無　接引亡靈　大聖引路王菩薩

**청혼** ※ 요령 세 번 흔들고, 점잖게 범음성으로
請魂

거 사바세계 남섬부주 동양 대한민국 (모사) 청정도량
擧 裟婆世界 南瞻部洲 東洋 大韓民國　某寺　淸淨道場

원아금차 제당 (사십구재중제육재) 위천설향 봉청재자
願我今此 第當 四十九齋中第六齋 爲薦爇香 奉請齋者

(행효자) 모인복위 소천 망령 모인영가 영가 기부 재
　行孝子　某人伏爲　所薦　亡靈　某人靈駕　靈駕　寄付　齋

자복위 상세선망 부모 다생사장 원근친족등 각열명영
者伏爲　上世先亡　父母　多生師丈　遠近親族等　各列名靈

가 차도량내외 동상동하 유주무주 애혼불자등 각열명
駕　此道場內外　洞上洞下　有主無主　哀魂佛子等　各列名

영가 철위산간 오무간옥 일일일야 만사만생 수고함
靈駕　鐵圍山間　五無間獄　一日一夜　萬死萬生　受苦含

령등 각열위영가 내지 겸급법계 삼도팔난 사생칠취
靈等 各列爲靈駕 乃至 兼及法界 三途八難 四生七趣

십류고혼등 각열위영가 지침체청 지심체수
十類孤魂等 各列爲靈駕 至心諦聽 至心諦受

### 착어 (영가에게 내리는 말) (읽지 않음) ※ 목탁
着語

영명성각묘난사   월타추담계영한
靈明性覺妙難思   月墮秋潭桂影寒

금탁수성개각로   잠사진계하향단
金鐸數聲開覺路   暫辭眞界下香壇

### 진령게 (읽지 않음) ※ 요령을 흔들며
振鈴偈

이차진령신소청   명도귀계보문지
以此振鈴申召請   冥途鬼界普聞知

원승삼보역가지   금일금시래부회
願承三寶力加知   今日今時來赴會

### 보소청진언
普召請眞言

"나무보보지리 가리다리 다타아타야" (3번)

### 청사  ※ 요령
請詞

일심봉청 생연이진 대명아천 기작황천지객 이위주천
一心奉請 生緣已盡 大命我遷 旣作黃泉之客 已爲追薦

지혼 방불형용 의희면목 금일모령 승불위광 내예향단
之魂 彷佛形容 依稀面目 今日某靈 承佛威光 來詣香壇

수첨법공
受沾法供

향연청 　　(헌향)　※ 목탁
香煙請

가영　※ 목탁
歌詠

| 제령한진치신망 | 석화광음몽일장 |
|---|---|
| 諸靈限盡致身亡 | 石火光陰夢一場 |

| 삼혼묘묘귀하처 | 칠백망망거원향 |
|---|---|
| 三魂杳杳歸何處 | 七魄茫茫去遠鄕 |

수위안좌진언　※ 요령
受位安座眞言

| 아금의교설화연 | 공양진수열좌전 |
|---|---|
| 我今依敎說華筵 | 供養珍羞列座前 |

| 유원불자차제좌 | 전심제청연금언 |
|---|---|
| 唯願佛子次第坐 | 專心諦聽演金言 |

"옴 마니군다니 훔훔 사바하"(3번)

| 백초임중일미신 | 조주상권기천인 |
|---|---|
| 百草林中一味新 | 趙州常勸幾千人 |

| 팽장석정강심수 | "원사망령헐고륜" (3번 3배) |
|---|---|
| 烹將石鼎江心水 | 願使亡靈歇苦輪 |

모영 향설오분지진향 훈발대지
某靈 香爇五分之眞香 熏發大智

등연반야지명등 조파혼구
燈燃般若之明燈 照破昏衢

다헌조주지청다 돈식갈정
茶獻趙州之淸茶 頓息渴情

과헌선도지진품 상조일미
果獻仙都之眞品 常助一味

식진향적지진수 영절기허
食進香積之珍羞 永絶飢虛

선밀가지 신전윤택 업화청량 각구해탈 변식진언
宣蜜加持 身田潤澤 業火淸凉 各求解脫 變食眞言

"나막 살바다타 아다 바로기제 옴 삼바라 삼바라 훔"(3번)

시감로수진언
施甘露水眞言

"나무소로바야 다타아다야 다냐타 옴 소로소로 바라소로 바라소로 사바하"(3번)

일자수륜관진언　　옴 밤 밤 밤밤"(3번)
一字水輪觀眞言

유해진언　　"나무사만다 못다남 옴 밤"(3번)
乳海眞言

### 칭량성호 稱量聖號
※ 목탁·요령, 대중과 함께 동음으로
（읽지 않음）

| 나무다보여래 | 원제고혼 | 파제간탐 | 법재구족 |
| 南無多寶如來 | 願諸孤魂 | 破除慳貪 | 法財具足 |

| 나무묘색신여래 | 원제고혼 | 이추루형 | 상호원만 |
| 南無妙色身如來 | 願諸孤魂 | 離醜陋形 | 相好圓滿 |

| 나무광박신여래 | 원제고혼 | 사륙범신 | 오허공신 |
| 南無廣博身如來 | 願諸孤魂 | 捨六凡身 | 悟虛空身 |

| 나무이포외여래 | 원제고혼 | 이제포외 | 득열반락 |
| 南無離怖畏如來 | 願諸孤魂 | 離諸怖畏 | 得涅槃樂 |

| 나무감로왕여래 | 원제고혼 | 열명영가 | 인후개통 |
| 南無甘露王如來 | 願諸孤魂 | 列名靈駕 | 咽喉開通 |

획감로미
獲甘露味

| 원차가지식 | 보변만시방 | 식자제기갈 | 득생안양국 |
| 願此加持食 | 普遍滿十方 | 食者除飢渴 | 得生安養國 |

### 시귀식진언 施鬼食眞言

"옴 미기미기 야야미기 사하바"
唵 味其味其 野野味其 裟婆訶

### 시무차법식진언 施無遮法食眞言

"옴 목령능 사하바" （3번）
唵 目齡楞 裟婆訶

수아차법식 하이아란찬 기장함포만 업화돈청량
受我此法食 何異阿難饌 飢腸咸飽滿 業火頓淸凉

돈사탐진치 상귀불법승 염념보리심 처처안락국
頓捨貪瞋癡 常歸佛法僧 念念菩提心 處處安樂國

범소유상 개시허망 약견제상비상 직견여래
凡所有相 皆是虛妄 若見諸相非相 卽見如來

### 여래십호
如來十號

여래 응공 정변지 명행족 선서 세간해
如來 應供 正遍智 明行足 善逝 世間解

무상사 조어장부 천인사 불 세존
無上士 調御丈夫 天人師 佛 世尊

제법종본래 상자적멸상 불자행도이 내세득작불
諸法從本來 常自寂滅相 佛子行道已 來世得作佛

제행무상 시생멸법 생멸멸이 적멸위락
諸行無常 是生滅法 生滅滅已 寂滅爲樂

## 6. 미타경(彌陀經)

아미타경위고혼　　　　　　고혼을 위해서
阿彌陀經爲孤魂　　　　　　아미타경을 읽어드리겠사오니

| | |
|---|---|
| 지심제청 지심제수<br>至心諦聽 至心諦受 | 자세히 듣고<br>자세히 들으시옵소서. |
| 여시아문 일시<br>如是我聞 一時 | 이와 같이<br>내가 들었다. |
| 불 재사위국기수급고독원<br>佛 在舍衛國祇樹給孤獨園 | 어느 때 부처님께서 사위국<br>기수급고독원에서 |
| 여대비구승 천이백오<br>與大比丘僧 千二百五 | 대비구중<br>천이백오십인들과 |
| 십인 구<br>十人 俱 | 함께<br>계셨다. |
| 개시대아라한<br>皆是大阿羅漢 | 그들은 모두가<br>대 아라한으로 |
| 중소지식<br>衆所知識 | 여러 사람들에게<br>잘 알려진 이들이었으니, |
| 장로사리불 마하목건련<br>長老須菩提 摩訶目犍連 | 장로 사리불과<br>마하목건련, |
| 마하가섭 마하가전연<br>摩訶迦葉 摩訶迦旃連 | 마하가섭,<br>마하가전연, |
| 마하구치라 이바다<br>摩訶俱絺羅 離婆多 | 마하구치라,<br>리바다, |
| 주리반타가 난타<br>周利槃陀伽 難陀 | 주리반타가,<br>난타, |
| 아난타 라후라<br>阿難陀 羅睺羅 | 아난타,<br>라후라, |
| 교범바제 빈두로파라타<br>憍梵婆提 賓頭盧頗羅墮 | 교범바제,<br>빈두로파라타, |

| | |
|---|---|
| 가류타이 마하겁빈나<br>迦留陀夷 摩訶劫賓那 | 가루타이,<br>마하겁빈라, |
| 박구라 아누루다<br>縛拘羅 阿㝹樓馱 | 박구라,<br>아누루타 등 |
| 여시등 제대제자<br>如是等 諸大弟子 | 이와같이<br>큰 제자들이었으며 |
| 병제보살마하살<br>竝諸菩薩摩訶薩 | 또한<br>보살마하살인, |
| 문수사리법왕자<br>文殊師利法王子 | 문수사리<br>법왕자와 |
| 아일다보살<br>阿逸多菩薩 | 아일다<br>보살, |
| 건타하제보살<br>乾陀訶提菩薩 | 건타하제<br>보살, |
| 상정진보살 여여시등<br>常精進菩薩 與如是等 | 상정진보살<br>등 |
| 제대보살<br>諸大菩薩 | 이와같이<br>여러 대보살들이었으며, |
| 급석제환인등<br>及釋提桓因等 | 또한<br>석제 환인 등 |
| 무량제천대중 구<br>無量諸天大衆 俱 | 수많은 여러 천인들이<br>함께 있었다. |
| 이시 불고 장로사리불<br>爾是 佛告 長老舍利弗 | 그때에 부처님께서<br>장로 사리불에게 말씀하셨다. |
| 종시서방 과십만억불토<br>從是西方 過十萬億佛土 | "여기에서 서쪽으로 십만억<br>국토를 지난 곳에 |

유세계 명왈극락  한 세계가 있으니
有世界 名曰極樂  이름이 극락이요,

기토 유불  거기에
其土 有佛  부처님이 계시니

호아미타 금현재설법  호가 아미타이시라
號阿彌陀 今現在說法  지금도 설법하고 계시느니라.

사리불 피토 하고  사리불아,
舍利弗 彼土 何故  저 세계를 어찌하여

명위극락  극락이라
名爲極樂  하였느줄 아느냐.

기국중생 무유중고  그 나라 중생들은
其國衆生 無有衆苦  아무 괴로움도 없고

단수제락 고명극락  다만 온갖 즐거움만 누리므로
但受諸樂 故名極樂  극락이라 하였느니라.

우사리불 극락국토  그리고 사리불아,
又舍利弗 極樂國土  극락세계는

칠중난순 칠중라망  일곱겹으로 된 난간과
七重欄楯 七重羅網  일곱겹 라망과

칠중행수  일곱겹 가로수가
七重行樹  있는데,

개시사보 주잡위요  다 네 가지 보배로 두루두루
皆是四寶 周匝圍繞  둘러 싸여 있으므로

시고 피국 명위극락  그 나라를 또한
是故 彼國 名爲極樂  극락이라 하느니라.

우사리불 극락국토  사리불아,
又舍利弗 極樂國土  또 극락세계에는

| | |
|---|---|
| 유칠보지 팔공덕수<br>有七寶池 八功德水 | 칠보로 된 연못이 있으니,<br>여덟가지 공덕이 있는 물이 |
| 충만기중<br>充滿其中 | 그 가운데<br>가득 찼으며, |
| 지저 순이금사 포지<br>池底 純以金沙 布地 | 연못 바닥은 순전한 금모래가<br>깔려있으며, 연못 둘레에는 |
| 사변계도 금은유리파<br>四邊階道 金銀琉璃玻 | 금·은·유리·파려 등<br>네 가지 보배로 |
| 려 합성<br>黎 合成 | 이루어진<br>층계가 있고, |
| 상유누각<br>上有樓閣 | 그 위에는<br>누각이 있어 |
| 역이금은 유리 파려<br>亦以金銀 琉璃 玻黎 | 역시<br>금·은·유리·파려· |
| 자거 적주 마노<br>硨磲 赤珠 瑪瑙 | 자거·적주·<br>마노 등으로 |
| 이엄식지<br>而嚴飾之 | 찬란하게<br>꾸며져 있으며, |
| 지중연화 대여거륜<br>池中蓮華 大如車輪 | 연못 가운데 핀 연꽃은<br>큰 수레바퀴와 같아서, |
| 청색청광<br>青色青光 | 푸른 꽃에서는<br>푸른 빛이 나고, |
| 황색황광<br>黃色黃光 | 누른 꽃에서는<br>누른 빛이 나며, |
| 적색적광<br>赤色赤光 | 붉은 꽃에서는<br>붉은 빛이 나고, |

| | |
|---|---|
| 백색백광<br>白 色 白 光 | 흰 꽃에서는<br>흰 빛이 나서 |
| 미묘향결<br>微 妙 香 潔 | 이를데 없이 향기롭고<br>정결하느니라. |
| 사리불 극락국토<br>舍 利 弗 極 樂 國 土 | 사리불아,<br>극락세계는 |
| 성취여시공덕장엄<br>成 就 如 是 功 德 莊 嚴 | 이와같은 공덕장엄으로<br>이루어졌느니라. |
| 우사리불 피불국토<br>又 舍 利 弗 彼 佛 國 土 | 또 사리불아,<br>저 나라에는 |
| 상작천악 황금위지<br>常 作 天 樂 黃 金 爲 地 | 항상 천상의 음악이 울리며,<br>땅은 황금으로 되고 |
| 주야육시 우천만다라화<br>晝 夜 六 時 雨 天 曼 多 羅 華 | 주야로 천상의<br>만다라꽃이 비내리는데, |
| 기토중생 상이청단<br>其 土 衆 生 常 以 淸 旦 | 그 나라의 사람들은<br>항상 이른 아침마다 |
| 각이의극 성중묘화<br>各 以 衣 ● 盛 衆 妙 華 | 각각 바구니에 온갖<br>묘한 꽃을 담아가지고 |
| 공양타방십만억불<br>供 養 他 方 十 萬 億 佛 | 다른 세계에 계시는<br>십만억 부처님께 공양하고, |
| 즉이식시 환도본국<br>卽 以 食 時 還 到 本 國 | 식사 때가지<br>본국에 돌아와 |
| 반사경행<br>飯 食 經 行 | 식사를 마치고<br>경행하느니라. |
| 사리불 극락국토<br>舍 利 弗 極 樂 國 土 | 사리불아,<br>극락세계는 이와같은 |

성취여시공덕장엄　　　　　　　공덕장엄으로
成就如是功德莊嚴　　　　　　　이루어졌느니라.

부차사리불 피국　　　　　　　또 사리불아,
復次舍利弗 彼國　　　　　　　저 나라에는

상유종종기묘잡색지조　　　　　항상 여러 가지 기이하고
常有種種奇妙雜色之鳥　　　　　묘한 여러 빛깔을 가진

백학 공작 앵무 사리　　　　　백학, 공작,
白鶴 孔雀 鸚鵡 舍利　　　　　앵무, 사리,

가릉빈가 공명지조　　　　　　가릉빈가, 공명조 등
迦陵頻伽 共命之鳥　　　　　　새들이 있어서

시제중조 주야육시　　　　　　밤과 낮
是諸衆鳥 晝夜六時　　　　　　6시로

출화아음 기음 연창오근　　　　항상 화평하고 맑은 소리를
出和雅音 其音 演暢五根　　　　내는데, 그 소리에서 5근,

오력칠보리분팔성도분　　　　　5력, 7보리분,
五力七菩提分八聖道分　　　　　8성도분 등

여시등법　　　　　　　　　　　법문을 설하는
如是等法　　　　　　　　　　　소리가

기토중생　　　　　　　　　　　흘러 나오느니라.
其土衆生　　　　　　　　　　　그 나라 중생들은

문시음이　　　　　　　　　　　그 소리를
聞是音已　　　　　　　　　　　들으면 부처님을

개실염불염법염승　　　　　　　생각하고 법문을 생각하며
皆悉念佛念法念僧　　　　　　　스님들을 생각하게 되느니라.

사리불 여물위차조　　　　　　사리불아,
舍利弗 汝勿謂此鳥　　　　　　너희들은 이 새들이

| | |
|---|---|
| 실시죄보소생<br>實 是 罪 報 所 生 | 죄업으로 생긴 것이라고<br>생각하지 말지니라. |
| 소이자하<br>所 以 者 何 | 왜냐<br>하면 |
| 피불국토 무삼악도<br>彼 佛 國 土 無 三 惡 道 | 저 불국토에는<br>삼악도가 없느니라. |
| 사리불 기불국토<br>舍 利 弗 其 佛 國 土 | 사리불아,<br>그 세계에는 |
| 상무악도지명<br>尙 無 惡 道 之 名 | 악도라는 이름도<br>없거늘 |
| 하황유실<br>何 況 有 實 | 하물며 실지로<br>그런 것이 있겠느냐. |
| 시제중조 개시아미타불<br>是 諸 衆 鳥 皆 是 阿 彌 陀 佛 | 이 여러 새들은<br>모두 아미타불께서 |
| 욕령법음선류 변화소작<br>欲 令 法 音 宣 流 變 化 所 作 | 법문을 펴기 위하여<br>화현으로 만든 것이니라. |
| 사리불 피불국토<br>舍 利 弗 彼 佛 國 土 | 사리불아,<br>저 불국토에는 |
| 미풍취동 제보행수<br>微 風 吹 動 諸 寶 行 樹 | 약간 바람이 불어도<br>보석으로 장식된 가로수와 |
| 급보라망 출미묘음<br>及 寶 羅 網 出 微 妙 音 | 보배그물에서<br>아름다운 소리가 나는데, |
| 비여백천종악 동시구작<br>譬 如 百 千 種 樂 同 時 俱 作 | 그것은 마치 백천가지 악기가<br>합주하는 것과 같으며 |
| 문시음자 자연개생<br>聞 是 音 者 自 然 皆 生 | 이 소리를 듣는 사람들은<br>모두 저절로 부처님을 생각하고 |

| | |
|---|---|
| **염불염법 염승지심**<br>念佛念法 念僧之心 | 법문을 생각하며 스님들을<br>생각할 마음이 나느니라. |
| **사리불 기불국토**<br>舍利弗 其佛國土 | 사리불아,<br>극락세계에는 |
| **성취여시공덕장엄**<br>成就如是功德莊嚴 | 이와같은 공덕장엄으로<br>이루어졌느니라. |
| **사리불 어여의운하**<br>舍利弗 於汝意云何 | 사리불아,<br>어찌하여 저 부처님을 |
| **피불 하고 호아미타**<br>彼佛 何故 號阿彌陀 | 아미타불이라<br>하는 줄 아느냐? |
| **사리불 피불광명**<br>舍利弗 彼佛光明 | 사리불아,<br>저 부처님의 광명이 |
| **무량조시방국**<br>無量照十方國 | 한량없어<br>시방세계를 두루 비추어 |
| **무소장애**<br>無所障碍 | 조금도 걸림이<br>없기 때문에 |
| **시고 호위아미타**<br>是故 號爲阿彌陀 | 아미타불이라<br>하느니라. |
| **우사리불 피불수명**<br>又舍利弗 彼佛壽命 | 또 사리불아,<br>그 부처님의 수명과 |
| **급기인민 무량무변**<br>及其人民 無量無邊 | 그 나라 인민의 수명이<br>무량무변 |
| **아승지겁**<br>阿僧祇劫 | 아승지겁<br>이므로 |
| **고명 아미타**<br>故名 阿彌陀 | 아미타불이라<br>이름하느니라. |

| | |
|---|---|
| 사리불 아미타불<br>舍利弗 阿彌陀佛 | 사리불아,<br>아미타불이 |
| 성불이래 어금십겁<br>成佛以來 於今十劫 | 성불한 지도 벌써<br>10겁이 되었느니라. |
| 우사리불 피불<br>又舍利弗 彼佛 | 또 사리불아,<br>아미타불에게는 |
| 유무량무변성문제자<br>有無量無邊聲聞弟子 | 헤아릴 수 없이 많은<br>성문제자들이 있으니 |
| 개아라한 비시산수지<br>皆阿羅漢 非是算數之 | 모두 아라한이라.<br>그 수효는 |
| 소능지<br>所能知 | 어떤 산수로도<br>헤아릴 수 없으며 |
| 제보살중 역부여시<br>諸菩薩衆 亦復如是 | 보살대중의 수효도<br>또한 그러하니라. |
| 사리불 피불국토<br>舍利弗 彼佛國土 | 사리불아<br>저 불국토는 |
| 성취여시공덕장엄<br>成就如是功德莊嚴 | 이와같은 공덕으로<br>장엄되있느니라. |
| 우사리불 극락국토<br>又舍利弗 極樂國土 | 또 사리불아,<br>극락세계에 |
| 중생생자 개시아비발치<br>衆生生者 皆是阿鞞跋致 | 태어나는 중생들은 다<br>아비발치이며 |
| 기중 다유일생보처<br>其中 多有一生補處 | 그 가운데는<br>일생보처에 |
| 기수심다<br>其數甚多 | 오른 이들이<br>또한 수없이 많아 |

비시산수 소능지지 | 산수로써
非是算數 所能知之 | 알 수 없으며

단가이무량무변아승지설 | 다만 무량무변 아승지로
但可以無量無邊阿僧祇說 | 말할 뿐이니라.

사리불 중생문자 | 사리불아,
舍利弗 衆生聞者 | 이 말을 들은 중생들은

응당발원 | 마땅히
應當發願 | 원을 발하되,

원생피국 소이자하 | 저 나라에 태어나기를
願生彼國 所以者何 | 원하여야 하느니라. 왜냐하면

득여여시제상선인 | 그 세계에 태어나면
得與如是諸上善人 | 이와같이 으뜸가는

구회일처 | 여러 착한 사람들과 한데모여
俱會一處 | 살 수 있기 때문이니라.

사리불 불가이소선근 | 사리불아, 작은 선근이나
舍利弗 不可以少善根 | 복덕의 인연으로서는

복덕인연 득생피국 | 저 세계에 가서
福德因緣 得生彼國 | 날 수 없느니라.

사리불 약유 | 사리불아,
舍利弗 若有 | 어떤

선남자선여인 | 선남자
善男子善女人 | 선여인이 있어

문설아미타불 집지명호 | 아미타불에 대한
聞說阿彌陀佛 執持名號 | 법문을 듣고

약일일 약이일 약삼일 | 하루나 이틀
若一日 若二日 若三日 | 혹은 삼일,

약사일 약오일 약육일　　사일, 오일,
若四日　若五日　若六日　　육일,

약칠일 일심불란　　　　　또는 칠일동안
若七日　一心不亂　　　　　일심으로 흔들림 없이

기인 임명종시 아미타불　　아미타불의 명호를 부르면 그
其人　臨命終時　阿彌陀佛　사람이 임종할 때에 아미타불이

여제성중 현재기전　　　　여러 성현들과 함께
與諸聖衆　現在其前　　　　그의 앞에 나타나

시인종시 심불전도　　　　그 사람이 목숨을 마칠 때에
是人終時　心不顚倒　　　　마음이 흔들리지 않고

즉득왕생아미타불극락국토　곧 바로 아미타불 극락세계에
卽得往生阿彌陀佛極樂國土　왕생하게 되느니라.

사리불 아견시리　　　　　사리불아, 나는 이러한
舍利弗　我見是利　　　　　공덕이 있는 것을 봄으로

고 설차언 약유중생　　　　이런 말을
故　說此言　若有衆生　　　하는 것이니,

문시설자 응당발원　　　　누구나 이 말을 듣는 자는
聞是說者　應當發願　　　　마땅히 저 국토에 가서 나기를

생피국토　　　　　　　　　발원할
生彼國土　　　　　　　　　지니라.

사리불 여아금자　　　　　사리불아,
舍利弗　如我今者　　　　　나는 지금

찬탄아미타불불가사　　　　아미타불의
讚嘆阿彌陀佛不可思　　　　불가사의한

의공덕지리　　　　　　　　공덕을
議功德之利　　　　　　　　찬탄하는 것을 보나니

동방 역유아축비불      동방에는
東方 亦有阿閦鞞佛      아촉비불과

수미상불 대수미불      수미상불
須彌相佛 大須彌佛      대수미불

수미광불 묘음불      수미광불
須彌光佛 妙音佛      묘음불 등

여시등 항하사수제불      항하사수 여러
如是等 恒河沙數諸佛      부처님이 계셔서,

각어기국 출광장설상      각기 그 세계에서
各於其國 出廣長舌相      삼천대천세계를

변부삼천대천세계      두루 덮는 큰 목소리로
遍覆三千大千世界      성실한 말씀을

설성실언 여등중생      연설하시기를,
說誠實言 汝等衆生      '너희들 중생들은

당신시칭찬불가사의공덕      마땅히 불가사의한
當信是稱讚不可思議功德      공덕을 칭찬하신

일체제불 소호념경      모든 부처님의 호념하시는
一切諸佛 所護念經      이 경을 믿으라'고 하시느니라.

사리불 남방세계      사리불아,
舍利弗 南方世界      남방세계에는

유일월등불 명문광불      일월등불,
有日月燈佛 名聞光佛      명문광불,

대염견불 수미등불      대염견불,
大燄肩佛 須彌燈佛      수미등불,

무량정진불      무량정진불
無量精進佛      등

여시등항하사수제불　　　　　　항하사수 여러 부처님들이
如 是 等 恒 河 沙 數 諸 佛　　　계시는데, 그 부처님들께서도

각어기국 출광장설상　　　　　　또한 각기
各 於 其 國 出 廣 長 舌 相　　　그 세계에서

변부삼천대천세계　　　　　　　삼천대천세계를
遍 覆 三 千 大 千 世 界　　　　두루 덮는

설성실언 여등중생　　　　　　　큰목소리로 성실한 말씀을
說 誠 實 言 汝 等 衆 生　　　　연설하시기를 '너희들 중생들은

당신시칭찬불가사의공덕　　　　　불가사의한
當 信 是 稱 讚 不 可 思 議 功 德　공덕을 칭찬하신

일체제불 소호념경　　　　　　　여러 부처님이 호념하시는
一 切 諸 佛 所 護 念 經　　　　이 경을 믿으라'고 하시느니라.

사리불 서방세계　　　　　　　　사리불아,
舍 利 弗 西 方 世 界　　　　　서방세계에는

유무량수불 무량상불　　　　　　무량수불,
有 無 量 壽 佛 無 量 相 佛　　　무량상불,

무량당불 대광불　　　　　　　　무량당불,
無 量 幢 佛 大 光 佛　　　　　대광불,

대명불 실상불 정광불　　　　　　대명불, 실상불,
大 明 佛 實 相 佛 淨 光 佛　　　정광불 등

여시등항하사수제불　　　　　　항하사수 여러 부처님들이
如 是 等 恒 河 沙 數 諸 佛　　　계시는데, 그 부처님이

각어기국 출광장설상　　　　　　각기 그
各 於 其 國 出 廣 長 舌 相　　　세계에서

변부삼천대천세계　　　　　　　삼천대천세계를
遍 覆 三 千 大 千 世 界　　　　두루 덮는

| 설성실언 여등중생 | 큰 목소리로 성실한 말씀을 |
| 說誠實言 汝等衆生 | 연설하시기를 '너희들 중생들은 |

| 당신시칭찬불가사의공덕 | 불가사의한 |
| 當信是稱讚不可思議功德 | 공덕을 칭찬하신 |

| 일체제불 소호념경 | 모든 부처님의 호념하시는 |
| 一切諸佛 所護念經 | 이 경을 믿으라'고 하시느니라. |

| 사리불 북방세계 | 사리불아, |
| 舍利弗 北方世界 | 북방세계에는 |

| 유염견불 최승음불 | 염견불, |
| 有燄肩佛 最勝音佛 | 최승음불, |

| 난저불 일생불 망명불 | 난저불, 일생불, |
| 難沮佛 日生佛 網明佛 | 망명불 등 |

| 여시등항하사수제불 | 항하사수 여러 |
| 如是等恒河沙數諸佛 | 부처님들이 계시어서 |

| 각어기국 출광장설상 | 각기 그 |
| 各於其國 出廣長舌相 | 세계에서 |

| 변부삼천대천세계 | 삼천대천세계를 |
| 遍覆三千大千世界 | 두루 덮는 큰 목소리로 |

| 설성실언 여등중생 | 성실한 말씀을 연설하시기를 |
| 說誠實言 汝等衆生 | '너희들 중생들은 |

| 당신시칭찬불가사의공덕 | 마땅히 불가사의한 |
| 當信是稱讚不可思議功德 | 공덕을 칭찬하신 |

| 일체제불 소호념경 | 모든 부처님의 호념하시는 |
| 一切諸佛 所護念經 | 이 경을 믿으라'고 하시느니라. |

| 사리불 하방세계 | 사리불아, |
| 舍利弗 下方世界 | 하방세계에는 |

유사자불 명문불 명광불     사자불,
有獅子佛 名聞佛 名光佛     명문불, 명광불,

달마불 법당불 지법불     달마불, 법당불,
達摩佛 法幢佛 持法佛     지법불 등

여시등항하사수제불     항하사수 여러
如是等恒河沙數諸佛     부처님들이 계시어서

각어기국 출광장설상     각기 그
各於其國 出廣長舌相     세계에서

변부삼천대천세계     삼천대천세계를
遍覆三千大千世界     두루 덮는 큰 목소리로

설성실언 여등중생     성실한 말씀을 연설하시기를
說誠實言 汝等衆生     '너희들 중생들은

당신시칭찬불가사의공덕     마땅히 불가사의한
當信是稱讚不可思議功德     공덕을 칭찬하신

일체제불 소호념경     모든 부처님의 호념하시는
一切諸佛 所護念經     이 경을 믿으라'고 하시느니라.

사리불 상방세계     사리불아,
舍利弗 上方世界     상방세계에는

유범음불 숙왕불 향상불     범음불,
有梵音佛 宿王佛 香上佛     숙왕불, 향상불,

향광불 대염견불     향광불,
香光佛 大燄肩佛     대염견불,

잡색보화장엄신불     잡색보화
雜色寶華莊嚴身佛     장엄신불,

사라수왕불 보화덕불     사라수왕불,
娑羅樹王佛 寶華德佛     보화덕불,

**견일체제불 여수미산불**
見一切諸佛 如須彌山佛

견일체제불,
수미산불 등

**여시등항하사수제불**
如是等恒河沙數諸佛

항하사수 여러
부처님들이 계시어서

**각어기국 출광장설상**
各於其國 出廣長舌相

각기 그
세계에서

**변부삼천대천세계**
遍覆三千大千世界

삼천대천세계를
두루 덮는 큰 목소리로

**설성실언 여등중생**
說誠實言 汝等衆生

성실한 말씀을 연설하시기를
'너희들 중생들은

**당신시칭찬불가사의공덕**
當信是稱讚不可思議功德

마땅히 불가사의한
공덕을 칭찬하신

**일체제불 소호념경**
一切諸佛 所護念經

모든 부처님의 호념하시는
이 경을 믿으라'고 하시느니라.

**사리불 어여의운하**
舍利弗 於汝意云何

사리불아,
어찌하여 이 경을

**하고 명위일체제불소**
何故 名爲一切諸佛所

모든 부처님들께서
호념하시는

**호념경**
護念經

경이라
하는 줄 아느냐.

**사리불 약유**
舍利弗 若有

사리불아,
어떤

**선남자선여인**
善男子善女人

선남자
선여인이 있어

**문시경수지자**
聞是經受持者

만약 이 경을 듣고
받아 지니거나

| | |
|---|---|
| **급문제불명자**<br>及 聞 諸 佛 名 者 | 부처님의<br>명호를 들으면, |
| **시제선남자선여인**<br>是 諸 善 男 子 善 女 人 | 이 모든 선남자<br>선여인들이 모두 |
| **개위일체제불지소호념**<br>皆 爲 一 切 諸 佛 之 所 護 念 | 모든 부처님의<br>호념하심이 되어 |
| **개득불퇴전어아뇩다**<br>皆 得 不 退 轉 於 阿 耨 多 | 아뇩다라삼먁삼보리에서<br>물러서지 |
| **라삼먁삼보리**<br>羅 三 藐 三 菩 提 | 않게 되는<br>까닭이니라. |
| **시고 사리불**<br>是 故 舍 利 弗 | 이런 까닭으로<br>사리불아, |
| **여당신수아어급제불소설**<br>汝 當 信 受 我 語 及 諸 佛 所 說 | 너희들은 마땅히 나의 말과 모든<br>부처님이 말씀하신 것을 믿을지니라. |
| **사리불 약유인**<br>舍 利 弗 若 有 人 | 사리불아,<br>어떤 사람이 |
| **이발원 당발원 욕생아**<br>已 發 願 當 發 願 欲 生 阿 | 만약 아미타불 세계에 가서<br>나기를 이미 발원하였거나, |
| **미타불국자시제인등**<br>彌 陀 佛 國 者 是 諸 人 等 | 지금 발원하거나 장차 발원하여<br>아미타 불국토에 태어나고자 하면 |
| **삼먁삼보리**<br>三 藐 三 菩 提 | 물러서지<br>아니하고 |
| **어피국토 약이생**<br>於 彼 國 土 若 已 生 | 저 세계에<br>벌써 나거나 |
| **약금생 약당생**<br>若 今 生 若 當 生 | 지금 나거나<br>장차 날 것이니라. |

| | |
|---|---|
| 시고 사리불<br>是故 舍利弗 | 그러므로<br>사리불아, |
| 제선남자선여인<br>諸善男子善女人 | 선남자 선여인으로서<br>신심이 있는 자는 |
| 약유신자 응당발원<br>若有信者 應當發願 | 마땅히 저<br>세계에 나기를 |
| 생피국토<br>生彼國土 | 발원하여야<br>하느니라. |
| 사리불 여아금자<br>舍利弗 如我今者 | 사리불아,<br>여래가 지금 |
| 칭찬제불불가사의공덕<br>稱讚諸佛不可思議功德 | 여러 부처님의 불가사의한<br>공덕을 찬탄하는 것과 같이 |
| 피제불등 역칭찬아불<br>彼諸佛等 亦稱讚我不 | 저 모든 부처님들도 또한<br>나의 불가사의한 |
| 가사의공덕<br>可思議功德 | 공덕을<br>칭찬하기를 |
| 이작시언 석가모니불<br>而作是言 釋迦牟尼佛 | '석가모니부처님께서<br>심히 어렵고 |
| 능위심난희유지사<br>能爲甚難希有之事 | 희유한<br>일을 위하여 |
| 능어사바국토오탁악세<br>能於娑婆國土五濁惡世 | 능히<br>사바세계의 |
| 겁탁견탁번뇌탁<br>劫濁見濁煩惱濁 | 겁탁, 견탁,<br>번뇌탁, |
| 중생탁명탁중<br>衆生濁命濁中 | 중생탁, 명탁 등이<br>범람하는 오탁악세에서 |

| | |
|---|---|
| 득아뇩다라삼먁삼보리<br>得阿耨多羅三藐三菩提 | 아뇩다라삼먁삼보리를<br>얻고 |
| 위제중생 설시일체<br>爲諸衆生 說是一切 | 모든 중생들을<br>위하여 일체 |
| 세간난신지법<br>世間難信之法 | 세간 믿기 어려운 법을<br>설한다'고 하시느니라. |
| 사리불 당지<br>舍利弗 當知 | 사리불아,<br>마땅히 알라 |
| 아어오탁악세 행차난사<br>我於五濁惡世 行此難事 | 여래가 오탁악세에서<br>이 어려운 일을 행하여 |
| 득아뇩다라삼먁삼보리<br>得阿耨多羅三藐三菩提 | 아뇩다라<br>삼먁삼보리를 얻고 |
| 위일체세간 설차난신지법<br>爲一切世間 說此難信之法 | 일체 세간을 위하여 믿기<br>어려운 법을 말하는 것이 |
| 시위심난<br>是爲甚難 | 매우<br>어려우니라." |
| 불설차경이<br>佛說此經已 | 부처님게서 이 경을<br>다 말씀하시니, |
| 사리불 급제비구<br>舍利弗 及諸比丘 | 사리불과<br>여러 비구들과 |
| 일체세간천인아수라등<br>一切世間天人阿修羅等 | 일체 세간의 천상사람과<br>인간과 아수라 등이 |
| 문불소설<br>聞佛所說 | 부처님의<br>말씀을 듣고, |
| 환희신수 작례이거<br>歡喜信受 作禮而去 | 환희하여 믿고 받아서<br>예배하고 물러갔느니라. |

## 장엄염불
### 莊嚴念佛

**원아진생무별념**      이내목숨 다하도록
願我盡生無別念      다른생각 하지않고

**아미타불독상수**      아미타불 한골수로
阿彌陀佛獨相隨      부지런히 따라가되

**심심상계옥호광**      마음과 마음속에
心心常係玉毫光      옥호광을 부여잡고

**염념불리금색상**      생각생각 금색신을
念念不離金色相      떠나가지 않으리다

**아집염주법계관**      내가지닌 염주로서
我執念珠法界觀      온법계를 관하면서

**허공위승무불관**      허공계를 남김없이
虛空爲繩無不貫      모두꿰어 통하리다.

**평등사나무하처**      평등하신 사나부처
平等舍那無何處      어디에는 없으리까

**관구서방아미타**      서바극락 아미타불
觀求西方阿彌陀      어서빨리 뵙고지고

**나무서방대교주**      나무서방
南無西方大敎主      대교주

**무량수여래불**      무량수
無量壽如來佛      여래불

**"나무아미타불"**      "나무아미타불"
南無阿彌陀佛      (시간 따라 하다가)

## 극락세계십종장엄
### 極樂世界十種莊嚴

극락세계
십종장엄

| | |
|---|---|
| 법장서원수인장엄<br>法藏誓願修因莊嚴 | 법장스님 세운서원<br>닦고익혀 장엄한곳 |
| 사십팔원원력장엄<br>四十八願願力莊嚴 | 사십팔원 원력으로<br>아름답게 장엄한곳 |
| 미타명호수광장엄<br>彌陀名號壽光莊嚴 | 아미타불 이름으로<br>복과지혜 장엄한곳 |
| 삼대사관보상장엄<br>三大士觀寶像莊嚴 | 삼대사의 모습으로<br>보배처럼 장엄한곳 |
| 미타국토안락장엄<br>彌陀國土安樂莊嚴 | 아미타불 안락국토<br>평화로서 장엄한곳 |
| 보하청정덕수장엄<br>寶河清淨德水莊嚴 | 청정한  보배연못<br>팔공덕수 장엄한곳 |
| 보전여의누각장엄<br>寶殿如意樓閣莊嚴 | 뜻을따라 보배누각<br>거룩하게 장엄한곳 |
| 주야장원시분장엄<br>晝夜長遠時分莊嚴 | 여유있는 시간으로<br>밤과낮을 장엄한곳 |
| 이십사락정토장엄<br>二十四樂淨土莊嚴 | 오만가지 선근으로<br>이십사락 장엄한곳 |
| 삼십종익공덕장엄<br>三十種益功德莊嚴 | 삼십가지 공덕으로<br>빠짐없이 장엄한곳 |

| | |
|---|---|
| 미타인행 사십팔원<br>彌陀因行 四十八願 | 아미타불<br>사십팔원 |
| 악취무명원  무타악도원<br>惡趣無名願  無墮惡道願 | 나쁜곳의 이름없고<br>나쁜길에 타락없고 |
| 동진금색원  형모무차원<br>同眞金色願  形貌無差願 | 모두같이 금색으로<br>한결같은 모습이라 |

| | | |
|---|---|---|
| 성취숙명원<br>成就宿命願 | 생획천안원<br>生獲天眼願 | 숙명통을 성취하고<br>천안통을 성취하며 |
| 생획천이원<br>生獲天耳願 | 실지심행원<br>悉知心行願 | 천이통을 성취하며<br>타심통을 얻어지다 |
| 신족초월원<br>神足超越願 | 정무아상원<br>淨無我想願 | 신족통을 뛰어넘어<br>아상마저 없게하고 |
| 결정정각원<br>決定正覺願 | 광명보조원<br>光明普照願 | 결정코  정각얻어<br>온세계를 비치리니 |
| 수량무궁원<br>壽量無窮願 | 성문무수원<br>聲聞無數願 | 한량없는 명을얻고<br>성문또한 무수하고 |
| 중생장수원<br>衆生長壽願 | 개획선명원<br>皆獲善名願 | 중생들도 장수하고<br>착한이름 얻어지다 |
| 제불칭찬원<br>諸佛稱讚願 | 십념왕생원<br>十念往生願 | 부처님들 칭찬하고<br>십념으로 왕생하되 |
| 임종현전원<br>臨終現前願 | 회향개생원<br>回向皆生願 | 임종시엔 성현 뵙고<br>공덕회향 하여지다. |
| 구족묘상원<br>具足妙相願 | 함계보처원<br>咸階補處願 | 묘한상호 구족하고<br>모두함께 보처되어 |
| 신공타방원<br>晨供他方願 | 소수만족원<br>所須滿足願 | 아침마다 불공하고<br>소원성취 이루리다 |
| 선입본지원<br>善入本智願 | 나라연력원<br>那羅延力願 | 근본지혜 깨달아서<br>나라연력 이루고서 |
| 장엄무량원<br>莊嚴無量願 | 보수실지원<br>寶樹悉知願 | 한량없는 장엄들과<br>보배나무 모두알리 |
| 획승변재원<br>獲勝辯才願 | 대변무변원<br>大辯無邊願 | 뛰어난  말재주와<br>훌륭한  변재로서 |

| | | |
|---|---|---|
| 국정보조원<br>國淨普照願 | 무량승음원<br>無量勝音願 | 청정국토 두루비춰<br>거룩한음 이뤄지다 |
| 몽광안락원<br>蒙光安樂願 | 성취총지원<br>成就摠持願 | 지혜로서 안락얻고<br>총지를   성취하여 |
| 영이여신원<br>永離女身願 | 문명지과원<br>聞名至果願 | 여자몸을 아주벗고<br>불명듣고 과보얻고 |
| 천인경례원<br>天人敬禮願 | 수의수렴원<br>須衣隨念願 | 천인들이 경례하고<br>생각따라 옷을입고 |
| 재생심정원<br>纔生心淨願 | 수현불찰원<br>樹現佛刹願 | 마음들이 깨끗하여<br>나무마다 부처로세 |
| 무제근결원<br>無諸根缺願 | 현증등지원<br>現證等持願 | 육근문을 구족하고<br>현생에서 등지얻고 |
| 문생호귀원<br>聞生豪貴願 | 구족선근원<br>具足善根願 | 듣는이는 호귀하고<br>착한근을 구족하며 |
| 공불견고원<br>供佛堅固願 | 욕문자문원<br>欲聞自聞願 | 불공심이 견고하고<br>듣고픈일 마음대로 |
| 보리무퇴원<br>菩提無退願 | 현획인지원<br>現獲忍地願 | 깨닫는맘 한결같아<br>인지를   얻어지다 |

| | |
|---|---|
| 제불보살십종대은<br>諸佛菩薩十種大恩 | 제불보살<br>십종대은 |
| 발심보피은<br>發心普被恩 　난행고행은<br>難行苦行恩 | 깨닫는맘 널리편은<br>어려운일 실천한은 |
| 일향위타은<br>一向爲他恩 　수형육도은<br>隨形六道恩 | 한결같이 이익준은<br>모양따라 나투신은 |
| 수축중생은<br>隨逐衆生恩 　대비심중은<br>大悲深重恩 | 중생심을 따라준은<br>대비로서 구제한은 |

| 은승창열은 | 위실시권은 | 어리석음 깨쳐준은 |
| 隱勝彰劣恩 | 爲實示權恩 | 방편으로 나투신은 |
| 시멸생선은 | 비렴무진은 | 죽음으로 보인선은 |
| 示滅生善恩 | 悲念無盡恩 | 가엾은맘 끝없는은 |

## 보현보살십종대원
### 普賢菩薩十種大願
보현보살
십종대은

| 예경제불원 | 칭찬여래원 | 부처님께 예경하고 |
| 禮敬諸佛願 | 稱讚如來願 | 여래들을 칭찬하고 |
| 광수공양원 | 참제업장원 | 널리닦아 공양하고 |
| 廣修供養願 | 懺除業障願 | 나쁜업장 참회하고 |
| 수희공덕원 | 청전법륜원 | 공덕을 즐겨닦고 |
| 隨喜功德願 | 請轉法輪願 | 전법륜을 간청하고 |
| 청불주세원 | 상수불학원 | 오래살기 권청하고 |
| 請佛住世願 | 常隨佛學願 | 부처따라 법배우고 |
| 항순중생원 | 보개회향원 | 중생따라 제도하고 |
| 恒順衆生願 | 普皆回向願 | 함께회향 하여지다 |

## 석가여래팔상성도
### 釋迦如來八相成道
석가여래
팔상성도

| 도솔내의상 | 비람강생상 | 도솔천서 내려오셔 |
| 兜率來儀相 | 毘藍降生相 | 룸비니서 탄생하고 |
| 사문유관상 | 유성출가상 | 궁중네문 구경하고 |
| 四門遊觀相 | 踰城出家相 | 성을넘어 출가하여 |
| 설산수도상 | 수하항마상 | 설산에서 수도하여 |
| 雪山修道相 | 樹下降魔相 | 마군중을 항복받고 |

| 녹원전법상 | 쌍림열반상 | 녹야원서 법전하고 |
| 鹿苑轉法相 | 雙林涅槃相 | 쌍림에서 열반했네 |

## 다생부모십종대은
### 多生父母十種大恩

다생부모
십종대은

| 회탐수호은 | 임산수고은 | 태에실어 보호한은 |
| 懷耽守護恩 | 臨産受苦恩 | 해산할대 고통한은 |
| 생자망우은 | 인고토감은 | 아기낳고 안심한은 |
| 生子忘憂恩 | 咽苦吐甘恩 | 쓴것먹고 단것준은 |
| 회건취습은 | 유포양육은 | 젖은자리 갈아준은 |
| 廻乾就濕恩 | 乳哺養育恩 | 젖먹여서 양육한은 |
| 세탁부정은 | 원행억념은 | 똥오줌을 가려준은 |
| 洗濯不淨恩 | 遠行憶念恩 | 먼길간후 근심한은 |
| 위조악업은 | 구경연민은 | 자식위해 죄를진은 |
| 爲造惡業恩 | 究竟憐愍恩 | 한결같이 사랑한은 |

## 오종대은명심불망
### 五種大恩銘心不忘

오종대은

명심불망

| 각안기소국왕지은 | 곳곳마다 편안하게 |
| 各安其所國王之恩 | 살림살이 국왕의은 |
| 생양구로부모지은 | 나서길러 사람만든 |
| 生養劬勞父母之恩 | 부모님의 크신은혜 |
| 유통정법사장지은 | 바른법을 유통하여 |
| 流通正法師長之恩 | 대대전한 스승의은 |
| 사사공양단월지은 | 음식의복 와구탕약 |
| 四事供養檀越之恩 | 베풀어준 시주은혜 |

탁마상성붕우지은　　　　　서로쪼고 가르쳐서
琢磨相成朋友之恩　　　　　인격형성 붕우의은

당가위보유차염불　　　　　이큰은혜 갚으려면
當可爲報唯此念佛　　　　　염불함이 제일이라

　　　고성염불십종공덕　　　고성염불
　　　高聲念佛十種功德　　　십종공덕

일자공덕능배수면　　　　　일자공덕
一者功德能排睡眠　　　　　능배수면

이자공덕천마경포　　　　　이자공덕
二者功德天魔驚怖　　　　　천마경포

삼자공덕성변시방　　　　　삼자공덕
三者功德聲遍十方　　　　　성변시방

사자공덕삼도식고　　　　　사자공덕
四者功德三途息苦　　　　　삼도식고

오자공덕외성불입　　　　　오자공덕
五者功德外聲不入　　　　　외성불입

육자공덕염심불산　　　　　육자공덕
六者功德念心不散　　　　　염심불산

칠자공덕용맹정진　　　　　칠자공덕
七者功德勇猛精進　　　　　용맹정진

팔자공덕제불환희　　　　　팔자공덕
八者功德諸佛歡喜　　　　　제불환희

구자공덕삼매현전　　　　　구자공덕
九者功德三昧現前　　　　　삼매현전

십자공덕왕생정토　　　　　십자공덕
十者功德往生淨土　　　　　왕생정토

| | |
|---|---|
| 청산첩첩미타굴<br>靑山疊疊彌陀窟 | 깊고깊은 푸른산은<br>아미타불 전당이요 |
| 창해망망적멸궁<br>蒼海茫茫寂滅宮 | 넓고넓은 푸른바다<br>부처님의 궁전일세 |
| 물물염래무가애<br>物物拈來無罣碍 | 물과물을 잡아옴에<br>걸림없이 대한다면 |
| 기간송정학두홍<br>幾看松亭鶴頭紅 | 푸른숲속 정자에서<br>붉은학을 보리로다 |
| 극락당전만월용<br>極樂堂前滿月容 | 극락세계 아미타불<br>십오둥근 달빛이요 |
| 옥호금색조허공<br>玉毫金色照虛空 | 백호금빛 찬란한몸<br>우주비쳐 끝이없네 |
| 약인일념칭명호<br>若人一念稱名號 | 누구든지 일념으로<br>그이름을 부르면은 |
| 경각원성무량공<br>頃刻圓成無量功 | 잠깐사이 깨달아서<br>무량공을 이룬다네 |
| 삼계유여급정륜<br>三界猶如汲井輪 | 삼계고해 윤회하기<br>물도르레 돌듯하며 |
| 백천만겁역미진<br>百千萬劫歷微塵 | 백겁천겁 수만겁을<br>끝이없이 돌고도네 |
| 차신불향금생도<br>此身不向今生度 | 이생에서 이몸으로<br>성불하지 못한다면 |
| 갱대하생도차신<br>更待何生度此身 | 어느때를 기다려서<br>이몸제도 하오리까 |

**천상천하무여불** 　　　　하늘이나 땅에서나
天上天下無如佛 　　　　오직홀로 높으신이

**시방세계역무비** 　　　　시방세계 다보아도
十方世界亦無比 　　　　비교할자 가이없네

**세간소유아진견** 　　　　일체세간 모든 것을
世間所有我盡見 　　　　남김없이 살펴봐도

**일체무유여불자** 　　　　우리부처 세존만큼
一切無有如佛者 　　　　거룩한이 없으시네

**찰진심념가수지** 　　　　온세계의 티끌들을
刹塵心念可數知 　　　　남김없이 헤어알고

**대해중수가음진** 　　　　바다속의 많은물을
大海中水可飮盡 　　　　남김없이 다마시고

**허공가량풍가계** 　　　　허공세게 가늠하고
虛空可量風可繫 　　　　부는바람 묶은자도

**무능진설불공덕** 　　　　부처님의 공덕만은
無能盡說佛功德 　　　　다말하지 못한다네

**가사정대경진겁** 　　　　가사경을 높이이고
假使頂戴經塵劫 　　　　티끌겁을 경유하고

**신위상좌변삼천** 　　　　이몸으로 법상지어
身爲牀座徧三千 　　　　대천세계 다덮어도

**약불전법도중생** 　　　　부처님법 전치않고
若不傳法度衆生 　　　　중생제도 아니하면

**필경무능보은자** 　　　　어떻게도 부처님은
畢竟無能報恩者 　　　　갚을길이 없다네

| 아차보현수승행 | 내가이제 보현보살 |
| 我 此 普 賢 殊 勝 行 | 거룩하신 행원으로 |
| 무변승복개회향 | 가이없고 끝이없는 |
| 無 邊 勝 福 皆 回 向 | 드높은복 회향하고 |
| 보원침익제중생 | 고통에든 모든중생 |
| 普 願 沈 溺 諸 衆 生 | 빠짐없이 구제하여 |
| 속왕무량광불찰 | 아미타불 극락국토 |
| 速 往 無 量 光 佛 刹 | 속회왕생 하고지고 |

| 아미타불재하방 | 아미타 부처님이 |
| 阿 彌 陀 佛 在 何 方 | 어느곳에 계신가를 |
| 착득심두절막망 | 마음속에 꼭붙들어 |
| 着 得 心 頭 切 莫 忘 | 잊지말고 생각하되 |
| 염도념궁무념처 | 생각생각 지극하여 |
| 念 到 念 窮 無 念 處 | 무념처에 이르러면 |
| 육문상방자금광 | 눈귀코혀 몸뜻에서 |
| 六 門 常 放 紫 金 光 | 자금광을 발한다네 |

| 보화비진요망연 | 보신화신 부처님은 |
| 報 化 非 眞 了 妄 緣 | 진짜부처 아니시고 |
| 법신청정광무변 | 법신만이 청정하여 |
| 法 身 淸 淨 廣 無 邊 | 영원무궁 하느니라 |
| 천강유수천강월 | 천강에 물있으면 |
| 千 江 有 水 千 江 月 | 천강에 달이뜨고 |
| 만리무운만리천 | 만리에 구름없으면 |
| 萬 里 無 雲 萬 里 天 | 만리가 하늘이네 |

원공법계제중생　　　　원하노니 법계있는
願共法界諸衆生　　　　모든중생 중생들이

동입미타대원해　　　　모두함께 아미타불
同入彌陀大願海　　　　대원해에 들어가서

진미래제도중생　　　　미래세가 다하도록
盡未來際度衆生　　　　무량중생 제도하여

자타일시성불도　　　　너나없이 모두같이
自他一時成佛道　　　　함께성불 하여지다


나무서방정토 극락세계　서방정토
南無西方淨土 極樂世界　극락세계

삼십육만억 일십일만　　삼십육만억
三十六萬億 一十一萬　　일십일만

구천오백 동명동호　　　구천오백
九千五百 同名同號　　　동명동호

대자대비 아미타불　　　대자대비 아미타
大慈大悲 阿彌陀佛　　　부처님게 귀의합니다.

나무서방정토 극락세계　서방정토
南無西方淨土 極樂世界　극락세계

불 신장광 상호무변　　거룩하신 아미타불
佛 身長廣 相好無邊　　삼십이상 팔십종호

금색광명 변조법계　　　금색광명
金色光明 遍照法界　　　널리비쳐

사십팔원 도탈중생　　　사십팔원 원력으로
四十八願 度脫衆生　　　법계중생 제도하는

| 불가설 불가설전 | 불가설 |
| 不可說 不可說 轉 | 불가설전 |

| 불가설 항하사 | 불가설 |
| 不可說 恒河沙 | 항하사 |

| 불찰미진수 | 티끌같은 |
| 佛刹微塵數 | 부처님들 |

| 도마죽위 무한극수 | 도마죽위 |
| 稻麻竹葦 無限極數 | 무한극수 |

| 삼백육십만억 일십일만 | 삼백육십만억 |
| 三百六十萬億 一十一萬 | 일십일만 |

| 구천오백 동명동호 | 구천오백 |
| 九千五百 同名同號 | 동명동호 |

| 대자대비 아등도사 | 자비하고 사랑스런 |
| 大慈大悲 我等導師 | 저희들의 도사이신 |

| 금색여래 아미타불 | 금색여래 아미타 |
| 金色如來 阿彌陀佛 | 부처님께 귀의합니다. |


| 나무무견정사상 아미타불 | 무견정사상 아미타 |
| 南無無見頂上相 阿彌陀佛 | 부처님께 귀의합니다. |

| 나무정상육계상 아미타불 | 정상육계상 아미타 |
| 南無頂上肉髻相 阿彌陀佛 | 부처님께 귀의합니다. |

| 나무발감유리상 아미타불 | 발감유리상 아미타 |
| 南無髮紺琉璃相 阿彌陀佛 | 부처님께 귀의합니다. |

| 나무미간백호상 아미타불 | 미간백호상 아미타 |
| 南無眉間白毫相 阿彌陀佛 | 부처님께 귀의합니다. |

| 나무미세수양상 아미타불 | 미세수양상 아미타 |
| 南無眉細垂楊相 阿彌陀佛 | 부처님께 귀의합니다. |

**나무안목청정상 아미타불** 안목청정상 아미타
南無眼目淸淨相 阿彌陀佛 부처님께 귀의합니다.

**나무이문제성상 아미타불** 이문제성상 아미타
南無耳聞諸聖相 阿彌陀佛 부처님께 귀의합니다.

**나무비고원직상 아미타불** 비고원직상 아미타
南無鼻高圓直相 阿彌陀佛 부처님께 귀의합니다.

**나무설대법나상 아미타불** 설대법나상 아미타
南無舌大法螺相 阿彌陀佛 부처님께 귀의합니다.

**나무신색진금상 아미타불** 신색진금상 아미타
南無身色眞金相 阿彌陀佛 부처님께 귀의합니다.

**나무문수보살** 문수보살님께
南無文殊菩薩 귀의합니다.

**나무보현보살** 보현보살님께
南無普賢菩薩 귀의합니다.

**나무관세음보살** 관세음보살님께
南無觀世音菩薩 귀의합니다.

**나무대세지보살** 대세지보살님께
南無大勢至菩薩 귀의합니다.

**나무금강장보살** 금강장보살님께
南無金剛藏菩薩 귀의합니다.

**나무제장애보살** 관세음보살님께
南無除障碍菩薩 귀의합니다.

**나무미륵보살** 미륵보살님께
南無彌勒菩薩 귀의합니다.

**나무지장보살** 지장보살님께
南無地藏菩薩 귀의합니다.

나무일체청정대해중　　　　일체청정대해중
南無一切淸淨大海衆　　　　보살님과

보살마하살　　　　　　　　모든 큰 보살님께
菩薩摩訶薩　　　　　　　　귀의합니다.


원공법계제중생　　　　　　원하오니 법계중생
願共法界諸衆生　　　　　　모두함께 극락가서

동입미타대원해　　　　　　아미타불 대원해에
同入彌陀大願海　　　　　　들어가기 원합니다.


시방삼세불　아미타제일　　시방삼세 부처님중
十方三世佛　阿彌陀第一　　제일가는 아미타불

구품도중생　위덕무궁극　　구품으로 중생제도
九品度衆生　威德無窮極　　위덕또한 무극하네

아금대귀의　참회삼업죄　　내가이제 귀의하여
我今大歸依　懺悔三業罪　　삼업죄를 참회하고

범유제복선　지심용회향　　모든복과 선행모아
凡有諸福善　至心用回向　　지심으로 회향하니

원동염불인　진생극락국　　염불하는 모든사람
願同念佛人　盡生極樂國　　모두함께 극락가서

견불요생사　여불도일체　　부처뵙고 생사마쳐
見佛了生死　如佛度一切　　중생제도 같이하리


원아임욕명종시　　　　　　내가이제 목숨다해
願我臨欲命終時　　　　　　이세상을 하직하면

진제일체제장애　　　　　　　　　모든장애 남김없이
盡除一切諸障碍　　　　　　　　　씻은 듯이 없어지고

면견피불아미타　　　　　　　　　아미타불 극락국토
面見彼佛阿彌陀　　　　　　　　　왕생하여 친히뵙고

즉득왕생안락찰　　　　　　　　　한량없는 명과복을
卽得往生安樂刹　　　　　　　　　끝이없이 누려지다


원이차공덕　보급어일체　　　　　원컨대　이공덕이
願以此功德　普及於一切　　　　　널리일체 두루미쳐

아등여중생　당생극락국　　　　　나와또한 모든중생
我等與衆生　當生極樂國　　　　　극락세계 태어나서

동견무량수　개공성불도　　　　　아미타불 친히 뵙고
同見無量壽　皆共成佛道　　　　　함께성불 하여지다


원왕생　원왕생　　　　　　　　　극락가기 원합니다.
願往生　願往生　　　　　　　　　극락가기 원합니다.

원생극락견미타　　　　　　　　　극락가서
願生極樂見彌陀　　　　　　　　　미타뵙고

획몽마정수기별　　　　　　　　　수기받기
獲蒙摩頂受記別　　　　　　　　　원합니다.

원왕생　원왕생　　　　　　　　　극락가기 원합니다.
願往生　願往生　　　　　　　　　극락가기 원합니다.

원재미타회중좌　　　　　　　　　극락가서
願在彌陀會中坐　　　　　　　　　꽃향으로

수집향화상공양　　　　　　　　　공양하기
手執香華常供養　　　　　　　　　원합니다.

| | |
|---|---|
| **원왕생 원왕생**<br>願往生　願往生 | 극락가기 원합니다.<br>극락가기 원합니다. |
| **원생화장연화계**<br>願生華藏蓮花界 | 극락가서<br>연꽃속에 |
| **자타일시성불도**<br>自他一時成佛道 | 성불하기<br>원합니다. |

**봉송편**　( 봉송편은 이미 청해 공양천도한 )
奉送篇　　영가를 배송하는 편입니다.

**봉송고혼계유정　지옥아귀급방생**
奉送孤魂洎有情　地獄餓鬼及傍生

**아어타일건도량　불위본서환래부**
我於他日建道場　不違本誓還來赴

※ 다같이 절 3배하고 끝낸다.

# 제8부 제칠재(第七齋)

제7재는 시련으로부터 시작한다. 시련은 옹호게·헌좌·다게·행보게·영축게·삼보례 순서로 진행된다.

## 1. 시련(侍輦)

※ 어떤 일주문 부근이나 절 안 깨끗한 장소에 마련한다.

**옹호게** (영가를 보호할 수 있도록
擁護偈  신장님을 청한 게송)

**봉청시방제현성    범왕제석사천왕**
奉請十方諸賢聖    梵王帝釋四天王

**가람팔부신기중    불사자비원강림**
伽藍八部神祇衆    不捨慈悲願降臨


**헌좌진언** (자리를 마련하고 자리에
獻座眞言  앉도록 권한 진언)

**아금경설보엄좌    봉헌일체명왕전**
我今敬設寶嚴座    奉獻一切冥王前

원멸진로망상심　속원해탈보리과
願滅塵勞妄想心　速圓解脫菩提果

"옴 가마라 승하 사바하" (3번)
唵 迦摩羅 僧賀 裟婆訶

　　다게　　(영가에게 차)
　　茶偈　　(한 잔 대접함)

금장감로다　봉헌약사전
今將甘露多　奉獻藥師前

감찰건간심　"원수애납수" (3번)
鑑察虔懇心　願垂哀納受

　　행보게　　(함께 법당으로 가 부처님을)
　　行步偈　　(뵈올 것을 아뢰는 게송)

이행천리만허공　귀도정망도정방
移行千里滿虛空　歸道情忘到淨邦

삼업투성삼조례　성범동회법왕궁
三業投誠三寶禮　聖凡同會法王宮

나무 대성인로왕보살마하살　(3번)
南無 大聖引路王菩薩摩訶殺

　　영축게　　(영축산에서 가섭존자에게)
　　靈鷲偈　　(법을 전한 내용의 게송)

영축염화시상기　긍동부목접맹구
靈鷲拈華示上機　肯同浮木接盲龜

음광불시미미소　　무한청풍부여수
飮光不是微微笑　　無限淸風付與誰

삼보례 （법당에 나아가
三寶禮　삼보님께 예배함）

보례시방상주불　（절）
普禮十方常住佛

보례시방상주법　（절）
普禮十方常住法

보례시방상주승　（절）
普禮十方常住僧

## 2. 대령(對靈)·관욕(灌浴)

※ 대령은 거불·선소·대령·착어·진령·고혼청·가영 순서로 진행된다.

거불
擧佛

나무 극락도사 아미타불　（절）
南無　極樂導師　阿彌陀佛

나무 좌우보처 양대보살　（절）
南無　左右補處　兩大菩薩

나무 접인청혼망령 대성인로왕보살마하살　（절）
南無　接引請魂亡靈　大聖引路王菩薩摩訶薩

## 수설대회소 (재를 지내게 된 동기를 밝힌 글)
修設大會疏

개문 생사로암 빙 불촉이가명 고해파심 장 법선이가도
蓋聞 生死路暗 憑 佛燭而可明 苦海波深 仗 法船而可渡

사생육도 미진직 사의순환 팔난삼도 자정직 여잠처견
四生六道 迷眞則 似蟻巡環 八難三途 恣情則 如蠶處繭

상차생사 종고지금 미오심원 나능면의 비빙불력 난가
傷嗟生死 從古至今 未悟心源 那能免矣 非憑佛力 難可

초승 사바세계 금직 천풍숙정 백일명명 (야루침침)
超昇 娑婆世界 今則 天風肅靜 白日明明   夜漏沈沈

전열향화 이신영청
專列香花 以伸迎請

나무 일심봉청 대성인로왕보살마하살 우복이 일령불
南無 一心奉請 大聖引路王菩薩摩訶薩 右伏以 一靈不

매 팔식분명 귀계도량 영첨공덕 진원숙재 응염돈소
昧 八識分明 歸屆道場 領霑功德 陳冤宿債 應念頓消

정각보리 수심변증 근소
正覺菩提 隨心便證 謹疏

모 년 월 일 병법사문 모갑 근소
某 年 月 日 秉法沙門 某甲 謹疏


## 착어 (대령)
着語  對靈

거 사바세계 남섬부주 동양 대한민국 모사 청정수
據 娑婆世界 南贍部洲 東洋 大韓民國 某寺 清淨水

월도량 원아금차 제당 (사십구일·백일·기일지신)
月道場 願我今此 第當   四十九日·百日·忌日之辰

위천설향 봉청재자 행효자 모인복위 소천망령 모인
爲薦爇香 奉請齋者 行孝子 某人伏爲 所薦亡靈 某人

영가 영가위주 상세선망 부모 다생사장 원근친족등
靈駕 靈駕爲主 上世先亡 父母 多生師丈 遠近親族等

열명영가 차도량내외 동상동하 유주무주 고혼불자등
列名靈駕 此道場內外 洞上洞下 有主無主 孤魂衲子等

각열위영가 철위산간 오모간옥 일일일야 만사만생
各列名靈駕 鐵圍山間 五無間獄 一日一夜 萬死萬生

수고함령등 각열위영가 내지 겸급법계 삼도팔난 사
受苦含靈等 各列爲靈駕 乃至 兼及法界 三途八難 四

생칠취 사은삼유 유정무정 애혼불자등 각열위영가
生七趣 四恩三有 有情無情 哀魂佛子等 各列爲靈駕

생본무생 멸본무멸 생멸본허 실상상주 (모령) 환회득
生本無生 滅本無滅 生滅本虛 實相常住 某靈 還會得

무생멸저일구마 (잠깐 묵념 후  부앙은현현 시청명력력
無生滅底一句麽 요령 3번 흔듦) 俯仰隱玄玄 視聽明歷歷

약야회득 돈증법신 영멸기허 기혹미연 승불신력 장
若也會得 頓證法身 永滅飢虛 其或未然 承佛神力 仗

법가지 부차향단 수아묘공 증오무생
法加持 赴此香壇 受我妙供 證悟無生


진령게  (요령을 흔들면서
振鈴偈   명호를 청하는 게송)

이차진령신소청 금일영가보문지
以此振鈴伸召請 今日靈駕普聞持

원승삼보역가지 금일야금시래부회
願承三寶力加持 今日夜今時來赴會

## 보소청진언
### 普召請眞言

"나모 보보제리 가리다리 다타 아다야" (3번)

## 고혼청 (고혼을 맞아 들이는 법문)
### 孤魂請

일심봉청 인연취산 금고여연 허철광대영통 왕래자재
一心奉請 因緣聚散 今古如然 虛徹廣大靈通 往來自在

무애 금일지성 천혼재자 모인 복위 모인영가 승불신
無礙 今日至誠 薦魂齋者 某人 伏爲 某人靈駕 承佛神

력 장법가지내예향단 수점법공
力 仗法加持來詣香壇 受霑法供

## 향연청 (3번)
### 香煙請

## 가영 (영혼을 찬양 하는 노래)
### 歌詠

제령한진치신망    석화광음몽일장
諸靈限盡致身亡    石火光陰夢一場

삼혼묘묘귀하처    칠백망망거원향
三魂杳杳歸何處    七魄茫茫去遠鄕

모인 영가 기수건청 이강향단 방사제연 부흠사전 모
某人 靈駕 旣受虔請 已降香壇 放捨諸緣 俯欽斯奠 某

인영가 일주청향 정시영가 본래면목 수점명등 정시
人靈駕 一炷淸香 正是靈駕 本來面目 數點明燈 正是

영가 착안시절 선헌조주다 후진향적찬 어차물물 환
靈駕 着眼時節 先獻趙州茶 後進香積饌 於此物物 還

착안마 (잠깐 묵념 후 요  저두앙면무장처 운재청천수재병
着眼麽    령 세 번 흔듬)  低頭仰面無藏處 雲在靑天水在甁

모령 기수향공 이청법음 합장전심 참례금선
某靈 旣受香供 已聽法音 合掌專心 參禮金仙


　　관욕　　(영혼을 목욕)
　　灌浴　　(시키는 의식)

　　인예향욕편　　(목욕탕 가는)
　　引詣香浴篇　　(길을 알리는 곳)

상래이빙 불력법력 삼보위신지력 소청인도 일체인륜
上來已憑 佛力法力 三寶威神之力 召請人道 一切人倫

급 무주고혼 유정등중 이계도량 대중성발 청영부욕
及 無主孤魂 有情等衆 已屆道場 大衆聲鈸 請迎赴浴


　　신묘장구대다라니　　※ 여기서 천수바라춤을
　　神妙章句大陀羅尼　　　추기도 한다.

나모라 다나 다라 야야 나막알약 바로기제 새바라야 모지사다바야 마하사다바야 마하가로니가야 옴 살바 바예수 다라나 가라야 다사명 나막까리다바 이맘 알야 바로기제새바라 다바 이라간타 나막하리나야 마발다 이야미 살발타 사다남 수반 아예염 살바 보다남 바바말아 미수다감 다냐타 옴 아로계 아로가 마지로

가 지가란제 혜혜하레 마하모지 사다바 사마라 사마
라 하리나야 구로구로 갈마 사다야 사다야 도로도로
미연제 마하미연제 다라다라 다린 나레 새바라 자라
자라 마라 미아라 아마라 몰제 예혜혜 로계 새바라
라아 미사미 나사야 나베 사미사미나사야 모하자라
미사미 나사야 호로호로 마라호로 하레 바나마나바
사라사라 시리시리 소로소로 못자못자 모다야 모다야
매다리야 니라간타 가마사 날사남 바라하라나야 마낙
사바하 싯다야 사바하 마하싯다야 사바하 싯다유예
새바라야 사바하 니라간타야 사바하 바라하 목카싱하
목카야 사바하 바나마 하따야 사바하 자가라 욕타야
사바하 상카섭나예 모다나야 사바하 마하라 구타다라
야 사바하 바마사간타 이사시체다 가릿나 이나야 사
바하 먀가라 잘마 이바사나야 사바하
"나모라 다나다라 야야 나막알야 바로기제 새바라야
사바하" (3번)

### 정로진언 淨路眞言 ( 길을 인도 하는 진언 )

"옴 소싯디 나자리다라 나자리다리 모라다예 자라자
唵 蘇悉地 囉佐哩多囉 囉佐哩多囉 母囉多曳 左囉左

라 만다만다 하나하나 훔바탁" (3번)
羅 滿多滿多 賀那賀那 吽婆吒

### 입실게 入室偈 (욕실방에 들기를 안내하는 게송. 위패를 욕실방에 안치한다.) ※ 이때 종 다섯 번을 친다.

일종위배본심왕　　기입삼도역사생
一從違背本心王　　幾入三途歷四生

금일척제번뇌염　　수연의구자환향
今日滌除煩惱染　　隨緣依舊自還鄕


### 가지조욕편 加持澡浴篇 (불보살의 가피력으로 목욕을 하게하는 곳)

상부　정　삼업자　무월호징심　결　만물자　막과호청수　시
詳夫　淨　三業者　無越乎澄心　潔　萬物者　莫過乎淸水　是

이　근엄욕실　특비향탕　희일탁어진로　획만겁지청정
以　謹嚴浴室　特備香湯　希一濯於塵勞　獲萬劫之淸淨

하유목욕지게 대중수언후화
下有沐浴之偈 大衆隨言後和

아금이차향탕수　　관욕고혼급유정
我今以此香湯水　　灌浴孤魂及有情

신심세척영청정　　증입진공상락향
身心洗滌令淸淨　　證入眞空常樂鄕


### 목욕진언 沐浴眞言 (목욕을 알리는 진언)

"옴 바다모 사니사 아모까 아레 훔" (3번)
唵 婆多謀 婆尼沙 阿謀去 阿隸 吽

목욕진언을 외울 때 짓는 인(印)인데 양손 무명지와 새끼손가락을 깎찌어서 손바닥 속에 넣고 오른쪽 손가락이 왼쪽 손가락을 누르게 한다. 그리고 두 잔가락은 펴서 끝을 맞대고 양쪽 둘째 가락으로는 장 가락 등을 누르고 두 엄지가락으로는 잔가락 마디를 누른다.

### 작양지진언　(칫솔로써 이를 닦으라 알리는 진언)
嚼楊枝眞言

"**옴 바아라하 사바하**" (3번)
唵　縛阿羅賀　裟婆訶

작양지 진언할 때 맺는 인인데 왼손 엄지손가락으로 무명지가락 아래마디를 누르고 주먹을 쥔다.

### 수구진언　(양치질을 하고 입을 행구라 알리는 진언)
漱口眞言

"**옴 도도리 구로구로 사바하**" (3번)
唵　度度哩　九魯九魯　裟婆訶

수구 진언을 할 때 맺는 인인데 왼손으로 주먹을 쥐고 잔가락 무명지가락 새끼가락을 편다.

### 세수면진언 洗手面眞言 ( 손과 얼굴을 씻으라 알리는 진언 )

"옴 사만다 바리슷제훔" (3번)
唵 三滿多 婆哩述帝吽

세수면진언을 할 때 맺는 인인데 모습은 작양지 진언의 인법과 같다.

### 가지화의편 加持化衣篇 ( 옷을 갈아입도록 권장하는 곳 )

제불자 관욕기주 신심구정 금이여래 무상비밀지언
諸佛子 灌浴旣周 身心俱淨 今以如來 無上秘密之言

가지명의 원차일의 위다의 이다의 위무진지의 영칭
加持冥衣 願此一衣 爲多衣 以多衣 爲無盡之衣 令稱

신형 부장부단 불착불관 승전소복지의 변성해탈지복
身形 不長不短 不窄不寬 勝前所服之衣 變成解脫之服

고오불여래 유화의재다라니 근당선념
故吾佛如來 有化衣財陀羅尼 謹當宣念

### 화의재진언 化衣財眞言 ( 종이 옷을 태워서 법다운 옷으로 만드는 진언 )

"나모 사만다 못다남 옴 바자나 비로기제 사바하" (3번)
曩謨 三滿多 沒多南 唵 婆左那 毘盧枳帝 裟婆訶

화의재진언시 맺는 인인데 금강저가 있으면 쓰고 없으면 그림과 같이 합장하면 된다.

**제불자 지주기주 화의이변 무의자 여의부체 유의자**
諸佛子 持呪旣周 化衣已遍 無衣者 與衣覆體 有衣者

**기고환신 장예정단 선정복식**
棄古換新 將詣淨壇 先整服飾

### 수의진언 (옷을 입도록 주는 진언)
授衣眞言

**"옴 바라마라 바바아리니 훔"** (3번)
唵 婆里摩羅婆 縛阿里尼 吽

수의진언을 할 때 맺는 인인데 오른손으로 주먹을 쥐고 왼손으로는 물을 묻혀 뿌려준다.

### 착의진언 (옷 입기를 권장하는 진언)
着衣眞言

**"옴 바아라 바사세 사바하"** (3번)
唵 縛日羅 婆娑捘 裟婆訶

착의진언을 할 때 맺는 인인에 양손 엄지가락으로 네 손가락 끝을 눌러 주먹을 쥔다.

정의진언　　（옷을 단정히
整衣眞言　　 입히는 진언）

"옴 삼만다 바다라나 바다메 훔 박" (3번)
　唵　三滿多　婆多羅那　婆多米　吽　泮

　　　　　정의진언을 외울 때 맺는 인인데 형식은 착의진언의
　　　　　인법과 같다.


출욕참성편　　（목욕을 마치고 부처님을
出浴參聖篇　　 친견하도록 알리는 진언）

제불자 기주복식 가예단장 예 삼보지자존 청 일승지
諸佛子 旣周服飾 可詣壇場 禮 三寶之慈尊 聽 一乘之

묘법 청리향욕 당부정단 합장전심 서보전진
妙法 請離香浴 當赴淨壇 合掌專心 徐步前進


지단진언　　（불단으로 가는 길을
指壇眞言　　 알려주는 진언）

"옴 예이혜 베로자나야 사바하" (3번)
　唵　曳二惠　吠魯佐那野　裟婆訶

　　　　　지단진언을 외울 때 맺는 인인데 오른손으로 주먹을
　　　　　쥐고 둘째 손가락만 펴서 단을 가르친다.


법신변만백억계　　보방금색조인천
法身遍滿百億界　　普放金色照人天

응물현형담저월　　체원정좌보련대
應物現形潭底月　　體圓正坐寶蓮臺

"나무 대성인로왕보살"　(3번)
　南無　大聖引路王菩薩


　　　정중게　　（사진과 위패를 모시고 불단）
　　　庭中偈　　　앞으로 나오기를 알리는 진언

일보증부동　　내향수운간
一步曾不動　　內向水雲間

기도아련야　　입실예금선
旣到阿練若　　入室禮金仙


　　　개문게　　（법당문을 열고 친히 부처님을）
　　　開門偈　　　뵙기를 알리는 진언

권박봉미륵　　개문견서가
捲箔逢彌勒　　開門見釋迦

삼삼예무상　　유희법왕가
三三禮無上　　遊戱法王家


　　　가지예성편　　（부처님 앞에 이르러 성현）
　　　加持禮聖篇　　　뵙기를 고하는 법어

상래　위명도유정　인입정단이경　금당예봉　삼보　부삼
上來　爲冥道有情　引入淨壇已竟　今當禮奉三寶　夫三

보자　삼신정각　오교영문　삼현십성지존　사과이승지중
寶者　三身正覺　五敎靈文　三賢十聖之尊　四果二乘之衆

여등　기래법회　득부향연　상　삼보지난봉　경　일심이신
汝等　旣來法會　得赴香筵　想　三寶之難逢　傾　一心而信

례　하유보례지게
禮　下有普禮之偈

　　　보례삼보　　（삼보님께 예배）
　　　普禮三寶　　（하는 게송　　）

보례시방상주불　　（절）
普禮十方常住佛

보례시방상주법　　（절）
普禮十方常住法

보례시방상주승　　（절）
普禮十方常住僧

　　　법성게　　（법주·사진·위패 순서로 법성게를 외우며　　　）
　　　法性偈　　（세 바퀴 돌고 위패를 본 자리에 모심　　　　　）

법성원융무이상　　제법부동본래적
法性圓融無二相　　諸法不動本來寂

무명무상절일체　　증지소지비여경
無名無相絕一切　　證智所知非餘境

진성심심극미묘　　불수자성수연성
眞性甚深極微妙　　不守自性隨緣成

일중일체다중일　　일즉일체다즉일
一中一切多中一　　一卽一切多卽一

일미진중함시방　　일체진중역여시
一微塵中含十方　　一切塵中亦如是

무량원겁즉일념　　일념즉시무량겁
無量遠劫卽一念　　一念卽是無量劫

| 구세십세호상즉 | 잉불잡란격별성 |
| 九世十世互相卽 | 仍不雜亂隔別成 |

| 초발심시변정각 | 생사열반상공화 |
| 初發心時便正覺 | 生死涅槃常共和 |

| 이사명연무분별 | 십불보현대인경 |
| 理事冥然無分別 | 十佛普賢大人境 |

| 능인해인삼매중 | 번출여의부사의 |
| 能仁海印三昧中 | 繁出如意不思議 |

| 우보익생만허공 | 중생수기득이익 |
| 雨寶益生滿虛空 | 衆生隨器得利益 |

| 시고행자환본제 | 파식망상필부득 |
| 是故行者還本際 | 叵息妄想必不得 |

| 무연선교착여의 | 귀가수분득자량 |
| 無緣善巧捉如意 | 歸家隨分得資糧 |

| 이다라니무진보 | 장엄법계실보전 |
| 以多羅尼無盡寶 | 莊嚴法界實寶殿 |

| 궁좌실제중도상 | 구래부동명위불 |
| 窮坐實際中道床 | 舊來不動名爲佛 |


| 제불대원경 | 필경무내외 |
| 諸佛大圓鏡 | 畢竟無內外 |

| 야양금일회 | 미목정상시 |
| 爺孃今日會 | 眉目正相撕 |


**수위안좌편**  (다시 본 자리에
受位安座篇   앉기를 권한 곳

제불자 상래승불섭수 장법가지 기무수계이임연 원획
諸佛子 上來承佛攝受 仗法加持 旣無囚繫以臨筵 願獲

소요이취좌 하유안좌지게 대중수언후와
逍遙而就座 下有安坐之偈 大衆隨言後和

아금의교설화연　　종종진수열좌전
我今依敎設華筵　　種種珍羞列座前

대소의위차제좌　　전심제청연금언
大小依位次第坐　　專心諦聽演金言


　　　수위안좌진언
　　　受位安座眞言

"옴 마니 군다니 훔훔 사바하"　　(3번)


백초임중일미신　　조주상권기천인
百草林中一味新　　趙州常勸幾千人

팽장석정강심수　　"원사망령헐고륜"　　(3번 3배)
烹將石鼎江心水　　願使亡靈歇苦輪


## 3. 청법(請法)

※ 위패를 법상 앞에 법답게 모시고 재자들과 함께 법사스님께 청법함.

차경심심의　　대중심갈앙
此經甚深義　　大衆心渴仰

유원대법사　　광위중생설　　(三說三拜)
唯願大法師　　廣爲衆生說

**설법** (법사스님께서 영가의 근기에 맞)
說法　(추어 설법하고 재자를 칭찬함)

## 4. 불공(佛供)

### 천수경
千手經

(11쪽에서 21쪽에 있음)

### 삼보통청
三寶通請

**거불**　(삼보의 명위를 들어 법회에)　※목탁
擧佛　(참석하여 주실 것을 간청한 곳)

나무　**불타부중광림법회**　(큰절)
南無　佛陀部衆光臨法會

나무　**달마부중광림법회**　(큰절)
南無　達摩部衆光臨法會

나무　**승가부중광림법회**　(큰절)
南無　僧伽部衆光臨法會

**보소청진언**　(불보살께서 공양청을 받아)　※ 요령
普召請眞言　(주실 것을 간청한 곳)

"**나무 보보제리 가리다리 다타 아다야**"　(3번)
南無 步步諦哩 迦哩多哩 多陀 揭多野

**유치(由致)** ( 불공을 드리게 된 연유를 밝힌 곳 ) ※ 합장하고 그냥 범음성으로 점잖게 함

앙유 삼보대성자 종 진정계 흥 대비운 비신현신 포
仰惟 三寶大聖者 從 眞淨界 興 大悲雲 非身現身 布

신운어삼천세계 무법설법 쇄 법우어팔만진로 개 종종
身雲於三千世界 無法說法 灑 法雨於八萬塵勞 開 種種

방편지문 도 망망사계지중 유구개수 여 공곡지전성
方便之門 導 茫茫沙界之衆 有求皆遂 如 空谷之傳聲

무원부종 약 징담지인월 시이 사바세계 차사천하 대
無願不從 若 澄潭之印月 是以 裟婆世界 此四天下 大

한민국 모도 모군 모면 모리 모산 모사 수월도량 원
韓民國 某道 某郡 某面 某里 某山 某寺 水月道場 願

아금차 지극지정성 사십구재지재자 모군 모면 모리
我今此 至極至精誠 四十九齋之齋者 某郡 某面 某里

모번지 거주 모모등 복위 모모등 영가 이 금월금일
某番地 居住 某某等 伏爲 某某等 靈駕 以 今月今日

건설법연 정찬공양 제망중중 무진삼보자존 훈근작법
虔設法筵 淨饌供養 帝網重重 無盡三寶慈尊 薰懃作法

앙기묘원자 우복이 설 명향이예청 정옥립이수재 재체
仰祈妙援者 右伏以 蓺 茗香以禮請 呈玉粒而修齋 齋體

수미 건성가민 기회자감 곡조미성 근병일심 선진삼청
雖微 虔誠可愍 冀回慈鑑 曲照微誠 謹秉一心 先陳三請

**청사(請詞)** ( 큰절 한 번하고 일어나면서 요령을 흔들며 글을 외움 ) ※ 요령

나무 일심봉청 이 대자비 이위체고 구호중생 이위자
南無 一心奉請 以 大慈悲 而爲體故 救護衆生 以爲資

량  어제병고  위작양의  어실도자  시기정로  어암야중
粮  於諸病苦  爲作良醫  於失道者  示其正路  於闇夜中

위작광명  어빈궁자  영득복장  평등요익  일체중생  청정
爲作光明  於貧窮子  永得伏藏  平等饒益  一切衆生  淸淨

법신  비로자나불  원만보신  노사나불  천백억화신  서가
法身  毘盧遮那佛  圓滿報身  盧舍那佛  千百億化身  釋迦

모니불  서방교주  아미타불  당래교주  미륵존불  시방상
牟尼佛  西方敎主  阿彌陀佛  當來敎主  彌勒尊佛  十方常

주  진여불보  일승원교  대화엄경  대승실교  묘법화경
住  眞如佛寶  一乘圓敎  大華嚴經  大乘實敎  妙法華經

삼처전심  격외선전  시방상주  심심법보  대지문수보살
三處傳心  格外禪詮  十方常住  甚深法寶  大智文殊菩薩

대행보현보살  대비관세음보살  대원지장보살  전불심등
大行普賢菩薩  大悲觀世音菩薩  大願地藏菩薩  傳佛心燈

가섭존자  유통교해  아난존자  시방상주  청정승보  여시
迦葉尊者  流通敎海  阿難尊者  十方常住  淸淨僧寶  如是

삼보  무량무변  일일주변  일일진찰  유원자비  연민유정
三寶  無量無邊  一一周徧  一一塵刹  唯願慈悲  憐愍有情

강림도량  수차공양    (3번)
降臨道場  受此供養


**향화청**    ( 헌향 )  ※ 목탁
香花請      헌화


**가영**    (읽지 않음)  ※ 목탁
歌詠

불신보변시방중　　삼세여래일체동
佛身普徧十方中　　三世如來一切同

광대원운항부진　　왕양각해묘란궁
廣大願雲恒不盡　　汪洋覺海渺難窮

고아일심 귀명정례　　(반절)
故我一心 歸命頂禮

　　　헌좌진언　　(모셔온 모든 분들이 앉을)　　※ 요령
　　　獻座眞言　　 자리를 제공하는 진언

묘보리좌승장엄　　제불좌이성정각
妙菩提座勝莊嚴　　諸佛坐已成正覺

아금헌좌역여시　　자타일시성불도
我今獻座亦如是　　自他一時成佛道

"옴 바아라 미나야 사바하"　(3번)
　唵　縛日羅　未那野　裟婆訶


　　　정근　　(읽지 않음)　※ 목탁
　　　精勤

"나무 영산불멸 학수쌍존 시아본사 석가모니불"로 시작하여 "석가모니불"을 시간 따라 부르다가 다음 게송을 외우고 권공으로 들어간다.

천상천하무여불　　시방세계역무비
天上天下無如佛　　十方世界亦無比

세간소유아진견　　일체무유여불자
世間所有我盡見　　一切無有如佛子

고아일심귀명정례　　(반절)
故我一心歸命頂禮

욕건만나라 선송
欲建曼拏羅 先誦

정법계진언　　"옴 남"　(3~7번) ※ 목탁
淨法界眞言　　　唵 喃

다게　　(차를 올리면서 외우는 게송)　※ 목탁
茶偈

공양시방조어사　연양청정미묘법
供養十方調御士　演揚淸淨微妙法

삼승사과해탈승　"원수자비애납수"　(3배)
三乘四果解脫僧　願垂慈悲哀納受

진언권공　(진언으로 공양을 권하는 대목)　※ 요령
眞言勸供

향수나열 재자건성 욕구공양지주원
香羞羅列 齋者虔誠 欲求供養之周圓

수장가지지변화 앙유삼보 특사가지
須仗加持之變化 仰唯三寶 特賜加持

"나무시방불 나무시방법 나무시방승"(3번)

무량위덕자재광명승묘력변식진언
無量威德自在光明勝妙力變食眞言

"나막 살바다타 아다 바로기제 옴 삼바라 삼바라 훔"(3번)

시 감로수진언
施 甘露水眞言

"나무소로바야 다타아다야 다냐야 옴 소로소로 바라

소로 바라소로 사바하" (3번)

일자수륜관진언
一字水輪觀眞言

"옴 밤밤밤밤" (3번)

유해진언
乳海眞言

"나무사만다 못다남 옴 밤" (3번)

운심공양진언
運心供養眞言

원차향공변법계  보공무진삼보해
願此香供遍法界  普供無盡三寶海

자비수공증선근  영법주세보불은
慈悲受供增善根  令法住世報佛恩

"나막 살바다타 아제박미 새바 모계 배약살바다캄 오나아제 바라혜맘 옴 아아나깜 사바하" (3번)

예참     ※ 목탁
禮懺

지심정례공양  삼계도사  사생자부  시아본사
至心頂禮供養  三界導師  四生慈父  是我本師

석가모니불 (절)
釋迦牟尼佛

지심정례공양　　시방삼세　　제망찰해　　상주일체
至心頂禮供養　　十方三世　　帝網刹海　　常住一切

　　　　　　　　불타야중　　(절)
　　　　　　　　佛陀耶衆

지심정례공양　　시방삼세　　제망찰해　　상주일체
至心頂禮供養　　十方三世　　帝網刹海　　常住一切

　　　　　　　　달마야중　　(절)
　　　　　　　　達摩耶衆

지심정례공양　　대지문수　　사리보살　　대행보현보살
至心頂禮供養　　大地文殊　　舍利菩薩　　大行普賢菩薩

　　　　　　　　대비관세음보살　　대원본존
　　　　　　　　大悲觀世音菩薩　　大願本尊

　　　　　　　　지장보살마하살　　(절)
　　　　　　　　地藏菩薩摩訶薩

지심정례공양　　영산당시　　수불부촉　　십대제자　　십육성
至心頂禮供養　　靈山當時　　受佛咐囑　　十大弟子　　十六聖

　　　　　　　　오백성　독수성　내지　천이백제대
　　　　　　　　五百聖　獨修聖　乃至　千二百諸大

　　　　　　　　아라한 무량자비성중　　(절)
　　　　　　　　阿羅漢 無量慈悲聖衆

지심정례공양　　서건동진　　급아해동　　역대전등
至心頂禮供養　　西乾東晉　　及我海東　　歷代傳燈

　　　　　　　　제대조사　　천하종사　　일체미진수
　　　　　　　　諸大祖師　　天下宗師　　一切微塵數

　　　　　　　　제대선지식　　(절)
　　　　　　　　諸大善知識

지심정례공양　시방삼세　제망찰해　상주일체
至心頂禮供養　十方三世　帝網刹海　常住一切

　　　　　　　승가야중　(절)
　　　　　　　僧伽耶衆

유원　무진삼보　대자대비　수차공양　명훈가피력
唯願　無盡三寶　大慈大悲　受此供養　冥勳加被力

원공법계제중생　자타일시성불도　(절)
願共法界諸衆生　自他一時成佛道


　　　보공양진언
　　　普供養眞言

"옴 아아나 삼바바 바아라 훔"　(3번)


　　　보회향진언
　　　普回向眞言

"옴 사마라 사마라 미만나 사라마하 자가라바 훔"(3번)


　　　원성취진언
　　　願成就眞言

"옴 아모카 살바다라 사다야 시베 훔"　(3번)


　　　보궐진언
　　　補闕眞言

"옴 호로호로 시야모케 사바하"　(3번)

찰진심념가수지　　대해수중가음진
刹塵心念可數知　　大海水中可飮盡

허공가량풍가계　　무능진설불공덕
虛空可量風可繫　　無能盡說佛功德

고아일심귀명정례
故我一心歸命頂禮


축원　　（재자의 소망을　）　　※ 그냥 합장하고 범음으로
祝願　　 기원해 주는 곳　　　　　점잖게 함

앙고　시방삼세　제망중중　무진삼보　자존　불사자비　위
仰告　十方三世　帝網重重　無盡三寶　慈尊　不捨慈悲　爲

작증명 (혹 허수낭감)
作證明　或 許垂朗鑑

상래소수공덕해　　회향삼처실원만　　우순풍조민안락
上來所修功德海　　回向三處悉圓滿　　雨順風調民安樂

천하태평법륜전
天下太平法輪轉

원아　금차지극지성　사십구일지재자　모도모군　모면
願我　今此至極至誠　四十九日之齋者　某道某郡　某面

모리　모번지거주　행효자　모질손　모등복위　소천망령
某里　某番地居住　行孝子　某姪孫　某等伏爲　所薦亡靈

모모등　영가　이차인연공덕　앙몽삼보대성　애민섭수
某某等　靈駕　以此因緣功德　仰蒙三寶大聖　哀愍攝受

지묘력　부답명로　초생극락지대원　(반절)
之妙力　不踏冥路　超生極樂之大願

억원　당령복위　상세선망　사존부모　누세종친　제형숙백
抑願　當靈伏爲　上世先亡　師尊父母　累世宗親　弟兄叔伯

일체권속등 열위영가 도량내외 동상동하 유주무주
一切眷屬等 列位靈駕 道場內外 洞上洞下 有主無主

애혼불자등 각 열위영가 겸급법계 삼도팔난 사생칠취
哀魂佛子等 各 列位靈駕 兼及法界 三途八難 四生七趣

사은삼유 일체유식 함령등 각 열위영가 함탈삼계지
四恩三有 一切有識 含靈等 各 列位靈駕 咸脫三界之

고뇌 초생구품지낙방 획몽제불 감로관정 반야낭지
苦惱 超生九品之樂邦 獲蒙諸佛 甘露灌頂 般若朗智

활연개오 (반절)
豁然開悟

억원 금일지성재자 시회합원대중 노소비구 사미행자
抑願 今日至誠齋者 時會合院大衆 老少比丘 沙彌行者

신남신녀 백의단월 각각등보체 각기심중 소구발원
信男信女 白衣檀越 各各等保體 各其心中 所求發願

일일유 천상지경 시시무 백해지재 만사여의 형통지
日日有 千祥之慶 時時無 百害之災 萬事如意 亨通之

발원 (반절)
發願

연후원 항사법계 무량불자등 동유화장장엄해 동입보
然後願 恒沙法界 無量佛子等 同遊華藏莊嚴海 同入菩

리대도량 상봉화엄불보살 항몽제불대광명 소멸무량
提大道場 常逢華嚴佛菩薩 恒蒙諸佛大光明 消滅無量

중죄장 획득무량대지혜 돈성무상최정각 광도법계제
衆罪障 獲得無量大智慧 頓成無上最正覺 廣度法界諸

중생 이보제불막대은 세세상행보살도 구경원성살바야
衆生 以報諸佛莫大恩 世世常行菩薩道 究竟圓成薩婆若

마하반야바라밀　(반절)
摩訶般若波羅密

나무석가모니불　나무석가모니불
南無釋迦牟尼佛　南無釋迦牟尼佛

나무시아본사석가모니불　(반절)
南無是我本師釋迦牟尼佛


### 중단권공
### 中壇勸供

다게　※ 목탁
茶偈

이차청정향운공　봉헌옹호성중전
以此淸淨香雲供　奉獻擁護聖衆前

감찰아등건간심　"원수자비애납수"　(3배)
鑑察我等虔懇心　　願垂慈悲哀攝受

지심정례공양　화엄회상　욕색제천중　(절)
至心頂禮供養　華嚴會上　欲色諸天衆

지심정례공양　화엄회상　팔부사왕중　(절)
至心頂禮供養　華嚴會上　八部四王衆

지심정례공양　화엄회상　호법선신중　(절)
至心頂禮供養　華嚴會上　護法善神衆

유원　신중자비　옹호도량
唯願　神衆慈悲　擁護道場

실개수공발보리　시작불사도중생
悉皆受供發菩提　施作佛事度衆生

### 보공양진언
### 普供養眞言

"옴 아아나 삼바바 바아라 훔" (3번)

### 보회향진언
### 普回向眞言

"옴 사마라 사마라 미만나 사라마하 자가라바 훔" (3번)

### 마하반야바라밀다 심경
### 摩訶般若波羅密多 心經

관자재보살 행심반야 바라밀다 시 조견 오온개공 도
觀自在菩薩 行深般若 波羅密多 時 照見 五蘊皆空 度

일체고액 사리자 색불이공 공불이색 색즉시공 공즉
一切苦厄 舍利子 色不異空 空不異色 色卽是空 空卽

시색 수상행식 역부여시 사리자 시 제법공상 불생불
是色 受想行識 亦復如是 舍利子 是 諸法空相 不生不

멸 불구부정 부증불감 시고 공중 무색 무수상행식
滅 不垢不淨 不增不減 是故 空中 無色 無受想行識

무안이비설신의 무색성향미촉법 무안계 내지무의식계
無眼耳鼻舌身意 無色聲香味觸法 無眼界 乃至無意識界

무무명 역무무명진 내지 무노사 역무노사진 무 고집
無無明 亦無無明盡 乃至 無老死 亦無老死盡 無 苦集

멸도 무지역무득 이무소득고 보리살타 의반야바라밀
滅度 無智亦無得 以無所得故 菩提薩埵 依般若波羅密

다 고심무가애 무가애고 무유공포 원리전도몽상 구
多 故心無罣碍 無罣碍故 無有恐怖 遠離顚倒夢想 究

경열반 삼세제불 의반야바라밀다 고득아뇩다라삼먁
竟涅槃 三世諸佛 依般若波羅密多 故得阿耨多羅三藐

삼보리 고지반야바라밀다 시 대신주 시 대명주 시무
三菩提 故知般若波羅密多 是 大神呪 是 大明呪 是無

상주 시무등등주 능제일체고 진실불허 고설 반야바
上呪 是無等等呪 能除一切故 眞實不虛 故說 般若波

라밀다주 즉설주왈
羅密多呪 卽說呪曰

"아제아제 바라아제 바라승아제 모제 사바하" (3번)


### 불설소재길상 다라니
佛說消災吉祥 陀羅尼

나무 사만다 못나남 아바라지 하다사 사나남 다냐타
옴 카카 카헤 카헤 훔 훔 아바라 아바라 바라아바라
바라아바라 디따 디따 디리 디리 빠다 바다 선지가
시리에 사바하


### 원성취진언
願成就眞言

"옴 아모카 살바다라 사다야 시베 훔" (3번)


### 보궐진언
普闕眞言

"옴 호로호로 시야모케 사바하" (3번)

화엄성중혜감명　　사주인사일념지
華嚴聖衆慧鑑明　　四洲人事一念知

애민중생여적자　　시고아금공경례
哀愍衆生如嫡子　　是故我今恭敬禮

고아일심귀명정례　　(반절)
故我一心歸命頂禮

### 중단축원
中壇祝願

앙고 화엄회상 제대현성 첨수연민지지정 각방신통지
仰告 華嚴會上 諸大賢聖 僉垂憐愍之至情 各放神通之

묘력 원아금차 (주소) 앙몽제대성중 가호지묘력 일
妙力 願我今此　성명　仰蒙諸大聖衆 加護之妙力 日

일유 천상지경 시시무 백해지재 심중소구 여의원만
日有 千祥之慶 時時無 百害之災 心中所求 如意圓滿

형통지대원 연후원 금일재자 여 시회대중등 삼장돈제
亨通之大願 然後願 今日齋者 與 時會大衆等 三障頓除

오복증숭 원제유정등 삼업개청정 봉지제불교 화남대
五福增崇 願諸有情等 三業皆淸淨 奉持諸佛敎 和南大

성존 구호길상 마하반야바라밀
聖尊 俱護吉祥 摩訶般若波羅密

## 5. 시식(施食 : 영단을 향해 시식을 베품)

### 거불
擧佛　　※ 목탁

**나무 극락도사 아미타불**　(절)
南無　極樂導師　阿彌陀佛

**나무 좌우보처 관음세지 양대보살**　(절)
南無　左右補處　觀音勢至　兩大菩薩

**나무 접인망령 대성인로왕보살**　(절)
南無　接引亡靈　大聖引路王菩薩

### 청혼
請魂　　※ 요령 세 번 흔들고, 점잖게 범음성으로

거 사바세계 남섬부주 동양 대한민국 (모사) 청정도량
擧 裟婆世界 南贍部洲 東洋 大韓民國　某寺　淸淨道場

원아금차 제당 (사십구재중삼우재) 위천설향 봉청재자
願我今此 第當　四十九齋中三虞齋　爲薦爇香 奉請齋者

(행효자) 모인복위 소천 망령 모인영가 영가 기부 재
行孝子　某人伏爲 所薦 亡靈 某人靈駕 靈駕 寄付 齋

자복위 상세선망 부모 다생사장 원근친족등 각열명영
者伏爲 上世先亡 父母 多生師丈 遠近親族等 各列名靈

가 차도량내외 동상동하 유주무주 애혼불자등 각열명
駕　此道場內外 洞上洞下 有主無主 哀魂佛子等 各列名

영가 철위산간 오무간옥 일일일야 만사만생 수고함
靈駕 鐵圍山間 五無間獄 一日一夜 萬死萬生 受苦含

령등 각열위영가 내지 겸급법계 삼도팔난 사생칠취
靈等 各列爲靈駕 乃至　兼及法界 三途八難 四生七趣

십류고혼등 각열위영가 지침체청 지심체수
十類孤魂等 各列爲靈駕 至心諦聽 至心諦受


착어 (영가에게 내리는 말)　(읽지 않음) ※ 목탁
着語

영명성각묘난사　월타추담계영한
靈明性覺妙難思　月墮秋潭桂影寒

금탁수성개각로　잠사진계하향단
金鐸數聲開覺路　暫辭眞界下香壇


진령게 (읽지 않음) ※ 요령을 흔들며
振鈴偈

이차진령신소청　명도귀계보문지
以此振鈴申召請　冥途鬼界普聞知

원승삼보역가지　금일금시래부회
願承三寶力加知　今日今時來赴會


보소청진언
普召請眞言

"나무보보지리 가리다리 다타아타야" (3번)


청사 ※ 요령
請詞

일심봉청 생연이진 대명아천 기작황천지객 이위주천
一心奉請 生緣已盡 大命我遷 旣作黃泉之客 已爲追薦

지혼 방불형용 의희면목 금일모령 승불위광 내예향단
之魂 彷佛形容 依稀面目 今日某靈 承佛威光 來詣香壇

## 수첩법공
受沾法供

### 향연청 　(헌향)　※ 목탁
香煙請

### 가영　※ 목탁
歌詠

| 제령한진치신망 | 석화광음몽일장 |
| --- | --- |
| 諸靈限盡致身亡 | 石火光陰夢一場 |
| 삼혼묘묘귀하처 | 칠백망망거원향 |
| 三魂杳杳歸何處 | 七魄茫茫去遠鄕 |

### 수위안좌진언　※ 요령
受位安座眞言

| 아금의교설화연 | 공양진수열좌전 |
| --- | --- |
| 我今依敎說華筵 | 供養珍羞列座前 |
| 유원불자차제좌 | 전심제청연금언 |
| 唯願佛子次第坐 | 專心諦聽演金言 |

"옴 마니군다니 훔훔 사바하" (3번)

| 백초임중일미신 | 조주상권기천인 |
| --- | --- |
| 百草林中一味新 | 趙州常勸幾千人 |
| 팽장석정강심수 | "원사망령헐고륜" (세번 3배) |
| 烹將石鼎江心水 | 願使亡靈歇苦輪 |

모영 향설오분지진향 훈발대지
某靈 香爇五分之眞香 熏發大智

등연반야지명등 조파혼구
燈燃般若之明燈 照破昏衢

다헌조주지청다 돈식갈정
茶獻趙州之淸茶 頓息渴情

과헌선도지진품 상조일미
果獻仙都之眞品 常助一味

식진향적지진수 영절기허
食進香積之珍羞 永絶飢虛

선밀가지 신전윤택 업화청량 각구해탈 변식진언
宣蜜加持 身田潤澤 業火淸凉 各求解脫 變食眞言

"나막 살바다타 아다 바로기제 옴 삼바라 삼바라 훔"(3번)

시감로수진언
施甘露水眞言

"나무소로바야 다타아다야 다냐타 옴 소로소로 바라소로 바라소로 사바하"(3번)

일자수륜관진언     옴 밤 밤 밤밤"(3번)
一字水輪觀眞言

유해진언     "나무사만다 못다남 옴 밤"(3번)
乳海眞言

### 칭량성호 (稱量聖號) ※ 목탁·요령, 대중과 함께 동음으로
(읽지 않음)

| 나무다보여래 | 원제고혼 | 파제간탐 | 법재구족 |
| 南無多寶如來 | 願諸孤魂 | 破除慳貪 | 法財具足 |

| 나무묘색신여래 | 원제고혼 | 이추루형 | 상호원만 |
| 南無妙色身如來 | 願諸孤魂 | 離醜陋形 | 相好圓滿 |

| 나무광박신여래 | 원제고혼 | 사륙범신 | 오허공신 |
| 南無廣博身如來 | 願諸孤魂 | 捨六凡身 | 悟虛空身 |

| 나무이포외여래 | 원제고혼 | 이제포외 | 득열반락 |
| 南無離怖畏如來 | 願諸孤魂 | 離諸怖畏 | 得涅槃樂 |

| 나무감로왕여래 | 원제고혼 | 열명영가 | 인후개통 |
| 南無甘露王如來 | 願諸孤魂 | 列名靈駕 | 咽喉開通 |

획감로미
獲甘露味

| 원차가지식 | 보변만시방 | 식자제기갈 | 득생안양국 |
| 願此加持食 | 普遍滿十方 | 食者除飢渴 | 得生安養國 |

### 시귀식진언 (施鬼食眞言)

"옴 미기미기 야야미기 사하바"

### 시무차법식진언 (施無遮法食眞言)

"옴 목령능 사하바" (3번)

수아차법식 하이아란찬 기장함포만 업화돈청량
受我此法食 何異阿難饌 飢腸咸飽滿 業火頓淸凉

돈사탐진치 상귀불법승 염념보리심 처처안락국
頓捨貪瞋癡 常歸佛法僧 念念菩提心 處處安樂國

범소유상 개시허망 약견제상비상 직견여래
凡所有相 皆是虛妄 若見諸相非相 卽見如來

### 여래십호
### 如來十號

여래 응공 정변지 명행족 선서 세간해
如來 應供 正遍智 明行足 善逝 世間解

무상사 조어장부 천인사 불 세존
無上士 調御丈夫 天人師 佛 世尊

제법종본래 상자적멸상 불자행도이 내세득작불
諸法從本來 常自寂滅相 佛子行道已 來世得作佛

제행무상 시생멸법 생멸멸이 적멸위락
諸行無常 是生滅法 生滅滅已 寂滅爲樂

### 장엄염불
### 莊嚴念佛

원아진생무별렴 아미타불독상수
願我盡生無別念 阿彌陀佛獨相隨

심심상계옥호광 염념불이금색상
心心常係玉毫光 念念不離金色相

아집염주법계관　　허공위승무불관
我 執 念 珠 法 界 觀　　虛 空 爲 繩 無 不 貫

평등사나무하처　　관구서방아미타
平 等 舍 那 無 何 處　　觀 求 西 方 阿 彌 陀

나무서방대교주　　무량수여래불
南 無 西 方 大 教 主　　無 量 壽 如 來 佛

"나무아미타불"
南 無 阿 彌 陀 佛

※ 시간 따라 하다가 장엄염불을 하는데 여기서부터서는 매 글귀의 끝마다
'나무아미타불'을 후념으로 봉독함.


　　　　극락세계십종장엄　　( 나무아미타불 )
　　　　極 樂 世 界 十 種 莊 嚴　　( 南 無 阿 彌 陀 佛 )

법장서원수인장엄　　사십팔원원력장엄
法 藏 誓 願 修 因 莊 嚴　　四 十 八 願 願 力 莊 嚴

미타명호수광장엄　　삼대사관보상장엄
彌 陀 名 號 壽 光 莊 嚴　　三 大 士 觀 寶 像 莊 嚴

미타국토안락장엄　　보하청정덕수장엄
彌 陀 國 土 安 樂 莊 嚴　　寶 河 淸 淨 德 水 莊 嚴

보전여의누각장엄　　주야장원시분장엄
寶 殿 如 意 樓 閣 莊 嚴　　晝 夜 長 遠 時 分 莊 嚴

이십사락정토장엄　　삼십종익공덕장엄
二 十 四 樂 淨 土 莊 嚴　　三 十 種 益 功 德 莊 嚴


　　　　미타인행사십팔원　　( 나무아미타불 )
　　　　彌 陀 因 行 四 十 八 願　　( 南 無 阿 彌 陀 佛 )

| 악취무명원 | 무타악도원 | 동진금색원 | 형모무차원 |
| 惡趣無名願 | 無墮惡道願 | 同眞金色願 | 形貌無差願 |
| 성취숙명원 | 생획천안원 | 생획천이원 | 실지심행원 |
| 成就宿命願 | 生獲天眼願 | 生獲天耳願 | 悉知心行願 |
| 신족초월원 | 정무아상원 | 결정정각원 | 광명보조원 |
| 神足超越願 | 淨無我相願 | 決定正覺願 | 光明普照願 |
| 수량무궁원 | 성문무수원 | 중생장수원 | 개획선명원 |
| 壽量無窮願 | 聲聞無數願 | 衆生長壽願 | 皆獲善名願 |
| 제불칭찬원 | 십념왕생원 | 임종현전원 | 회향개생원 |
| 諸佛稱讚願 | 十念往生願 | 臨終現前願 | 回向皆生願 |
| 구족묘상원 | 함계보처원 | 신공타방원 | 소수만족원 |
| 具足妙相願 | 咸階補處願 | 晨供他方願 | 所須滿足願 |
| 선입본지원 | 나라연력원 | 장엄무량원 | 보수실지원 |
| 善入本智願 | 那羅延力願 | 莊嚴無量願 | 寶樹悉知願 |
| 획승변재원 | 대변무변원 | 국정보조원 | 무량승음원 |
| 獲勝辯才願 | 大辯無邊願 | 國淨普照願 | 無量勝音願 |
| 몽광안락원 | 성취총지원 | 영이여신원 | 문명지과원 |
| 蒙光安樂願 | 成就摠持願 | 永離女身願 | 聞名至果願 |
| 천인경례원 | 수의수렴원 | 재생심정원 | 수현불찰원 |
| 天人敬禮願 | 須衣隨念願 | 纔生心淨願 | 樹現佛刹願 |
| 무제근결원 | 현증등지원 | 문생호귀원 | 구족선근원 |
| 無諸根缺願 | 現證等持願 | 聞生豪貴願 | 具足善根願 |
| 공불견고원 | 욕문자문원 | 보리무퇴원 | 현획인지원 |
| 供佛堅固願 | 欲聞自聞願 | 菩提無退願 | 現獲忍地願 |

제불보살십종대은 　　（나무아미타불）
諸佛菩薩十種大恩 　　　南無阿彌陀佛

| 발심보피은 | 난행고행은 | 일향위타은 | 수형육도은 |
| 發心普被恩 | 難行苦行恩 | 一向爲他恩 | 隨形六道恩 |
| 수축중생은 | 대비심중은 | 은승창열은 | 위실시권은 |
| 隨逐衆生恩 | 大悲深重恩 | 隱勝彰劣恩 | 爲實示權恩 |
| 시멸생선은 | 비렴무진은 | | |
| 示滅生善恩 | 悲念無盡恩 | | |

보현보살십종대은　　( 나무아미타불 )
普賢菩薩十種大恩　　　南無阿彌陀佛

| 예경제불원 | 칭찬여래원 | 광수공양원 | 참제업장원 |
| 禮敬諸佛願 | 稱讚如來願 | 廣修供養願 | 懺除業障願 |
| 수희공덕원 | 청전법륜원 | 청불주세원 | 상수불학원 |
| 隨喜功德願 | 請轉法輪願 | 請佛住世願 | 常隨佛學願 |
| 항순중생원 | 보개회향원 | | |
| 恒順衆生願 | 普皆回向願 | | |

석가여래팔상성도　　( 나무아미타불 )
釋迦如來八相成道　　　南無阿彌陀佛

| 도솔내의상 | 비람강생상 | 사문유관상 | 유성출가상 |
| 兜率來儀相 | 毘藍降生相 | 四門遊觀相 | 踰城出家相 |
| 설산수도상 | 수하항마상 | 녹원전법상 | 쌍림열반상 |
| 雪山修道相 | 樹下降魔相 | 鹿苑轉法相 | 雙林涅槃相 |

다생부모십종대은　　( 나무아미타불 )
多生父母十種大恩　　　南無阿彌陀佛

| 회탐수호은 | 임산수고은 | 생자망우은 | 인고토감은 |
| 懷耽守護恩 | 臨産受苦恩 | 生子忘憂恩 | 咽苦吐甘恩 |

회건취습은　유포양육은　　세탁부정은　원행억념은
廻乾就濕恩　乳哺養育恩　　洗濯不淨恩　遠行憶念恩

위조악업은　구경연민은
爲造惡業恩　究竟憐愍恩


　　　　오종대은명심불망　　（나무아미타불）
　　　　五種大恩銘心不忘　　　南無阿彌陀佛

각안기소국왕지은　　생양구로부모지은
各安其所國王之恩　　生養劬勞父母之恩

유통정법사장지은　　사사공양단월지은
流通正法師長之恩　　四事供養檀越之恩

탁마상성붕우지은　　당가위보유차염불
琢磨相成朋友之恩　　當可爲報唯此念佛


　　　　고성염불십종공덕　　（나무아미타불）
　　　　高聲念佛十種功德　　　南無阿彌陀佛

일자공덕능배수면　　이자공덕천마경포
一者功德能排睡眠　　二者功德天魔驚怖

삼자공덕성변시방　　사자공덕삼도식고
三者功德聲遍十方　　四者功德三途息苦

오자공덕외성불입　　육자공덕염심불산
五者功德外聲不入　　六者功德念心不散

칠자공덕용맹정진　　팔자공덕제불환희
七者功德勇猛精進　　八者功德諸佛歡喜

구자공덕삼매현전　　십자공덕왕생정토
九者功德三昧現前　　十者功德往生淨土

청산첩첩미타굴　　창해망망적멸궁
靑山疊疊彌陀窟　　蒼海茫茫寂滅宮

물물염래무가애　　기간송정학두홍
物物拈來無罣碍　　幾看松亭鶴頭紅


극락당전만월용　　옥호금색조허공
極樂堂前滿月容　　玉毫金色照虛空

약인일념칭명호　　경각원성무량공
若人一念稱名號　　頃刻圓成無量功


삼계유여급정륜　　백천만겁역미진
三界猶如汲井輪　　百千萬劫歷微塵

차신불향금생도　　갱대하생도차신
此身不向今生度　　更待何生度此身


천상천하무여불　　시방세계역무비
天上天下無如佛　　十方世界亦無比

세간소유아진견　　일체무유여불자
世間所有我盡見　　一切無有如佛者


찰진심념가수지　　대해중수가음진
刹塵心念可數知　　大海中水可飮盡

허공가량풍가계　　무능진설불공덕
虛空可量風可繫　　無能盡說佛功德


가사정대경진겁　　신위상좌변삼천
假使頂戴經塵劫　　身爲牀座徧三千

약불전법도중생　　필경무능보은자
若不傳法度衆生　　畢竟無能報恩者

아차보현수승행　　무변승복개회향
我此普賢殊勝行　　無邊勝福皆回向

보원침익제중생　　속왕무량광불찰
普願沈溺諸衆生　　速往無量光佛刹

아미타불재하방　　착득심두절막망
阿彌陀佛在何方　　着得心頭切莫忘

염도념궁무념처　　육문상방자금광
念到念窮無念處　　六門常放紫金光

보화비진요망연　　법신청정광무변
報化非眞了妄緣　　法身淸淨廣無邊

천강유수천강월　　만리무운만리천
千江有水千江月　　萬里無雲萬里天

원공법계제중생　　동입미타대원해
願共法界諸衆生　　同入彌陀大願海

진미래제도중생　　자타일시성불도
盡未來際度衆生　　自他一時成佛道

나무서방정토 극락세계 삼십육만억 일십일만 구천오백
南無西方淨土 極樂世界 三十六萬億 一十一萬 九千五百

동명동호 대자대비 아미타불
同名同號 大慈大悲 阿彌陀佛

나무 서방정토 극락세계 불신장광 상호무변 금색광명
南無 西方淨土 極樂世界 佛身長廣 相好無邊 金色光明

변조법계 사십팔원 도탈중생 불가설 불가설 불가설전
遍照法界 四十八願 度脫衆生 不可說 不可說 不可說轉

불가설 항하사 불찰미진수 도마죽위 무한극수 삼백
不可說 恒河沙 佛刹微塵數 稻麻竹葦 無限極數 三百

육십만억 일십일만 구천오백 동명동호 대자대비 아
六十萬億 一十一萬 九千五百 同名同號 大慈大悲 我

등도사 금색여래 아미타불
等導師 金色如來 阿彌陀佛


나무무견정사상 아미타불　　나무정상육계상 아미타불
南無無見頂上相 阿彌陀佛　　南無頂上肉髻相 阿彌陀佛

나무발감유리상 아미타불　　나무미간백호상 아미타불
南無髮紺琉璃相 阿彌陀佛　　南無眉間白毫相 阿彌陀佛

나무미세수양상 아미타불　　나무안목청정상 아미타불
南無眉細垂楊相 阿彌陀佛　　南無眼目淸淨相 阿彌陀佛

나무이문제성상 아미타불　　나무비고원직상 아미타불
南無耳聞諸聖相 阿彌陀佛　　南無鼻高圓直相 阿彌陀佛

나무설대법나상 아미타불　　나무신색진금상 아미타불
南無舌大法螺相 阿彌陀佛　　南無身色眞金相 阿彌陀佛


나무문수보살　나무보현보살
南無文殊菩薩　南無普賢菩薩

나무관세음보살　나무대세지보살
南無觀世音菩薩　南無大勢至菩薩

나무금강장보살　　나무제장애보살
南無金剛藏菩薩　　南無除障碍菩薩

나무미륵보살　　나무지장보살
南無彌勒菩薩　　南無地藏菩薩

나무일체청정대해중보살마하살
南無一切淸淨大海衆菩薩摩訶薩

원공법계제중생　　동입미타대원해
願共法界諸衆生　　同入彌陀大願海

시방삼세불　　아미타제일　　구품도중생　　위덕무궁극
十方三世佛　　阿彌陀第一　　九品度衆生　　威德無窮極

아금대귀의　　참회삼업죄　　범유제복선　　지심용회향
我今大歸依　　懺悔三業罪　　凡有諸福善　　至心用回向

원동염불인　　진생극락국　　견불요생사　　여불도일체
願同念佛人　　盡生極樂國　　見佛了生死　　如佛度一切

원아임욕명종시　　진제일체제장애
願我臨欲命終時　　盡除一切諸障碍

면견피불아미타　　직득왕생안락찰
面見彼佛阿彌陀　　卽得往生安樂刹

원이차공덕　　보급어일체　　아등여중생
願以此功德　　普及於一切　　我等與衆生

당생극락국　　동견무량수　　개공성불도
當生極樂國　　同見無量壽　　皆共成佛道

원왕생　　원왕생　　원생극락견미타　　획목마정수기별
願往生　　願往生　　願生極樂見彌陀　　獲蒙摩頂受記別

| 원왕생 | 원왕생 | 원재미타회중좌 | 수집향화상공양 |
| 願往生 | 願往生 | 願在彌陀會中坐 | 手執香華常供養 |
| 원왕생 | 원왕생 | 원생화장연화계 | 자타일시성불도 |
| 願往生 | 願往生 | 願生華藏蓮花界 | 自他一時成佛道 |

**회향게** ※ 읽지 않음
回向偈

상래시식 풍송염불재자 모모등복위 ○○ 영가
上來施食 諷誦念佛齋者 某某等伏爲 ○○ 靈駕

일념보감무량겁    무거무래역무주
一念普鑑無量劫    無去無來亦無住

여시요지삼세사    초제방편성십력
如是了知三世事    超諸方便成十力


## 6. 봉송(奉送)

봉송편은 이미 청해 공양천도한 영가를 배송하는 편입니다.

봉송고혼계유정    지옥아귀급방생
奉送孤魂泊有情    地獄餓鬼及傍生

아어타일건도량    불위본서환래부
我於他日建道場    不違本誓還來赴

※ 사진과 위패를 모시고 법상 앞에 나와 서서 불단을 향해 인사드린다.

제불자 기수향공 이청법음 금당봉송
諸佛子 旣受香供 已聽法音 今當奉送

갱의건성 봉사삼보
更宜虔誠 奉謝三寶

보례시방상주불　(반절)
普禮十方常住佛

보례시방상주법　(반절)
普禮十方常住法

보례시방상주승　(반절)
普禮十方常住僧

　　　행보게
　　　行步偈

이행천리만허공　　귀도정망도정방
移行千里滿虛空　　歸道淨忘到淨邦

삼업투성삼조례　　성범동회법왕궁
三業投誠三寶禮　　聖凡同會法王宮

　　　산화락　(3번)
　　　散花落

나무 대성인로왕보살　　(3번)
南無 大聖引路王菩薩

※ 법성게를 외우며 법당 안을 세 번 돈 다음 밖으로 나가 소대(燒臺)로 간다.

　　법성게　(법주·사진·위패 순서로 법성게를 외우며
　　法性偈　 세 바퀴 돌고 위패를 본 자리에 모심)

법성원융무이상　　제법부동본래적
法性圓融無二相　　諸法不動本來寂

무명무상절일체 증지소지비여경
無名無相絕一切 證智所知非餘境

진성심심극미묘 불수자성수연성
眞性甚深極微妙 不守自性隨緣成

일중일체다중일 일즉일체다즉일
一中一切多中一 一卽一切多卽一

일미진중함시방 일체진중역여시
一微塵中含十方 一切塵中亦如是

무량원겁즉일념 일념즉시무량겁
無量遠劫卽一念 一念卽是無量劫

구세십세호상즉 잉불잡란격별성
九世十世互相卽 仍不雜亂隔別成

초발심시변정각 생사열반상공화
初發心時便正覺 生死涅槃常共和

이사명연무분별 십불보현대인경
理事冥然無分別 十佛普賢大人境

능인해인삼매중 번출여의부사의
能仁海印三昧中 繁出如意不思議

우보익생만허공 중생수기득이익
雨寶益生滿虛空 衆生隨器得利益

시고행자환본제 파식망상필부득
是故行者還本際 叵息妄想必不得

무연선교착여의 귀가수분득자량
無緣善巧捉如意 歸家隨分得資糧

이다라니무진보 장엄법계실보전
以多羅尼無盡寶 莊嚴法界實寶殿

궁좌실제중도상　　구래부동명위불
窮坐實際中道床　　舊來不動名爲佛


제불대원경　　필경무내외
諸佛大圓鏡　　畢竟無內外

야양금일회　　미목정상시
爺孃今日會　　眉目正相撕

※ 소대에 이르러 위폐를 정좌(定座)하고 다음 게송을 외운다.

금차문외봉송재자　（모인영가）　상래 시식풍경 염불
今此門外奉送齋者　　某人靈駕　　上來 施食諷經 念佛

풍경 염불공덕 이 망연야 불리망연야 이망연적 천당
諷經 念佛功德 離 忘緣耶 不離忘緣耶 離妄緣則 天堂

불찰 임성소요 불리망연작 차청산승 말후일게
佛刹 任性逍遙 不離妄緣則 且聽山僧 末後一偈


사대각이여몽중　　육진심식본래공
四大各離如夢中　　六塵心識本來空

욕식불조회광처　　일락서산월출동
欲識佛祖廻光處　　一落西山月出東

염시방삼세 일체제불 제존보살 마하살 마하반야바라밀
念十方三世 一切諸佛 諸尊菩薩 摩訶薩 摩訶般若波羅密


원왕생　　원왕생　　원생극락견미타　　획몽마정수기별
願往生　　願往生　　願生極樂見彌陀　　獲蒙摩頂受記別

원왕생　　원왕생　　원재미타회중좌　　수집향화상공양
願往生　　願往生　　願在彌陀會中坐　　手執香華常供養

원왕생　　원왕생　　원생화장연화계　　자타일시성불도
願往生　　願往生　　願生華藏蓮花界　　自他一時成佛道


　　　소전진언
　　　燒錢眞言
"옴 비로기제 사바하" (3번)


　　　봉송진언
　　　奉送眞言
"옴 바아라 사다 목차목" (3번)


　　　상품상생진언
　　　上品上生眞言
"옴 마니다니 훔훔 바탁 사바하" (3번)


처세간　여허공　여련화　불착수　심청정　초어피　계수례
處世間　如虛空　如蓮華　不着水　心淸淨　超於彼　稽首禮
무상존　귀의불　귀의법　귀의승　귀의불양족존　귀의법
無上尊　歸依佛　歸依法　歸依僧　歸依佛兩足尊　歸依法
이욕존　귀의승중중존　귀의불경　귀의법경　귀의승경
離欲尊　歸依僧衆中尊　歸依佛境　歸依法經　歸依僧境
선보운정　복유진중
善步雲程　伏惟珍重


　　　보회향진언
　　　普回向眞言

"옴 사마라 사마라 미마나 사라마하 자가라바 훔" (3번)
唵 娑摩羅 娑摩羅 弭曩摩 娑羅摩訶 左乞羅縛 吽

화탕풍요천지괴    요요장재백운간
火蕩風搖天地壞    寥寥長在白雲間

일성휘파금성벽    단향불전칠보산
一聲揮破金城壁    但向佛前七寶山


나무 환희장마니보적불    (반절)
南無 歡喜藏摩尼寶積佛

나무 원만장보살마하살    (반절)
南無 圓滿藏菩薩摩訶薩

나무 회향장보살마하살    (반절)
南無 回向藏菩薩摩訶薩


※ 이것으로써 49재를 모두 마침.

# 제2편 기타 시식과 사리봉안의식

# 제1부 종사영반과 구병시식

## 1. 종사영반(宗師靈飯) ※ 종사님들께 다식을 올리는 의식

### 거불(擧佛) ※ 목탁

나무 극락도사 아미타불 (절)
南無 極樂導師 阿彌陀佛

나무 좌우보처 관음세지 양대보살 (절)
南無 左右補處 觀音勢至 兩大菩薩

나무 접인망령 대성인로왕보살 (절)
南無 接引亡靈 大聖引路王菩薩

### 청혼(請魂)

거 사바세계 남섬부주 동양 대한민국 (모사) 청정도량
擧 裟婆世界 南贍部洲 東洋 大韓民國 某寺 淸淨道場

원아금차 제당 (사십구재중○○재) 위천설향 봉청재자
願我今此 第當 四十九齋中○○齋 爲薦爇香 奉請齋者

(행효상좌) 모인복위 선법은사 모인각령 각령 기부 재
行孝上佐　某人伏爲　先法恩師　某人覺靈　覺靈　寄付　齋

자복위 상세선망 부모 다생사장 원근친족등 각열명영
者伏爲　上世先亡　父母　多生師丈　遠近親族等　各列名靈

가 차도량내외 동상동하 유주무주 애혼불자등 각열명
駕　此道場內外　洞上洞下　有主無主　哀魂佛子等　各列名

영가 철위산간 오무간옥 일일일야 만사만생 수고함
靈駕　鐵圍山間　五無間獄　一日一夜　萬死萬生　受苦含

령등 각열위영가 내지 겸급법계 삼도팔난 사생칠취
靈等　各列爲靈駕　乃至　兼及法界　三途八難　四生七趣

십류고혼등 각열위영가 지침체청 지심체수
十類孤魂等　各列爲靈駕　至心諦聽　至心諦受


　　　착어
　　　着語

일단진신축처통　본무남북여서동
一段眞身觸處通　本無南北與西東

진령정좌포단상　봉중위음나반용
振鈴正坐蒲團上　奉重威音那畔容


　　　진령게
　　　振鈴偈

이차진령신소청　명도귀계보문지
以此振鈴申召請　冥途鬼界普聞知

원승삼보역가지　금일금시래부회
願承三寶力加知　今日今時來赴會

### 보소청진언
普召請眞言

"나무 보보제리 가리다리 다타 아다야" (3번)

나무　일심봉청　지명진제　계륜고랑어벽천　비화함생
南無　一心奉請　智冥眞諦　桂輪孤朗於碧天　悲化含生

보벌묘부어창해　선문영향　불법생황　금일 (재자　행효상
寶筏妙浮於蒼海　禪門影響　佛法笙簧　今日 주소)　行孝上

좌　모인등복위　소천　선법은사　모당대선사각령　유원
佐　某人等伏爲　所薦　先法恩師　某當大禪師覺靈　唯願

승불위광　내예향단　수차공양
承佛威光　來詣香壇　受此供養

### 향화청　(3번)
香花請

### 가영
歌詠

선지서천위골수　교담동토작생황
禪旨西天爲骨髓　教談東土作笙簧

최사현정귀황도　오엽일화계만방
摧邪顯正歸黃道　五葉一花啓萬邦

고아일심 귀명정례　(반절)
故我一心　歸命頂禮

### 다게
茶偈

무저발격선열미　천심완저조주다
無底鉢擊禪悅味　穿心椀貯趙州茶

은근봉권선다객　"천취남전완월화"　(3설 3배)
慇勤奉勸禪陀客　薦取南泉玩月華

모령　어차물물　종종진수　부종천강　비종지용　단종제
某靈　於此物物　種種珍羞　不從天降　非從地聳　但從弟

자지일편　성심유출　나렬령전　복유상향
子之一片　誠心流出　羅列靈前　伏唯尙饗

※ 다만 영반만 할 때는 여기서 반야심경 한편과 공양주 회향주 등 몇 가지 진언을 외우고 끝내지만 그렇지 않고 시식까지 할 때는 모든 진언(331쪽 선밀가지부터 351쪽 복유진중까지)을 다 외우고 맨 끝에 다음 게송을 외우고 마친다.


황매상하　친전불조지심인
黃梅上下　親傳佛祖之心印

임제문중　영작인천지안목
臨濟門中　永作人天之眼目

불망본서　속환사바　재명대사　보리군생
不忘本誓　速還裟婆　再明大事　普利群生


　　십념
　　十念

청정법신비로자나불　원만보신노사나불
淸淨法身毘盧遮那佛　圓滿報身盧舍那佛

천백억화신서가모니불　구품도사아미타불
千百億化身釋迦牟尼佛　九品導師阿彌陀佛

당래하생미륵존불　시방삼세일체제불
當來下生彌勒尊佛　十方三世一切諸佛

시방삼세일체존법　대성문수사리보살
十方三世一切尊法　大聖文殊舍利菩薩

대행보현보살　대비관세음보살
大行普賢菩薩　大悲觀世音菩薩

제존보살마하살　마하반야바라밀
諸尊菩薩摩訶薩　摩訶般若波羅密


파산게　　（모든 재가 다 끝나는
罷散揭　　 것을 알리는 게송）

시방제불찰 장엄실원만 원수귀정토 애념인계인
十方諸佛刹 莊嚴悉圓滿 願須歸淨土 哀念忍界人


## 2. 구병시식(救病施食)

※ "구병시식"은 병든 사람을 구원하기 위해서 지내는 시식이다. 천수경을 독송하고 삼보통청 중단권공을 하고 나서 다음 시식으로 들어간다.
※ 준비 : 일곱채반에 각각 음식을 차리고 造化한 돈과 말을 놓고 또 거기 팥을 준비했다가 마지막에 뿌린다.


거불
擧佛

나무 극락도사 아미타불　（절）
南無 極樂導師 阿彌陀佛

나무 좌우보처 관음세지 양대보살 (절)
南無 左右補處 觀音勢至 兩大菩薩

나무 접인망령 대성인로왕보살 (절)
南無 接引亡靈 大聖引路王菩薩

### 청혼
### 請魂

거 사바세계 동양 대한민국 모처거주 금일 (야) 특위
據 娑婆世界 東洋 大韓民國 某處居住 今日 夜 特爲

모인 책주귀신영가 승불위신 장법가지 취차청정지보
某人 嘖主鬼神靈駕 承佛威神 仗法加持 就此淸淨之寶

좌 포찬선열지법공
座 飽饌禪悅之法供

### 진령게
### 振鈴偈

이차진령신소청    명도귀계보문지
以此振鈴申召請    冥途鬼界普聞知

원승삼보역가지    금일금야래부회
願承三寶力加持    今日今夜來赴會

### 착어
### 着語

자광조처연화출    혜안관시지옥공
慈光照處蓮花出    慧眼觀時地獄空

우황대비신주력    중생성불찰나중
又況大悲神呪力    衆生成佛刹那中

천수일편위고혼　　지심제청　　지심제수
千數一片爲孤魂　　至心諦聽　　至心諦受


### 천수다라니
千手陀羅尼

### 신묘장구대다라니
神妙章句大陀羅尼

나모라 다나 다라 야야 나막알약 바로기제 새바라야 모지사다바야 마하사다바야 마하가로니가야 옴 살바 바예수 다라나 가라야 다사명 나막까리다바 이맘 알야 바로기제새바라 다바 이라간타 나막하리나야 마발다 이야미 살발타 사다남 수반 아예염 살바 보다남 바바말아 미수다감 다냐타 옴 아로계 아로가 마지로가 지가란제 혜혜하레 마하모지 사다바 사마라 사마라 하리나야 구로구로 갈마 사다야 사다야 도로도로 미연제 마하미연제 다라다라 다린 나레 새바라 자라 자라 마라 미아라 아마라 몰제 예혜혜 로계 새바라 라아 미사미 나사야 나베 사미사미나사야 모하자라 미사미 나사야 호로호로 마라호로 하레 바나마나바 사라사라 시리시리 소로소로 못자못자 모다야 모다야 매다리야 니라간타 가마사 날사남 바라하라나야 마낙 사바하 싯다야 사바하 마하싯다야 사바하 싯다유예 새바라야 사바하 니라간타야 사바하 바라하 목카싱하 목카야 사바하 바나마 하따야 사바하 자가라 욕타야 사바하 상카섭나예 모다나야 사바하 마하라 구타다라야 사바하 바마사간타 이사시체다 가릿나 이나야 사바하 먀가라 잘마 이바사나야 사바하

"나모라 다나다라 야야 나막알야 바로기제 새바라야 사바하" (3번)

| 약인욕요지 | 삼세일체불 | 응관법계성 | 일체유심조 |
| 若人欲了知 | 三世一切佛 | 應觀法界性 | 一切唯心造 |

파지옥진언
破地獄眞言
"옴 가라지야 사바하" (3번)

해원결진언
解寃結眞言
"옴 삼마라 가닥 사바하" (3번)

멸악취진언
滅惡趣眞言
( 악취를 없애는 진언 )

"옴 아모가 미로자나마하 모나라 마니 바나마 아바라 바라 맛다야 훔" (3번)

소아귀진언
召餓鬼眞言
( 아귀를 부르는 진언 )

"옴 직나직가 예혜혜 사바하" (3번)

## 보소청진언
### 普召請眞言

"나무 보보제리 가리다리 다타 아다야" (3번)

유세차 모년모월모일 모도모군 모면모동리모인 득병
維歲次 某年某月某日 某道某郡 某面某洞里某人 得病

난제 박상신음 근비향등 반병전마 요청책주귀신영가
難除 撲床呻吟 謹備香燈 飯餠錢馬 邀請嘖主鬼神靈駕

급여오방 제위령기영혼 이신공양 복원모인 책주귀신
及與五方 諸位靈祇靈魂 以伸供養 伏願某人 嘖主鬼神

제위영혼 내림초좌 수첨법공 해원석결 병환소제 신
諸位靈魂 來臨醮座 受霑法供 解冤釋結 病患消除 身

강역족 소구여원 일일성취 절이 명로망망 고혼요요
强力足 所求如願 一一成就 切以 冥路茫茫 孤魂擾擾

혹입유관 영세초독 혹처중음 장겁기허 사앙사고 난
或入留關 永世楚毒 或處中陰 長劫飢虛 斯殃斯苦 難

인난당 천재미획 초승지로 사시영무향제지의 호구사
忍難當 千載未獲 超昇之路 四時永無享祭之儀 糊口四

방 종무일포 행탁재색이손물 역부주식이침인 혹불망
方 終無一飽 幸託財色而損物 亦付酒食而侵人 或不忘

정애이추심 혹미석원증이핍박 혹인정부조옹출납이생
情愛而追尋 或未釋冤憎而逼迫 或因鼎釜槽甕出納而生

화 혹연와석토목 범동이유재 범부부지병근이통상 귀
禍 或緣瓦石土木 犯動而流災 凡夫不知病根而痛傷 鬼

신요지죄상이침책 귀부지인지고뇌이망로 인부지귀지
神了知罪相而侵嘖 鬼不知人之苦惱而忘怒 人不知鬼之

기허이도증 불가관음지위신 영석인귀지결한 사이 운
飢虛而徒憎 不假觀音之威神 寧釋人鬼之結恨 肆以 運

심평등 설식무차 원제무주고혼 앙장관음묘력 함탈고
心平等 設食無遮 願諸無主孤魂 仰仗觀音妙力 咸脫苦

취 내부법연 근병일심 선진삼청
趣 來赴法筵 謹秉一心 先陳三請


나무 일심봉청 승권기교 보제기허 위구어악도중생
南無 一心奉請 乘權起敎 普濟飢虛 爲救於惡道衆生

고현차왕리지상 대성초면귀왕 비증보살마하살 유원
故現此尫羸之相 大聖焦面鬼王 悲增菩薩摩訶薩 唯願

불위본서 강림도량 증명공덕  (3번)
不違本誓 降臨道場 證明功德


　　　향화청  (3번)
　　　香花請


　　　가영
　　　歌詠

비증시적대보살    권현유형시귀왕
悲增示跡大菩薩    權現有形是鬼王

존귀위중유부주    노화명월자망망
尊貴位中留不住    蘆花明月自茫茫

고아일심귀명정례  (반절)
故我一心歸命頂禮

### 헌좌진언
獻座眞言

아금경설보엄좌  봉헌일체명왕전
我今敬設寶嚴座  奉獻一切冥王前

원멸진로망상심  속원해탈보리과
願滅塵勞妄想心  速圓解脫菩提果

"옴 가마라 승하 사바하" (3번)


### 다게
茶偈

금장감로다  봉헌증명전
今將甘露多  奉獻證明前

감찰건간심  "원수애납수"    (3배)
鑑察虔懇心   願垂哀納受


일심봉청 모인책주귀신영가 위주 선망부모 다생사장
一心奉請 某人嘖主鬼神靈駕 爲主 先亡父母 多生師長

오족육친 열명영가 내호주왕대신 외호산왕대신 오방
五族六親 列名靈駕 內護竈王大神 外護山王大神 五方

동토신 오방용왕 오방성자 동방갑을청색신 남방병정
動土神 五方龍王 五方聖者 東方甲乙靑色神 南方丙丁

적색신  서방경신백색신  북방임계흑색신  중방무기황
赤色神  西方庚辛白色神  北方壬癸黑色神  中方戊己黃

색신 제일모다라니등 칠귀신 동방청살신 남방적살신
色身 第一夢陀羅尼等 七鬼神 東方靑殺神 南方赤殺神

서방백살신  북방흑살신  중앙황살신  오온  행건귀신
西方白殺神  北方黑殺神  中央黃殺神  五蘊  行件鬼神

객건귀신 근계토공신 근계침귀신 근계칙귀신 근계도
客件鬼神 近界土公神 近界砧鬼神 近界厠鬼神 近界道

로신 근계정중신 근계난중신 천건귀신도전 지건귀신
路神 近界庭中神 近界欄中神 天件鬼神都前 地件鬼神

도전 인건귀신도전 온건귀신도전 행건귀신도전 객건
都前 人件鬼神都前 蘊件鬼神都前 行件鬼神都前 客件

귀신도전 노건귀신도전 산건귀신도전 수건귀신도전
鬼神都前 路件鬼神都前 山件鬼神都前 水件鬼神都前

각병권속 승 삼보력 내림초좌 수첨법공 (3번)
各並眷屬 承 三寶力 來臨醮座 受霑法供

### 향연청
香煙請

### 가영
歌詠

채유주인원유두　지인증애미증휴
債有主人冤有頭　只因憎愛未曾休

여금설식겸양법　돈오무생해결수
如今設食兼揚法　頓悟無生解結讐

상내소청 책주귀신 각 열위영가
上來召請 嘖主鬼神 各 列位靈駕

### 수위안좌진언
受位安座眞言

"옴 마니 군다니 훔훔 사바하" (3번)
唵 摩尼 軍茶尼 吽吽 娑婆訶

백초임중일미신　　조주상권기천인
百草林中一味新　　趙州常勸幾千人

팽장석정강심수　　"원사망령헐고륜"　(3번 3배)
烹將石鼎江心水　　願使亡靈歇苦輪

　　선밀가지 심전윤택업화청량 각구해탈 변식진언
　　宣密加持 心田潤澤業火淸凉 各求解脫 變食眞言

"나막 살바다타 아다 바로기제 옴 삼바라 삼바라 훔"(3번)

　　시감로수진언
　　施甘露水眞言

"나무소로바야 다타아다야 다냐타 옴 소로소로 바라소로 바라소로 사바하"(3번)

　　일자수륜관진언　　옴 밤 밤 밤밤"(3번)
　　一字水輪觀眞言

　　유해진언　"나무사만다 못다남 옴 밤"(3번)
　　乳海眞言

　　칭량성호　　( 일곱 분의 성현명을 불러 자
　　稱量聖號　　  각적 구도행을 실천케 한곳 )

나무다보여래　원제고혼　파제간탐　법재구족
南無多寶如來　願諸孤魂　破除慳貪　法財具足

나무묘색신여래　원제고혼　이추루형　상호원만
南無妙色身如來　願諸孤魂　離醜陋形　相好圓滿

| | | | |
|---|---|---|---|
| 나무광박신여래 | 원제고혼 | 사륙범신 | 오허공신 |
| 南無廣博身如來 | 願諸孤魂 | 捨六凡身 | 悟虛空身 |
| 나무이포외여래 | 원제고혼 | 이제포외 | 득열반락 |
| 南無離怖畏如來 | 願諸孤魂 | 離諸怖畏 | 得涅槃樂 |
| 나무감로왕여래 | 원제고혼 | 인후개통 | 획감로미 |
| 南無甘露王如來 | 願諸孤魂 | 咽喉開通 | 獲甘露味 |

| | | | |
|---|---|---|---|
| 원차가지식 | 보변만시방 | 식자제기갈 | 득생안양국 |
| 願此加持食 | 普遍滿十方 | 食者除飢渴 | 得生安養國 |

### 시귀식진언
施鬼食眞言

"옴 미기미기 야야미기 사하바"
唵 味其味其 野野味其 裟婆訶

### 시무차법식진언
施無遮法食眞言

"옴 목령능 사하바" (3번)
唵 目齡楞 裟婆訶

### 보공양진언
普供養眞言

"옴 아아나 삼바바 바아라 훔" (3번)
唵 哦哦那 三婆婆 婆我羅 吽

### 보회향진언
普回向眞言

"옴 사마라 사마라 미만나 사라마하 자가라바 훔" (3번)
唵 娑摩羅 娑摩羅 弭曩摩 娑羅摩訶 左乞羅縛 吽

수아차법식 하이아란찬 기장함포만 업화돈청량
受我此法食 何異阿難饌 飢腸咸飽滿 業火頓淸凉

돈사탐진치 상귀불법승 염념보리심 처처안락국
頓捨貪瞋癡 常歸佛法僧 念念菩提心 處處安樂國

범소유상 개시허망 약견제상비상 직견여래
凡所有相 皆是虛妄 若見諸相非相 卽見如來

### 여래십호
如來十號

여래 응공 정변지 명행족 선서 세간해
如來 應供 正遍智 明行足 善逝 世間解

무상사 조어장부 천인사 불 세존
無上士 調御丈夫 天人師 佛 世尊

제법종본래 상자적멸상 불자행도이 내세득작불
諸法從本來 常自寂滅相 佛子行道已 來世得作佛

제행무상 시생멸법 생멸멸이 적멸위락
諸行無常 是生滅法 生滅滅已 寂滅爲樂

### 장엄염불
莊嚴念佛

원아진생무별렴 아미타불독상수
願我盡生無別念 阿彌陀佛獨相隨

| 심심상계옥호광 | 염념불이금색상 |
| 心心常係玉毫光 | 念念不離金色相 |

| 아집염주법계관 | 허공위승무불관 |
| 我執念珠法界觀 | 虛空爲繩無不貫 |

| 평등사나무하처 | 관구서방아미타 |
| 平等舍那無何處 | 觀求西方阿彌陀 |

| 나무서방대교주 | 무량수여래불 |
| 南無西方大敎主 | 無量壽如來佛 |

"나무아미타불"
南無阿彌陀佛

※ 시간 따라 하다가 장엄염불을 하는데 여기서부터서는 매 글귀의 끝마다 '나무아미타불'을 후념으로 봉독함.

| 극락세계십종장엄 | (나무아미타불) |
| 極樂世界十種莊嚴 | ( 南無阿彌陀佛 ) |

| 법장서원수인장엄 | 사십팔원원력장엄 |
| 法藏誓願修因莊嚴 | 四十八願願力莊嚴 |

| 미타명호수광장엄 | 삼대사관보상장엄 |
| 彌陀名號壽光莊嚴 | 三大士觀寶像莊嚴 |

| 미타국토안락장엄 | 보하청정덕수장엄 |
| 彌陀國土安樂莊嚴 | 寶河淸淨德水莊嚴 |

| 보전여의누각장엄 | 주야장원시분장엄 |
| 寶殿如意樓閣莊嚴 | 晝夜長遠時分莊嚴 |

| 이십사락정토장엄 | 삼십종익공덕장엄 |
| 二十四樂淨土莊嚴 | 三十種益功德莊嚴 |

## 미타인행사십팔원 (나무아미타불)
### 彌陀因行四十八願　南無阿彌陀佛

| 악취무명원 | 무타악도원 | 동진금색원 | 형모무차원 |
| 惡趣無名願 | 無墮惡道願 | 同眞金色願 | 形貌無差願 |
| 성취숙명원 | 생획천안원 | 생획천이원 | 실지심행원 |
| 成就宿命願 | 生獲天眼願 | 生獲天耳願 | 悉知心行願 |
| 신족초월원 | 정무아상원 | 결정정각원 | 광명보조원 |
| 神足超越願 | 淨無我相願 | 決定正覺願 | 光明普照願 |
| 수량무궁원 | 성문무수원 | 중생장수원 | 개획선명원 |
| 壽量無窮願 | 聲聞無數願 | 衆生長壽願 | 皆獲善名願 |
| 제불칭찬원 | 십념왕생원 | 임종현전원 | 회향개생원 |
| 諸佛稱讚願 | 十念往生願 | 臨終現前願 | 回向皆生願 |
| 구족묘상원 | 함계보처원 | 신공타방원 | 소수만족원 |
| 具足妙相願 | 咸階補處願 | 晨供他方願 | 所須滿足願 |
| 선입본지원 | 나라연력원 | 장엄무량원 | 보수실지원 |
| 善入本智願 | 那羅延力願 | 莊嚴無量願 | 寶樹悉知願 |
| 획승변재원 | 대변무변원 | 국정보조원 | 무량승음원 |
| 獲勝辯才願 | 大辯無邊願 | 國淨普照願 | 無量勝音願 |
| 몽광안락원 | 성취총지원 | 영이여신원 | 문명지과원 |
| 蒙光安樂願 | 成就摠持願 | 永離女身願 | 聞名至果願 |
| 천인경례원 | 수의수념원 | 재생심정원 | 수현불찰원 |
| 天人敬禮願 | 須衣隨念願 | 纔生心淨願 | 樹現佛刹願 |
| 무제근결원 | 현증등지원 | 문생호귀원 | 구족선근원 |
| 無諸根缺願 | 現證等持願 | 聞生豪貴願 | 具足善根願 |
| 공불견고원 | 욕문자문원 | 보리무퇴원 | 현획인지원 |
| 供佛堅固願 | 欲聞自聞願 | 菩提無退願 | 現獲忍地願 |

제불보살십종대은 ( 나무아미타불 )
諸佛菩薩十種大恩　南無阿彌陀佛

| 발심보피은 | 난행고행은 | 일향위타은 | 수형육도은 |
|---|---|---|---|
| 發心普被恩 | 難行苦行恩 | 一向爲他恩 | 隨形六道恩 |
| 수축중생은 | 대비심중은 | 은승창열은 | 위실시권은 |
| 隨逐衆生恩 | 大悲深重恩 | 隱勝彰劣恩 | 爲實示權恩 |
| 시멸생선은 | 비렴무진은 | | |
| 示滅生善恩 | 悲念無盡恩 | | |

보현보살십종대은 ( 나무아미타불 )
普賢菩薩十種大恩　南無阿彌陀佛

| 예경제불원 | 칭찬여래원 | 광수공양원 | 참제업장원 |
|---|---|---|---|
| 禮敬諸佛願 | 稱讚如來願 | 廣修供養願 | 懺除業障願 |
| 수희공덕원 | 청전법륜원 | 청불주세원 | 상수불학원 |
| 隨喜功德願 | 請轉法輪願 | 請佛住世願 | 常隨佛學願 |
| 항순중생원 | 보개회향원 | | |
| 恒順衆生願 | 普皆回向願 | | |

석가여래팔상성도 ( 나무아미타불 )
釋迦如來八相成道　南無阿彌陀佛

| 도솔내의상 | 비람강생상 | 사문유관상 | 유성출가상 |
|---|---|---|---|
| 兜率來儀相 | 毘藍降生相 | 四門遊觀相 | 踰城出家相 |
| 설산수도상 | 수하항마상 | 녹원전법상 | 쌍림열반상 |
| 雪山修道相 | 樹下降魔相 | 鹿苑轉法相 | 雙林涅槃相 |

다생부모십종대은 ( 나무아미타불 )
多生父母十種大恩　南無阿彌陀佛

회탐수호은　임산수고은　　생자망우은　인고토감은
懷耽守護恩　臨産受苦恩　　生子忘憂恩　咽苦吐甘恩

회건취습은　유포양육은　　세탁부정은　원행억념은
廻乾就濕恩　乳哺養育恩　　洗濯不淨恩　遠行憶念恩

위조악업은　구경연민은
爲造惡業恩　究竟憐愍恩


　　　오종대은명심불망　　（나무아미타불）
　　　五種大恩銘心不忘　　　南無阿彌陀佛

각안기소국왕지은　　생양구로부모지은
各安其所國王之恩　　生養劬勞父母之恩

유통정법사장지은　　사사공양단월지은
流通正法師長之恩　　四事供養檀越之恩

탁마상성붕우지은　　당가위보유차염불
琢磨相成朋友之恩　　當可爲報唯此念佛


　　　고성염불십종공덕　　（나무아미타불）
　　　高聲念佛十種功德　　　南無阿彌陀佛

일자공덕능배수면　　이자공덕천마경포
一者功德能排睡眠　　二者功德天魔驚怖

삼자공덕성변시방　　사자공덕삼도식고
三者功德聲遍十方　　四者功德三途息苦

오자공덕외성불입　　육자공덕염심불산
五者功德外聲不入　　六者功德念心不散

칠자공덕용맹정진　　팔자공덕제불환희
七者功德勇猛精進　　八者功德諸佛歡喜

구자공덕삼매현전 　 십자공덕왕생정토
九者功德三昧現前 　 十者功德往生淨土


청산첩첩미타굴 　 창해망망적멸궁
靑山疊疊彌陀窟 　 蒼海茫茫寂滅宮

물물염래무가애 　 기간송정학두홍
物物拈來無罣碍 　 幾看松亭鶴頭紅


극락당전만월용 　 옥호금색조허공
極樂堂前滿月容 　 玉毫金色照虛空

약인일념칭명호 　 경각원성무량공
若人一念稱名號 　 頃刻圓成無量功


삼계유여급정륜 　 백천만겁역미진
三界猶如汲井輪 　 百千萬劫歷微塵

차신불향금생도 　 갱대하생도차신
此身不向今生度 　 更待何生度此身


천상천하무여불 　 시방세계역무비
天上天下無如佛 　 十方世界亦無比

세간소유아진견 　 일체무유여불자
世間所有我盡見 　 一切無有如佛者


찰진심념가수지 　 대해중수가음진
刹塵心念可數知 　 大海中水可飮盡

허공가량풍가계 　 무능진설불공덕
虛空可量風可繫 　 無能盡說佛功德

| 가사정대경진겁 | 신위상좌변삼천 |
| 假使頂戴經塵劫 | 身爲牀座徧三千 |
| 약불전법도중생 | 필경무능보은자 |
| 若不傳法度衆生 | 畢竟無能報恩者 |

| 아차보현수승행 | 무변승복개회향 |
| 我此普賢殊勝行 | 無邊勝福皆回向 |
| 보원침익제중생 | 속왕무량광불찰 |
| 普願沈溺諸衆生 | 速往無量光佛刹 |

| 아미타불재하방 | 착득심두절막망 |
| 阿彌陀佛在何方 | 着得心頭切莫忘 |
| 염도념궁무념처 | 육문상방자금광 |
| 念到念窮無念處 | 六門常放紫金光 |

| 보화비진요망연 | 법신청정광무변 |
| 報化非眞了妄緣 | 法身淸淨廣無邊 |
| 천강유수천강월 | 만리무운만리천 |
| 千江有水千江月 | 萬里無雲萬里天 |

| 원공법계제중생 | 동입미타대원해 |
| 願共法界諸衆生 | 同入彌陀大願海 |
| 진미래제도중생 | 자타일시성불도 |
| 盡未來際度衆生 | 自他一時成佛道 |

나무서방정토 극락세계 삼십육만억 일십일만 구천오백
南無西方淨土 極樂世界 三十六萬億 一十一萬 九千五百

동명동호 대자대비 아미타불
同名同號 大慈大悲 阿彌陀佛

나무 서방정토 극락세계 불신장광 상호무변 금색광명
南無 西方淨土 極樂世界 佛身長廣 相好無邊 金色光明

변조법계 사십팔원 도탈중생 불가설 불가설 불가설전
遍照法界 四十八願 度脫衆生 不可說 不可說 不可說轉

불가설 항하사 불찰미진수 도마죽위 무한극수 삼백
不可說 恒河沙 佛刹微塵數 稻麻竹葦 無限極數 三百

육십만억 일십일만 구천오백 동명동호 대자대비 아
六十萬億 一十一萬 九千五百 同名同號 大慈大悲 我

등도사 금색여래 아미타불
等導師 金色如來 阿彌陀佛

나무문수보살 나무보현보살
南無文殊菩薩 南無普賢菩薩

나무관세음보살 나무대세지보살
南無觀世音菩薩 南無大勢至菩薩

나무금강장보살 나무제장애보살
南無金剛藏菩薩 南無除障碍菩薩

나무미륵보살 나무지장보살
南無彌勒菩薩 南無地藏菩薩

나무일체청정대해중보살마하살
南無一切淸淨大海衆菩薩摩訶薩

원공법계제중생 동입미타대원해
願共法界諸衆生 同入彌陀大願海

| 시방삼세불 | 아미타제일 | 구품도중생 | 위덕무궁극 |
| 十方三世佛 | 阿彌陀第一 | 九品度衆生 | 威德無窮極 |

| 아금대귀의 | 참회삼업죄 | 범유제복선 | 지심용회향 |
| 我今大歸依 | 懺悔三業罪 | 凡有諸福善 | 至心用回向 |

| 원동염불인 | 진생극락국 | 견불요생사 | 여불도일체 |
| 願同念佛人 | 盡生極樂國 | 見佛了生死 | 如佛度一切 |

| 원아임욕명종시 | 진제일체제장애 |
| 願我臨欲命終時 | 盡除一切諸障碍 |

| 면견피불아미타 | 직득왕생안락찰 |
| 面見彼佛阿彌陀 | 卽得往生安樂刹 |

| 원이차공덕 | 보급어일체 | 아등여중생 |
| 願以此功德 | 普及於一切 | 我等與衆生 |

| 당생극락국 | 동견무량수 | 개공성불도 |
| 當生極樂國 | 同見無量壽 | 皆共成佛道 |


| 상래봉청 | 시식염불 | 풍경공덕 | 특위모인 | 책주귀신 | 영 |
| 上來奉請 | 時食念佛 | 諷經功德 | 特爲某人 | 嘖主鬼神 | 靈 |

| 가위수 | 일체친속 | 영명영가 | 제위영기 | 영혼불자 | 함원 |
| 駕爲首 | 一切親屬 | 靈名靈駕 | 諸位靈祇 | 靈魂佛子 | 含寃 |

| 이핍뇌자직 | 속증법회지묘과 | 인아이침책자직 | 영포선 |
| 而逼惱自則 | 速證法會之妙果 | 因我而侵嘖者則 | 永飽禪 |

| 열지진수 | 원승관음대비지위광 | 공입미타대원지각해 |
| 悅之珍羞 | 願承觀音大悲之威光 | 共入彌陀大願之覺海 |

| 염 | 시방삼세 | 일체제불 | 제존보살마하살 | 마하반야바라밀 |
| 念 | 十方三世 | 一切諸佛 | 諸尊菩薩摩訶薩 | 摩訶般若波羅密 |

| | | | |
|---|---|---|---|
| 원왕생 | 원왕생 | 원생극락견미타 | 획목마정수기별 |
| 願往生 | 願往生 | 願生極樂見彌陀 | 獲蒙摩頂受記別 |
| 원왕생 | 원왕생 | 원재미타회중좌 | 수집향화상공양 |
| 願往生 | 願往生 | 願在彌陀會中坐 | 手執香華常供養 |
| 원왕생 | 원왕생 | 원생화장연화계 | 자타일시성불도 |
| 願往生 | 願往生 | 願生華藏蓮花界 | 自他一時成佛道 |

소전진언 (만들어 놓은 말과  
燒錢眞言  돈을 태우는 진언)

"옴 바아라 사다목 사목" (3번)


상품상생진언  
上品上生眞言

"옴 마니다니 훔훔 바탁 사바하" (3번)


해백생원가다라니 (백생의 원수가  
解百生怨架陀羅尼  풀어지는 진언)

"옴 아아암악" (108번)

※ 소전진언 할 때부터 만들어 놓은 돈과 말을 태우고 "해백생원다라니"가 끝나면 불을 끄고 팥을 뿌려 구병시식을 모두 마친다.

# 제2부 사리(납골)봉안의식

### 삼귀의
三歸依  ※ 목탁

귀의불양족존　　거룩한 부처님께 귀의합니다　　(반배)
歸依佛兩足尊

귀의법이욕존　　거룩한 부처님께 귀의합니다　　(반배)
歸依法離欲尊

귀의승중중존　　거룩한 부처님께 귀의합니다　　(반배)
歸依僧衆中尊

### 대령
對靈  ※ 목탁

영명성각묘난사　　월타추담계영한
靈明性覺妙難思　　月墮秋潭桂影寒

금탁수성전청신　　잠사진계하향단
今鐸數聲傳淸信　　暫辭眞界下香壇

### 헌향·헌화·헌다
獻香　獻花　獻茶

※ 상주들께서 각기 헌향·헌화·헌다 하고 절함.

### 향다게
### 香茶偈

아차일편향　생종일편심
我此一片香　生從一片心

원차향연하　훈발본진명
我此香煙下　熏發本眞明

백초임중일미신　조주상권기천인
百草林中一味新　趙州常勸幾千人

팽장석정강심수　"원사망령헐고륜"　(세번 3배)
烹將石鼎江心水　願使亡靈歇苦輪

### 착어
### 着語　※ 목탁

일체중생신심환　심성사대귀육진
一切衆生身心幻　心性四大歸六塵

사대각이수화합　금일영가십처거
四大各離誰和合　今日靈駕什處去

일체제불허공화　삼세평등무거래
一切諸佛虛空花　三世平等無去來

금일영가역여시　백세환신단유택
今日靈駕亦如是　百歲幻身壇幽宅

체백안녕보자손　혼귀안양자재유
體魄安寧保子孫　魂歸安養自在遊

### 환귀본토진언
### 還歸本土眞言

"옴 바자나 사다모" (3번)

법신변만백억계　　보방금색조인천
法身遍滿百億界　　普放金色照人天

응물현영담저월　　체원정좌보련대
應物現影潭底月　　體圓定坐寶蓮臺

### 마하반야바라밀다 심경
### 摩訶般若波羅密多 心經

관자재보살 행심반야 바라밀다 시 조견 오온개공 도
觀自在菩薩 行深般若 波羅密多 時 照見 五蘊皆空 度

일체고액 사리자 색불이공 공불이색 색즉시공 공즉
一切苦厄 舍利子 色不異空 空不異色 色卽是空 空卽

시색 수상행식 역부여시 사리자 시 제법공상 불생불
是色 受想行識 亦復如是 舍利子 是 諸法空相 不生不

멸 불구부정 부증불감 시고 공중 무색 무수상행식
滅 不垢不淨 不增不減 是故 空中 無色 無受想行識

무안이비설신의 무색성향미촉법 무안계 내지무의식계
無眼耳鼻舌身意 無色聲香味觸法 無眼界 乃至無意識界

무무명 역무무명진 내지 무노사 역무노사진 무 고집
無無明 亦無無明盡 乃至 無老死 亦無老死盡 無 苦集

멸도 무지역무득 이무소득고 보리살타 의반야바라밀
滅度 無智亦無得 以無所得故 菩提薩埵 依般若波羅密

다 고심무가애 무가애고 무유공포 원리전도몽상 구
多 故心無罣碍 無罣碍故 無有恐怖 遠離顚倒夢想 究

경열반 삼세제불 의반야바라밀다 고득아뇩다라삼먁
竟涅槃 三世諸佛 依般若波羅密多 故得阿耨多羅三藐

삼보리 고지반야바라밀다 시 대신주 시 대명주 시무
三菩提 故知般若波羅密多 是 大神呪 是 大明呪 是無

상주 시무등등주 능제일체고 진실불허 고설 반야바
上呪 是無等等呪 能除一切故 眞實不虛 故說 般若波

라밀다주 즉설주왈
羅密多呪 卽說呪曰

"아제아제 바라아제 바라승아제 모제 사바하" (3번)


### 사홍서원 (四弘誓願) ※ 목탁

| | | |
|---|---|---|
| 중생무변서원도 衆生無邊誓願道 | 중생을 다 건지오리다 | (반절) |
| 번뇌무진서원단 煩惱無邊誓願斷 | 번뇌를 다 끊으오리다 | (반절) |
| 법문무량서원학 法門無量誓願學 | 법문을 다 배우오리다 | (반절) |
| 불도무상서원성 佛道無上誓願成 | 불도를 다 이오리다 | (반절) |

# 제3편 현대의식

## 1. 삼우재

① 삼귀의
   거룩한 부처님께 귀의합니다.
   거룩한 가르침에 귀의합니다.
   거룩한 스님들께 귀의합니다.

② 반야심경
마하반야바라밀다심경 관자재보살 행심반야 바라밀다 시 조견 오온개공 도일체고액 사리자 색불이공 공불이색 색즉시공 공즉시색 수상행식 역부여시 사리자 시제법공상 불생불멸 불구부정 부증불감 시고 공중 무색 무수상행식 무안이비설신의 무색성향미촉법 무안계 내지 무의식계 무무명 역무무명진 내지 무노사 역무노사진 무고집멸도 무지역무득 이무소득고 보리살타 의반야바라밀다 고심무가애 무가애고 무유공포 원리전도몽상 구경열반 삼세제불 의반야바라밀다 고득아뇩다라삼먁삼보리 고지반야바라밀다 시 대신주 시 대명주 시 무상주 시 무등등주 능제일체고 진실불허 고설 반야바라다주 즉설주왈
"아제 아제 바라아제 바라승아제 모제 사바하" (3번)

③ 고유문
   삼가 아뢰옵니다. 오늘 저희들은 돌아가신 ○○영가의 제3일을 맞이하여 간단히 삼우재를 올리오니 정성에 감응하여 법식을 받으시기 바랍니다.

④ 헌향·헌화·헌다
※ 가족이 순서 따라 향과 꽃 다를 올리고 절함.

⑤ 법성게

| 법성원융무이상 | 제법부동본래적 |
| 法性圓融無二相 | 諸法不動本來寂 |

| 무명무상절일체 | 증지소지비여경 |
| 無名無相絶一切 | 證智所知非餘境 |

| 진성심심극미묘 | 불수자성수연성 |
| 眞性甚深極微妙 | 不守自性隨緣成 |

| 일중일체다중일 | 일즉일체다즉일 |
| 一中一切多中一 | 一卽一切多卽一 |

| 일미진중함시방 | 일체진중역여시 |
| 一微塵中含十方 | 一切塵中亦如是 |

| 무량원겁즉일념 | 일념즉시무량겁 |
| 無量遠劫卽一念 | 一念卽是無量劫 |

| 구세십세호상즉 | 잉불잡란격별성 |
| 九世十世互相卽 | 仍不雜亂隔別成 |

| 초발심시변정각 | 생사열반상공화 |
| 初發心時便正覺 | 生死涅槃常共和 |

| 이사명연무분별 | 십불보현대인경 |
| 理事冥然無分別 | 十佛普賢大人境 |

| 능인해인삼매중 | 번출여의부사의 |
| 能仁海印三昧中 | 繁出如意不思議 |

| 우보익생만허공 | 중생수기득이익 |
| 雨寶益生滿虛空 | 衆生隨器得利益 |

| 시고행자환본제 | 파식망상필부득 |
| 是故行者還本際 | 叵息妄想必不得 |

| 무연선교착여의 | 귀가수분득자량 |
| 無緣善巧捉如意 | 歸家隨分得資糧 |

이다라니무진보　장엄법계실보전
以多羅尼無盡寶　莊嚴法界實寶殿

궁좌실제중도상　구래부동명위불
窮坐實際中道床　舊來不動名爲佛

⑥ 사홍서원

　　중생을 다 건지오리다.
　　번뇌를 다 끊으오리다.
　　법문을 다 배우오리다.
　　불도를 다 이루오리다.

## 2. 초재

① 삼귀의
② 반야심경
③ 고유문
　　삼가 아뢰옵나이다. 영가께서 돌아가신 뒤 벌써 제 칠일이 되어 법답게 재물을 올리고 위령코자 하오니 이 자리에 내려오셔서 저희들의 정성을 훈감하시고 법문을 들으소서. 꽃과 향으로 청하옵나이다.
④ 헌향·헌화·헌다
⑤ 독경염불(법성게·혹장엄염불)
⑥ 사홍서원

## 3. 제2재

① 삼귀의

② 반야심경
③ 고유문
　※ 하고 싶은 말 적당히 만들어 읽어 드림.
④ 헌향·헌화·헌다
⑤ 법성게 혹 장엄염불
⑥ 사홍서원

## 4. 제3재

① 삼귀의
② 반야심경
③ 고유문
④ 헌향·헌화·헌다
⑤ 법성게 혹 장엄염불 (원각경을 읽어드려도 됨)
⑥ 사홍서원

## 5. 제4재

① 삼귀의
② 반야심경
③ 고유문
　※ 하고 싶은 말 적당히 만들어 읽어 드림.
④ 헌향·헌화·헌다
⑤ 법성게 혹 장엄염불 (금강경을 읽어드려도 됨)
⑥ 사홍서원

## 6. 제5재

① 삼귀의
② 반야심경
③ 고유문
　※ 하고 싶은 말 적당히 만들어 읽어 드림.
④ 헌향·헌화·헌다
⑤ 법성게 혹 장엄염불 (미타경을 읽어드려도 됨)
⑥ 사홍서원


## 7. 제6재

① 삼귀의
② 반야심경
③ 고유문
④ 헌향·헌화·헌다
⑤ 법성게 혹 장엄염불 (법화경을 읽어드려도 됨)
⑥ 사홍서원


## 8. 제7재

① 삼귀의
② 반야심경
③ 고유문

④ 헌향·헌화·헌다
⑤ 법성게 혹 장엄염불 (262쪽부터 282쪽에 있음)
⑥ 사홍서원

## 9. 기제사(忌祭祀)

① 삼귀의
② 반야심경
③ 고유문(축문)

  삼가 아뢰옵니다. 돌아가신 아버님 제 ○주기를 맞이하여 가족과 인연있는 분들이 모여 분향하옵고 예배드리오니 저희들의 정성을 어여삐 여겨 감응하여 주옵소서. 꽃과 향으로 청하옵나이다.

④ 헌향·헌화·헌다
  ※ 차례로 절 올리고 예배 후 법성게 1편을 외운다.
⑤ 법성게(미타경이나 금강경을 읽고 장엄염불을 하여도 됨)
⑥ 사홍서원

## 10. 기타 추모재

※ 기타 추모재도 기제사에 준함.

## 11. 사리(납골)봉안

① 삼귀의

② 반야심경
③ 고유문

　삼가 아뢰옵니다. 신령스런 마음은 헤아릴 수 없습니다. 마치 겨울 달이 못 속에 드리운 것 같아 우리의 마음속에 영가의 모습이 또렷하게 나타납니다.

　이제 백세환신을 화장하여 납골로 봉안코자 간단히 의식을 거행하고 있아오니 영가께서는 이곳을 유택으로 알고 편안히 머물러 후생들을 편안하게 하옵소서. 삼가 향 사루고 꽃 올려 그의 정신을 기리나이다.

④ 헌향·헌화·헌다

　※ 차례로 절 올리고 예배 후 법성게 1편을 외운다.

⑤ 독경

　※ 법성게 1편을 읽어 드리고 사홍서원으로 끝낸다.

⑥ 사홍서원

## 재(齋)와 불공(佛供)

2017년 5월 15일 4판 인쇄
2017년 5월 20일 4판 발행

발행인 / 상락향수도원
발행처 / 불교통신교육원
편　저 / 한　정　섭
인　쇄 / 이화문화출판사

발행처 / 12457 경기도 가평군 청평면 남이터길 65
총판 : 02) 962-1666

값 15,000원